AF551303

THANOS

DIE GEBURT EINES MONSTERS

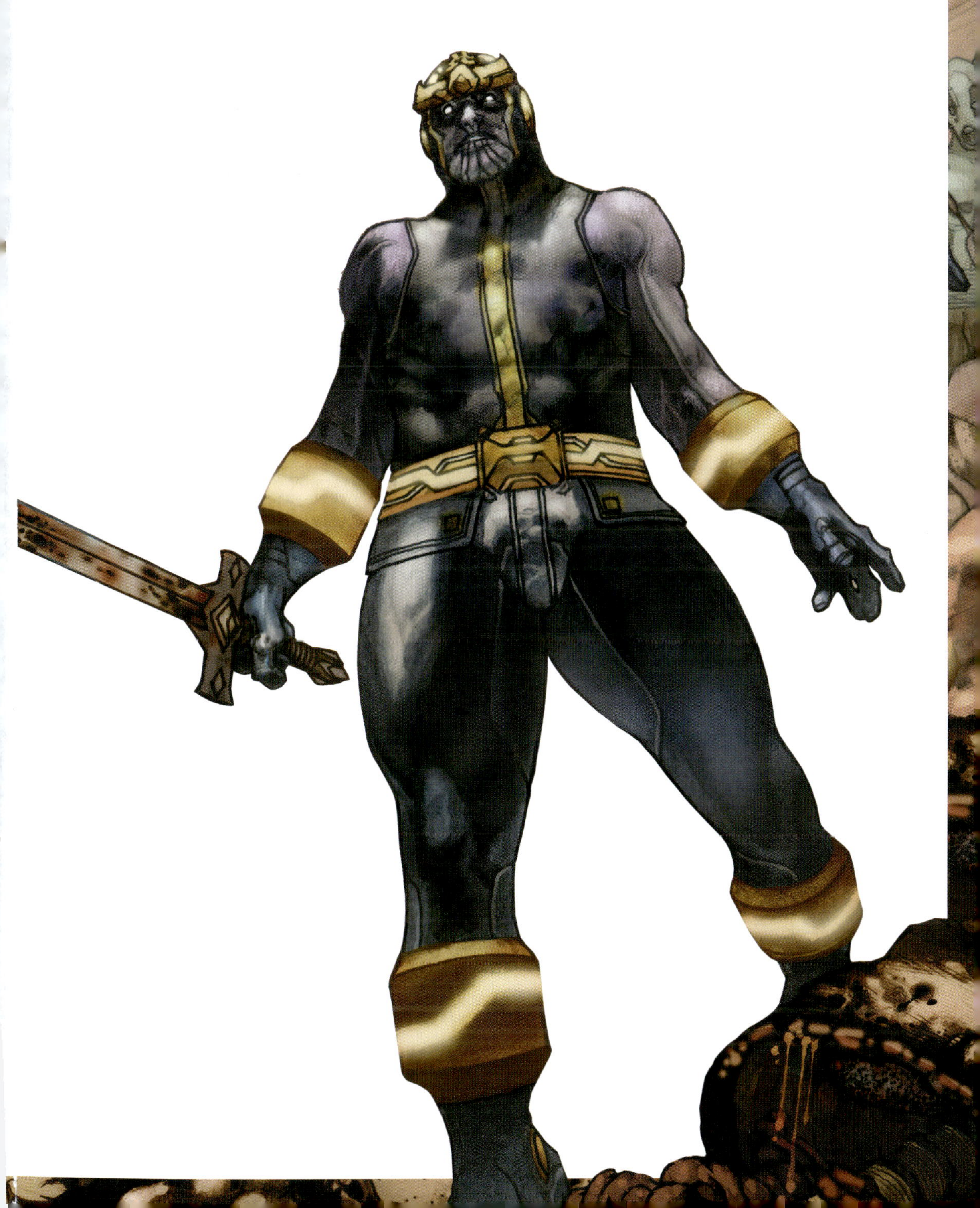

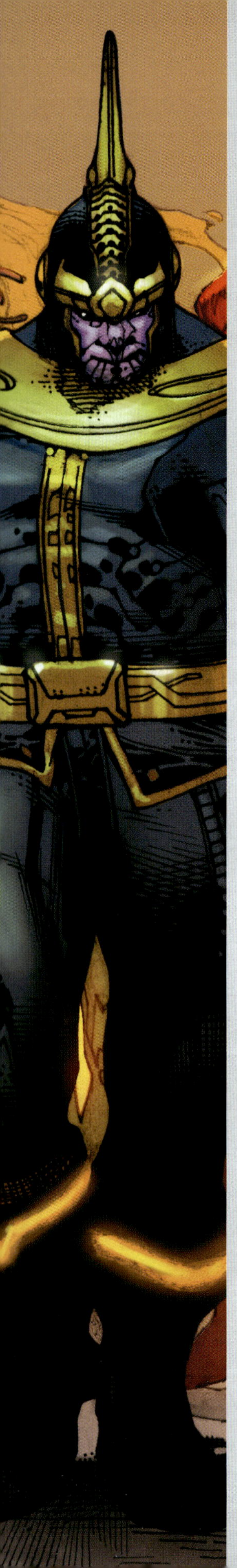

INHALT

MARVEL

FSC
www.fsc.org
MIX
Paper from
responsible sources
FSC® C115044

THANOS

DIE GEBURT EINES MONSTERS

JASON AARON
AUTOR

SIMONE BIANCHI
ZEICHNER

SIMONE BIANCHI
RICCARDO PIERUCCINI (4-5)
TUSCHE

SIMONE PERUZZI (1)
IVE SVORCINA (2-5)
FARBEN

GIANLUCA PINI
WALPROJECT
LETTERING

MICHAEL STRITTMATTER
ÜBERSETZUNG

SANA AMANAT
ELLIE PYLE
STEPHEN WACKER
REDAKTION USA

C. B. CEBULSKI
CHEFREDAKTEUR USA

JOE QUESADA
CHIEF CREATIVE OFFICER USA

DAN BUCKLEY
HERAUSGEBER USA

ALAN FINE
PRODUZENT USA

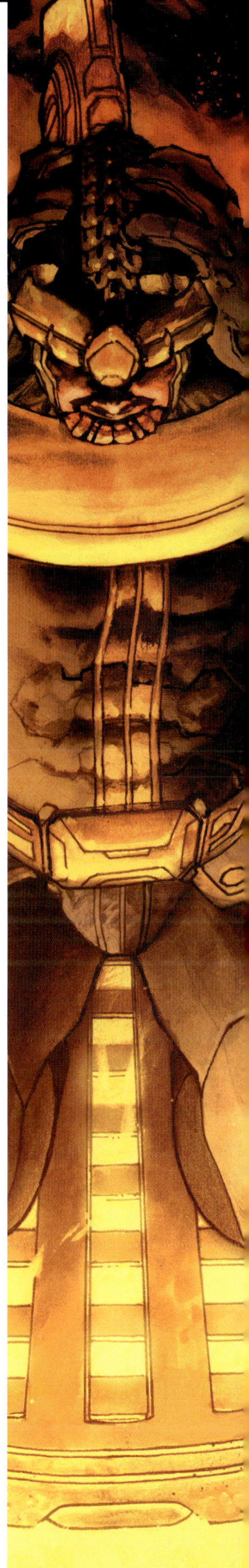

MARVEL MUST-HAVE: THANOS – DIE GEBURT EINES MONSTERS erscheint bei **PANINI COMICS**, Schloßstraße 76, D-70176 Stuttgart. Druck: Lito Terrazzi Industria Grafica. Pressevertrieb: Stella Distribution GmbH, D-22297 Hamburg. Direkt-Abos auf **www.paninicomics.de.** Anzeigenverkauf: BLAUFEUER VERLAGSVERTRETUNGEN GmbH, info@blaufeuer.com. Es gilt die Anzeigenpreisliste Nr. 17 vom 01.10.2019. Geschäftsführer **Hermann Paul**, Publishing Director Europe **Marco M. Lupoi**, Finanzen **Felix Bauer**, Marketing Director **Holger Wiest**, Marketing **Fabio Cunetto**, Vertrieb **Alexander Bubenheimer**, Logistik **Ronald Schäffer**, PR/Presse **Steffen Volkmer**, Publishing Manager **Lisa Pancaldi**, Redaktion **Christian Endres**, **Harald Gantzberg**, **Matthias Korn**, **Anja Seiffert**, **Kristina Starschinski**, **Ilaria Tavoni**, **Daniela Uhlmann**, Übersetzung **Marc-Oliver Frisch**, **Michael Strittmatter**, Proofreading **Marion Bergmann**, Lettering **Gianluca Pini**, **Walproject**, grafische Gestaltung **Marco Paroli**, **Barbara Sarti**, Art Director **Mario Corticelli**, Redaktion Panini Comics **Annalisa Califano**, **Beatrice Doti**, Prepress **Cristina Bedini**, **Andrea Lusoli**, **Nicola Soressi**, Repro/Packager **Alessandro Nalli** (coordinator), **Mario Da Rin Zanco**, **Valentina Esposito**, **Luca Ficarelli**, **Linda Leporati**. Deutsche Edition bei Panini Verlags-GmbH unter Lizenz von Marvel Characters B.V. Cover von **Simone Bianchi**, *Thanos Rising* (2013) 2.

Bibliografische Information der Deutschen Nationalbibliothek
Die Deutsche Nationalbibliothek verzeichnet diese Publikation in der Deutschen Nationalbibliografie; detaillierte bibliografische Daten sind im Internet über dnb.d-nb.de abrufbar.

DIE ANFÄNGE DES TITANEN

Thanos der wahnsinnige Titan ist einer der größten Superbösewichte des Marvel-Universums. Bei seinem Debüt, das **Jim Starlin** als Autor und Zeichner mit Unterstützung von Co-Autor **Mike Friedrich** 1973 in Form einer **Iron Man**-Geschichte inszenierte, war das noch nicht abzusehen. Doch es dauerte nicht lange, bis vor allem Starlin mit vielen, vielen Comic-Geschichten dafür sorgte, dass Thanos zur kosmischen Schreckensgestalt und zum schurkischen Schwergewicht wurde.

In den Comics aus dem Haus der Ideen tritt Thanos oft als brutaler galaktischer Eroberer und Zerstörer auf. Bei anderer Gelegenheit treibt ihn sein unbändiger Hunger nach den Infinity-Steinen und generell nach Macht an, und wieder ein anderes Mal das Bestreben, seine Geliebte **Mistress Death** zu beeindrucken, die Verkörperung des Todes in den Marvel-Comics. Früher nahm er hin und wieder sogar die Rolle eines Antihelden ein und wachte mit **Adam Warlock** und anderen über die Infinity-Steine. Inzwischen kennt man Thanos' geradezu nihilistische Gnadenlosigkeit und brachiale Zerstörungswut nicht zuletzt aus den Marvel-Zeichentrickserien verschiedener Epochen und natürlich aus den erfolgreichen *Avengers*-Filmblockbustern, wo die Schlacht der vereinten Helden gegen den Titanen 2019 das Ende einer cineastischen Phase und Ära markierte. Durch seine Auftritte auf der Leinwand und im Heimkino ist Thanos bekannter denn je.

Allein der bereits erwähnte Jim Starlin widmete sich beinahe ein halbes Jahrhundert der Legende von Thanos und brachte uns den Titanen und all seine Facetten ganz nahe. Doch sieht man einmal davon ab, dass er vom Saturnmond **Titan** stammt, der Bruder von **Eros** alias **Starfox** ist und vom **Deviant**-Mutanten-Gen gezeichnet, war über Thanos' Anfänge und Jugend lange kaum etwas bekannt. Das sollte sich 2013 ändern. Für den Sommer jenes Jahres kündigte sich das kosmische Marvel-Crossover **Infinity** an, in dem Thanos eine wichtige Rolle spielen würde. Deshalb machten sich in den Monaten vor dem Event der amerikanische Autor **Jason Aaron** und der italienische Zeichner **Simone Bianchi** daran, in einer drastischen, fantastischen Science-Fiction-Miniserie Licht ins Dunkel von Thanos' Vergangenheit zu bringen, auf dass die Finsternis danach noch größer erscheinen würde. Sie widmeten sich den Anfängen des berüchtigten Titanen: seiner Geburt, seiner Jugend, seiner Kindheit, seinen ersten Abenteuern als Weltraumpirat, seinen frühen Schritten in die Dunkelheit und seiner Verwandlung in ein Monster. Sie spendierten Thanos also eine *Origin*, wie man im Superheldencomic-Bereich so schön sagt – eine hieb- und stichfeste Herkunfts- und Hintergrundgeschichte.

In diesem Band präsentieren wir die komplette Miniserie, in der Aaron dem Mythos von Thanos nach all den Jahren ein dunkles Fundament gab, das die Motivationen des Titanen und seine Taten noch nachvollziehbarer, aber auch noch schrecklicher macht. Bianchi kleidete die intensive Coming-of-Age- und Origin-Story in passend außergewöhnliche und nachdrückliche Bilder. So entstand eine nicht nur würdige, sondern allemal denkwürdige Herkunftsgeschichte für einen der größten und bekanntesten Marvel-Bösewichte aller Zeiten.

Ein titanisches Must-Have.

Christian Endres

DIE GEBURT EINES MONSTERS, TEIL 1

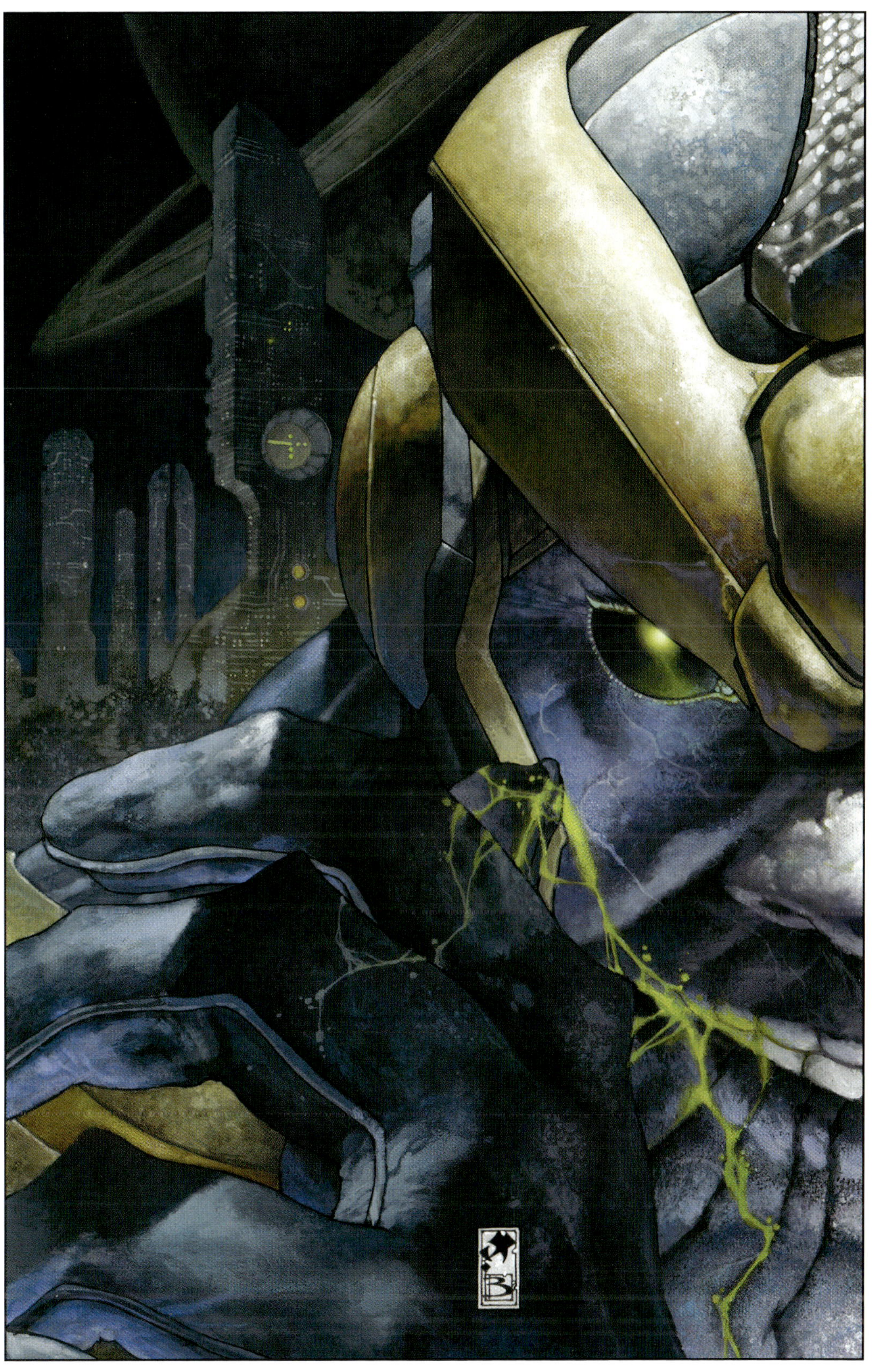

Thanos Rising (2013) 1
Cover von **SIMONE BIANCHI**

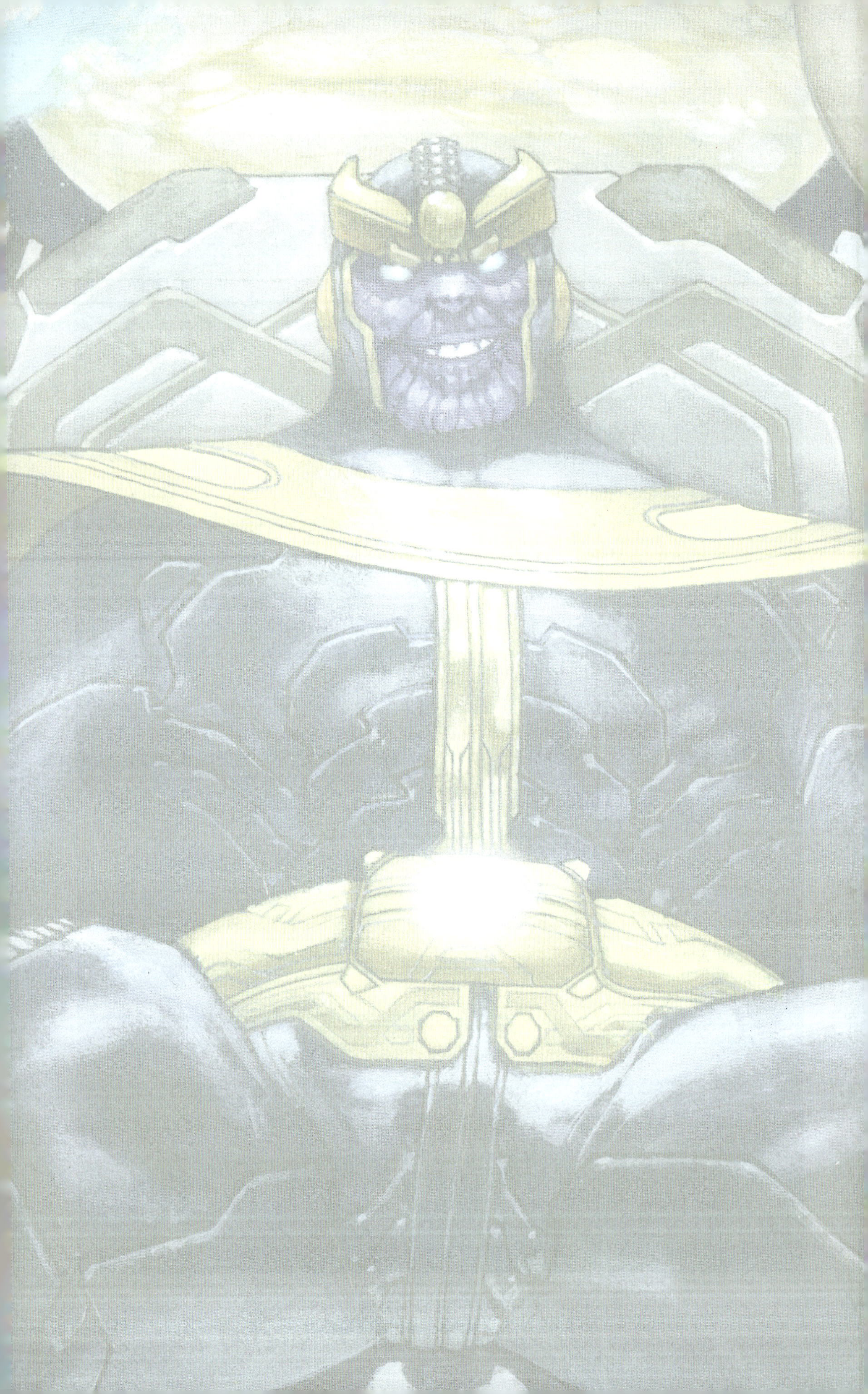

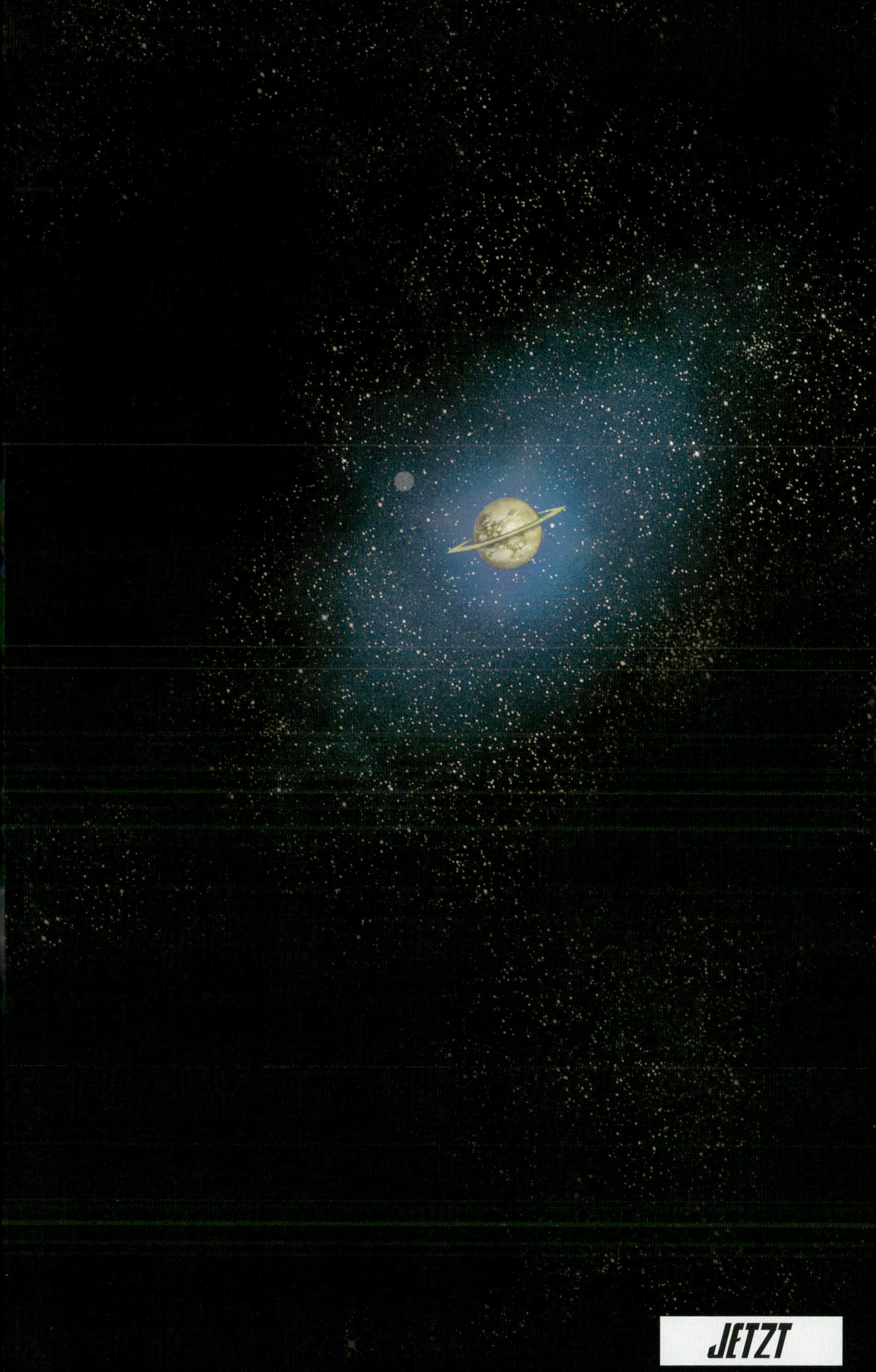
JETZT

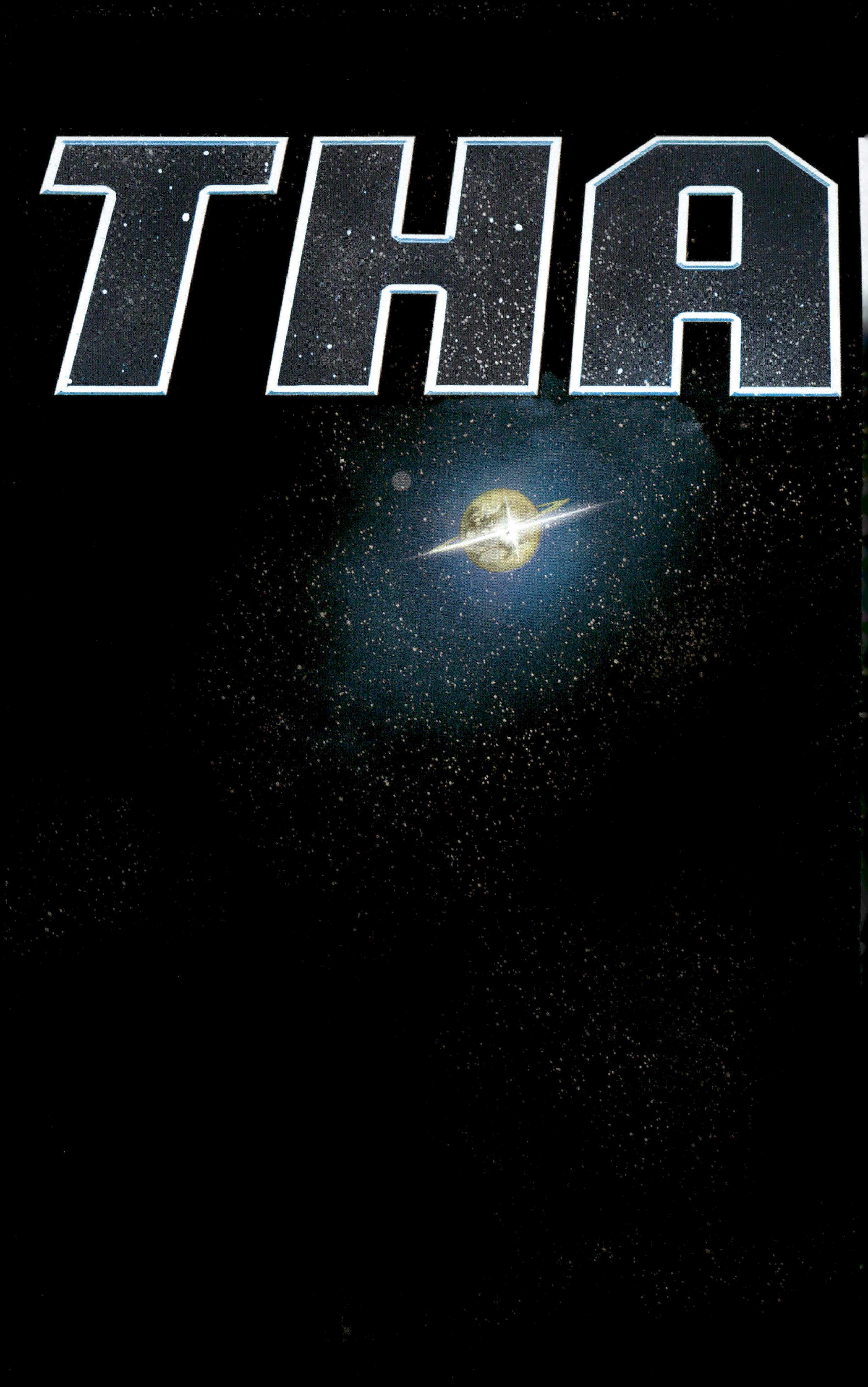

THA

NOS

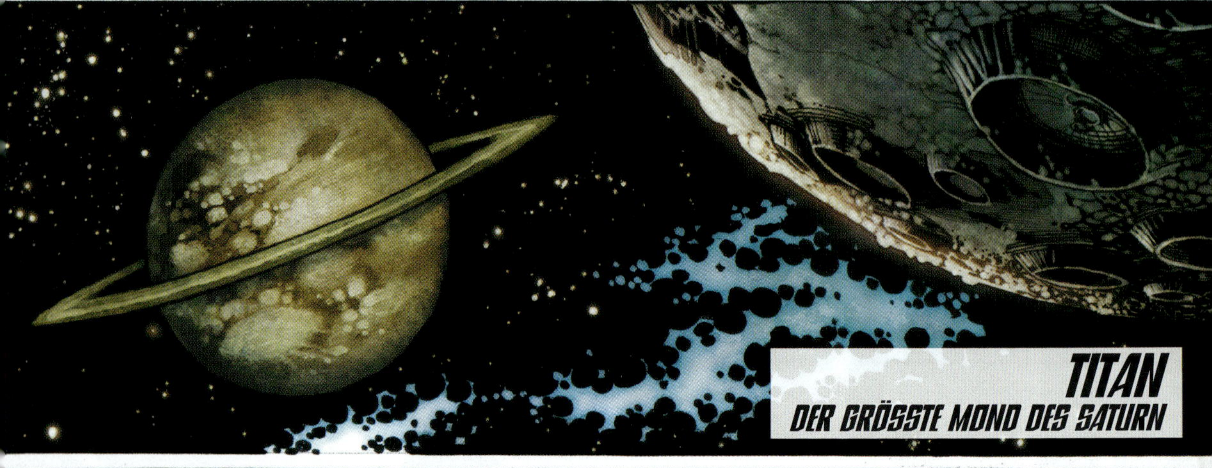
TITAN
DER GRÖSSTE MOND DES SATURN

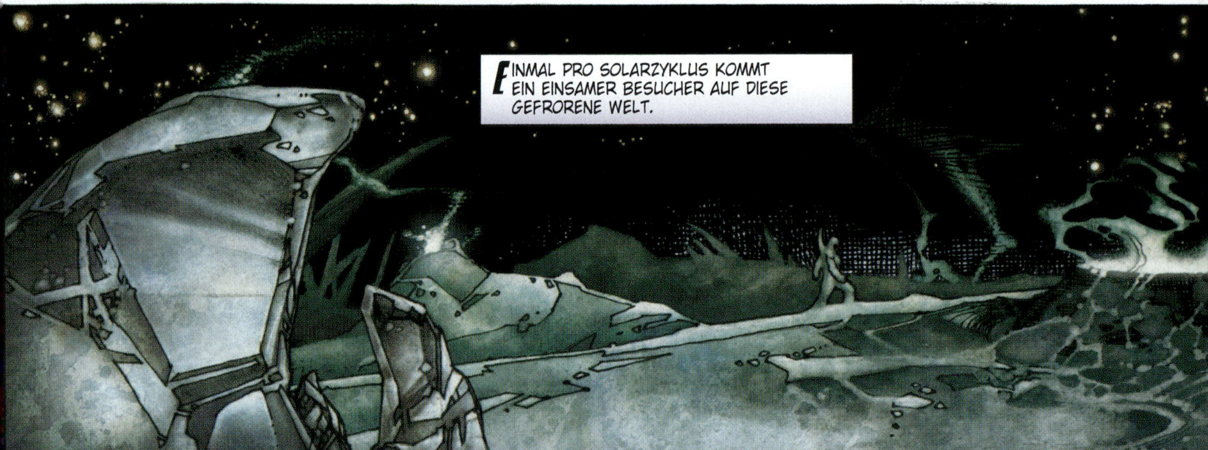
EINMAL PRO SOLARZYKLUS KOMMT EIN EINSAMER BESUCHER AUF DIESE GEFRORENE WELT.

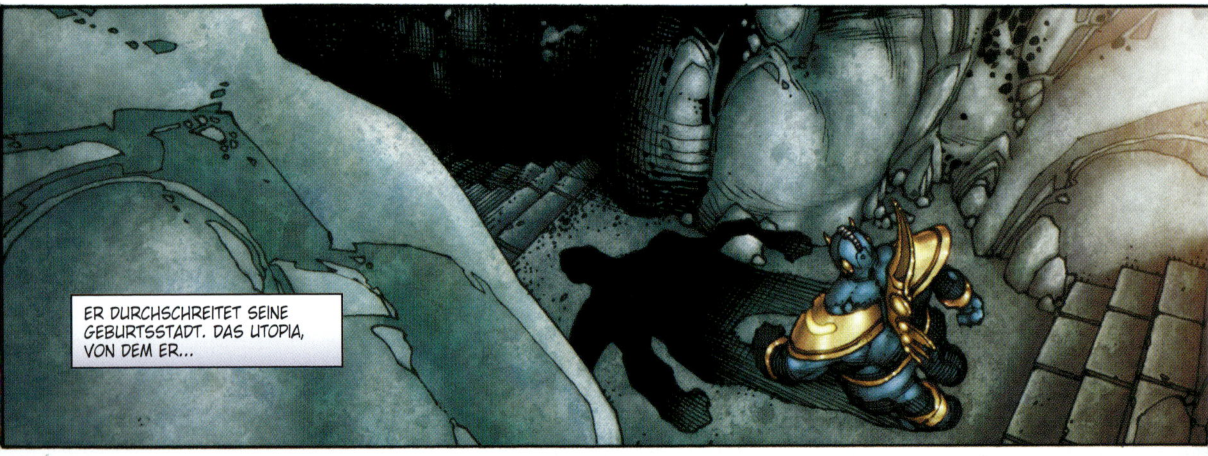
ER DURCHSCHREITET SEINE GEBURTSSTADT. DAS UTOPIA, VON DEM ER...

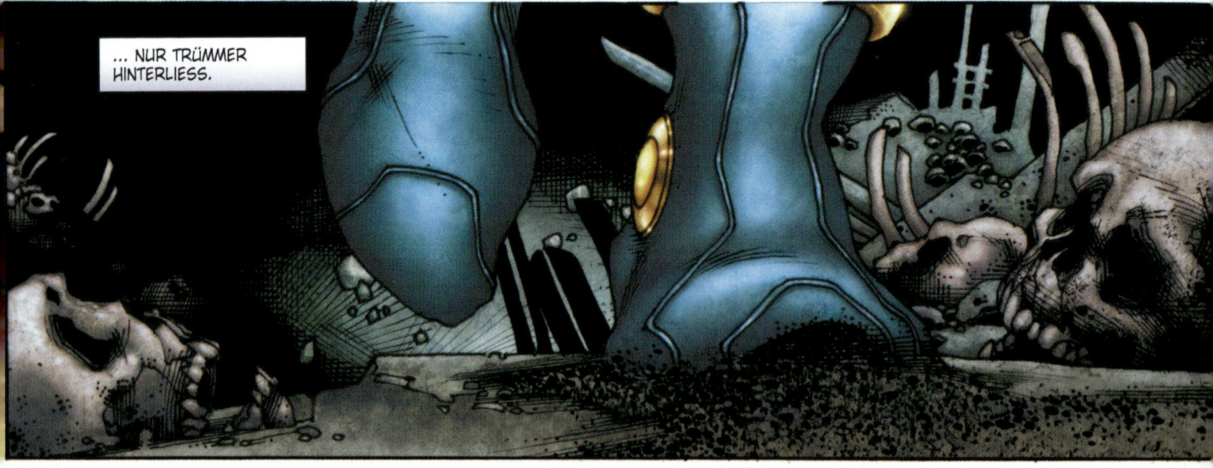
... NUR TRÜMMER HINTERLIESS.

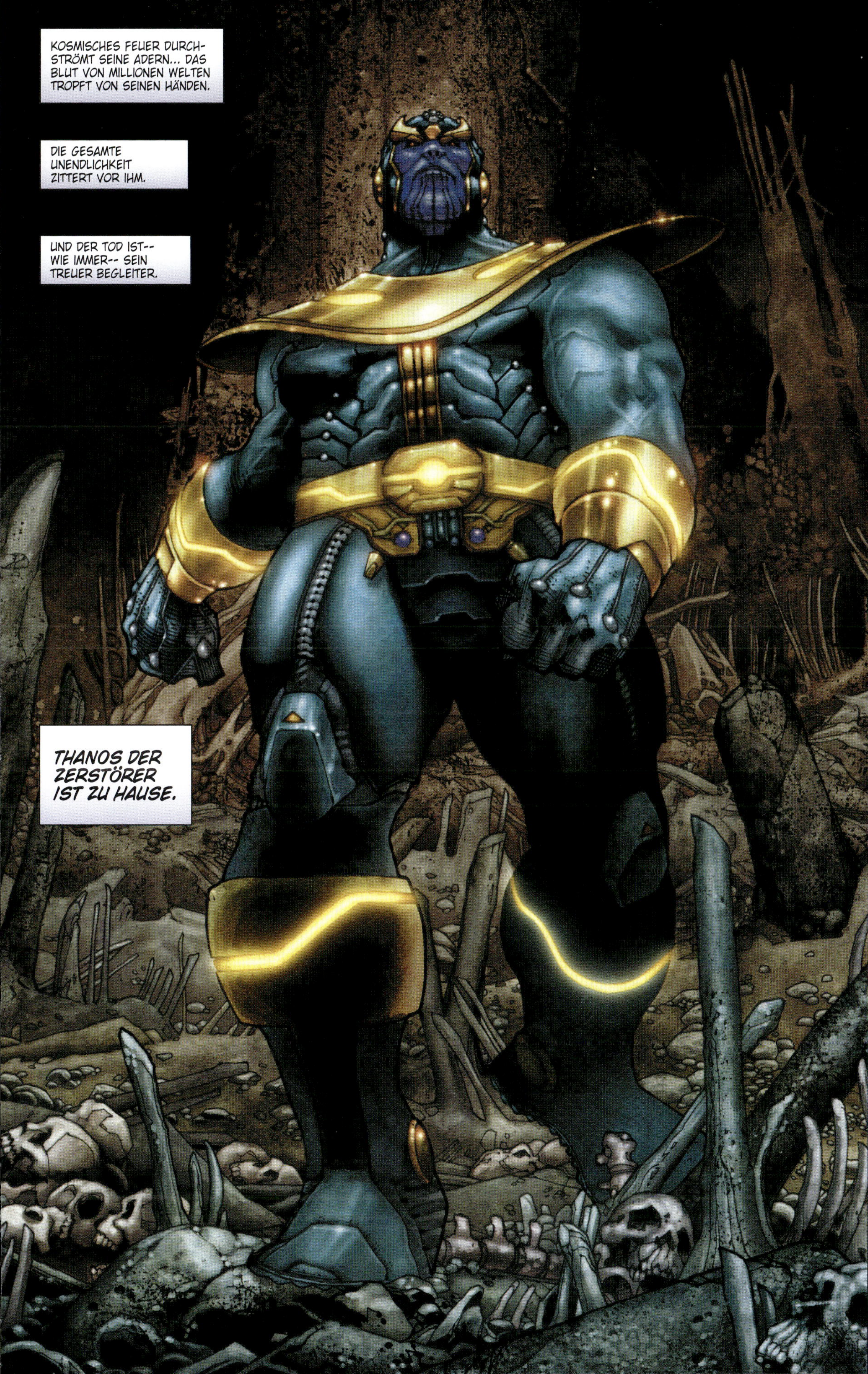
KOSMISCHES FEUER DURCHSTRÖMT SEINE ADERN... DAS BLUT VON MILLIONEN WELTEN TROPFT VON SEINEN HÄNDEN.
DIE GESAMTE UNENDLICHKEIT ZITTERT VOR IHM.
UND DER TOD IST-- WIE IMMER-- SEIN TREUER BEGLEITER.
THANOS DER ZERSTÖRER IST ZU HAUSE.

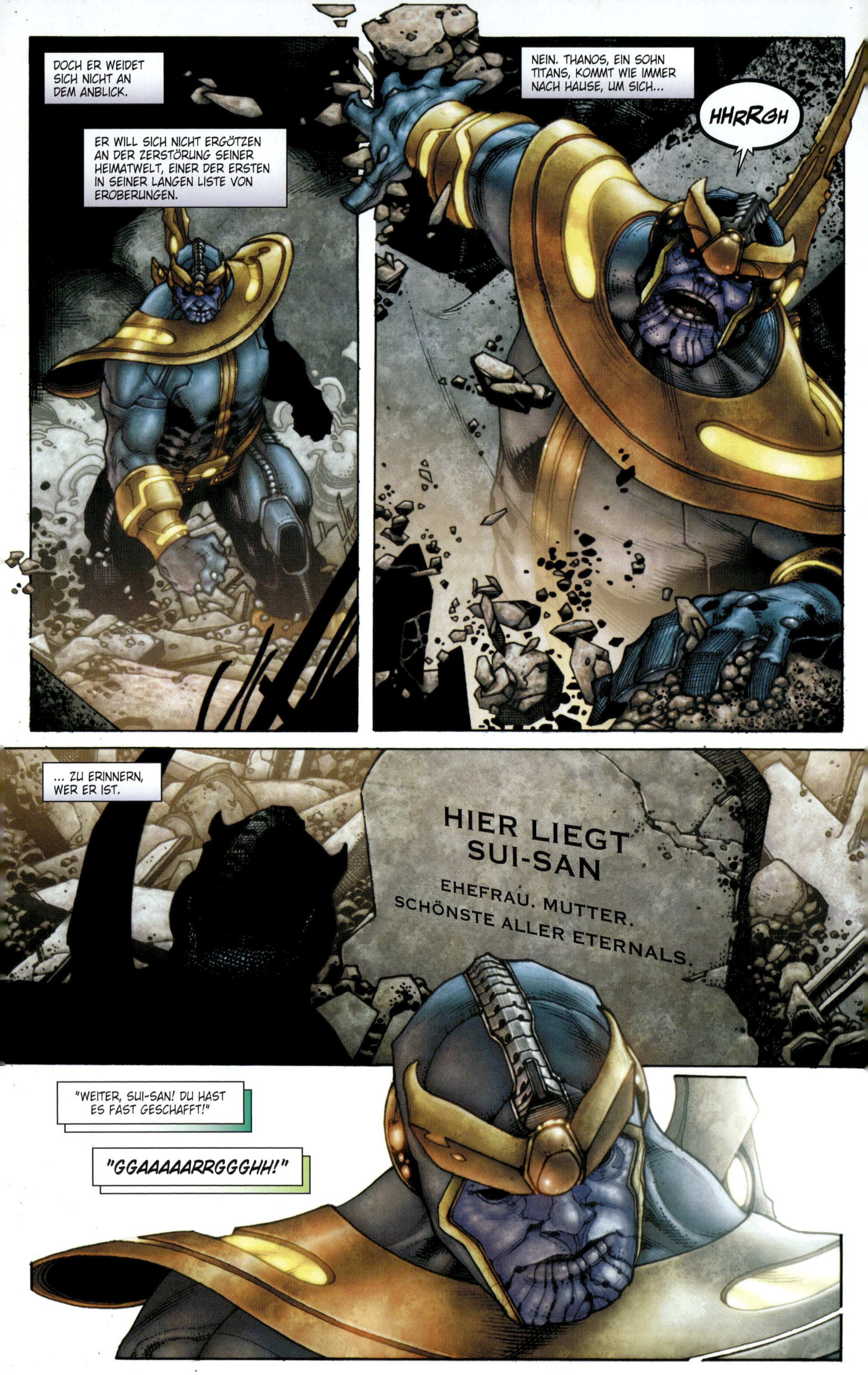

DOCH ER WEIDET SICH NICHT AN DEM ANBLICK.

ER WILL SICH NICHT ERGÖTZEN AN DER ZERSTÖRUNG SEINER HEIMATWELT, EINER DER ERSTEN IN SEINER LANGEN LISTE VON EROBERUNGEN.

NEIN. THANOS, EIN SOHN TITANS, KOMMT WIE IMMER NACH HAUSE, UM SICH...

HHRRGH

... ZU ERINNERN, WER ER IST.

HIER LIEGT SUI-SAN

EHEFRAU. MUTTER. SCHÖNSTE ALLER ETERNALS.

"WEITER, SUI-SAN! DU HAST ES FAST GESCHAFFT!"

"GGAAAAAARRGGGHH!"

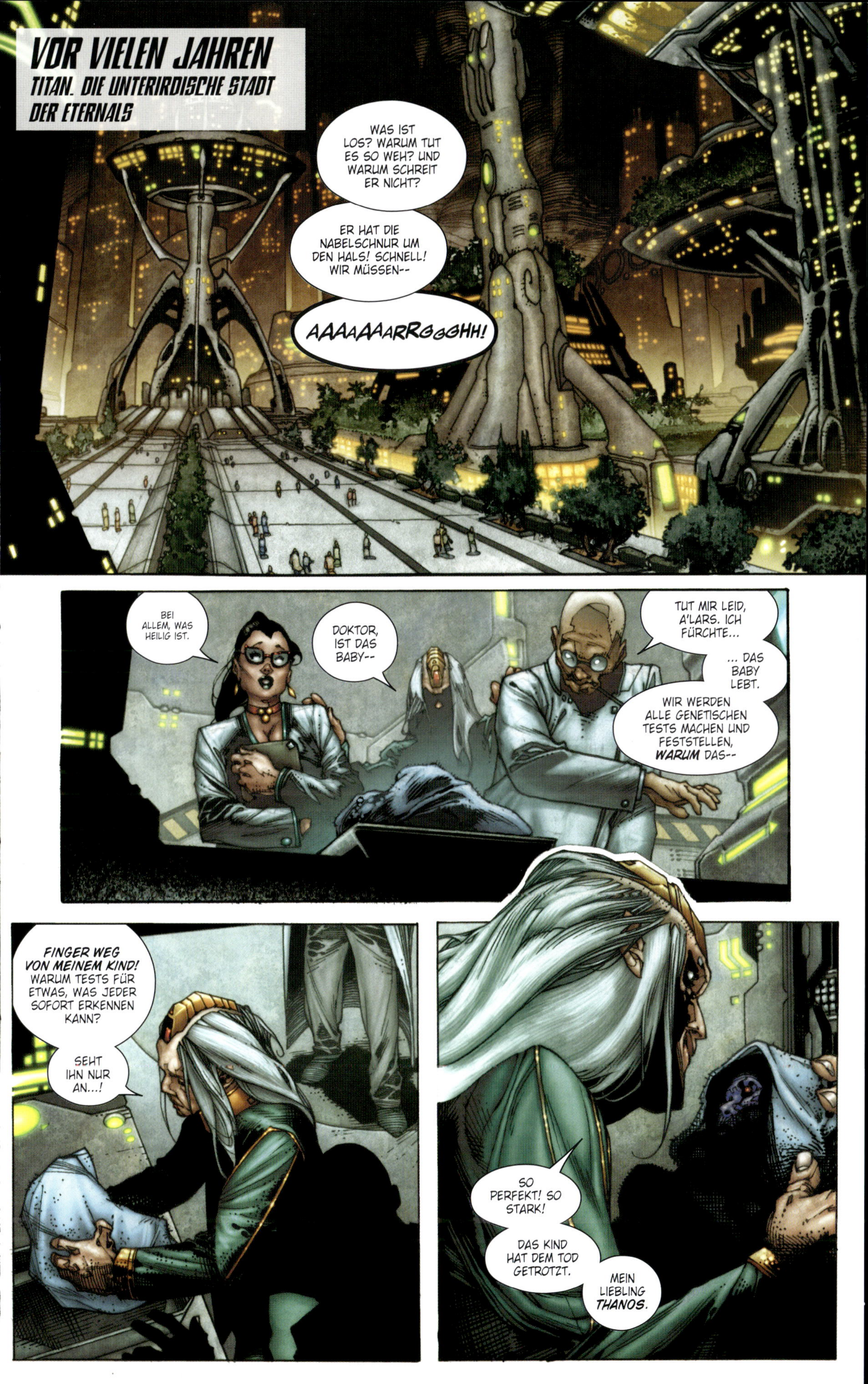

VOR VIELEN JAHREN
TITAN. DIE UNTERIRDISCHE STADT DER ETERNALS

WAS IST LOS? WARUM TUT ES SO WEH? UND WARUM SCHREIT ER NICHT?

ER HAT DIE NABELSCHNUR UM DEN HALS! SCHNELL! WIR MÜSSEN--

AAAAAAARRGGGHH!

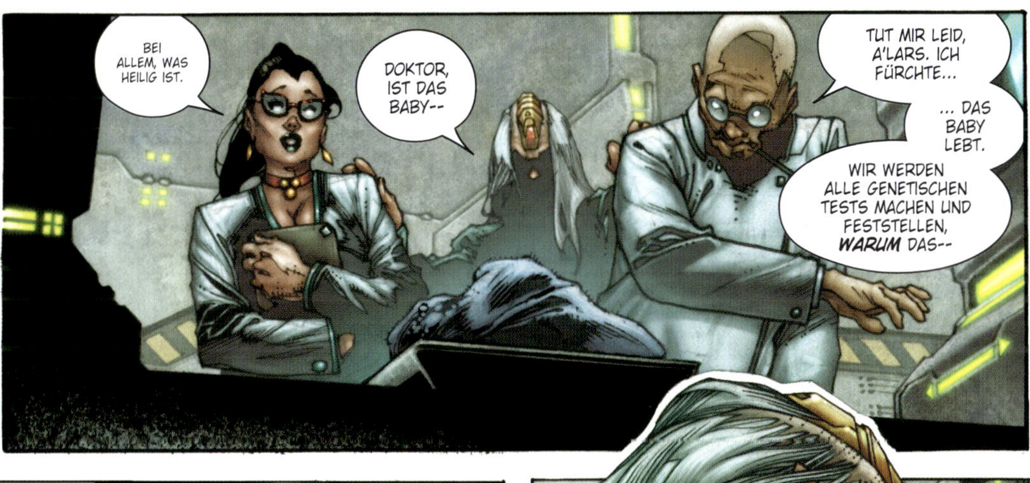

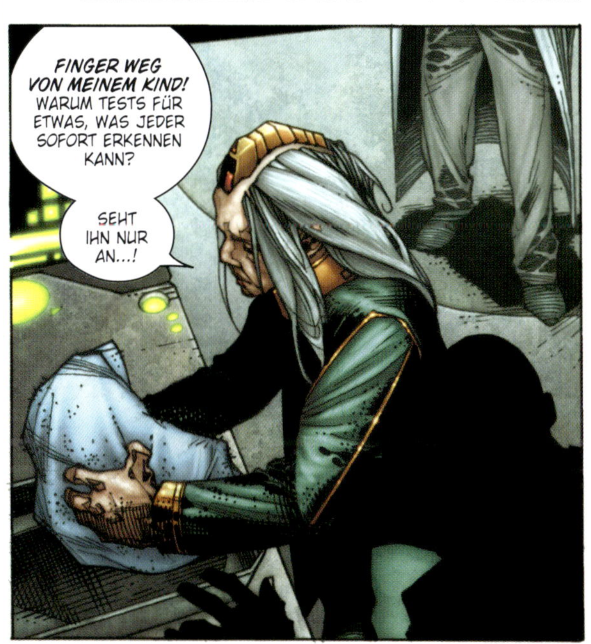

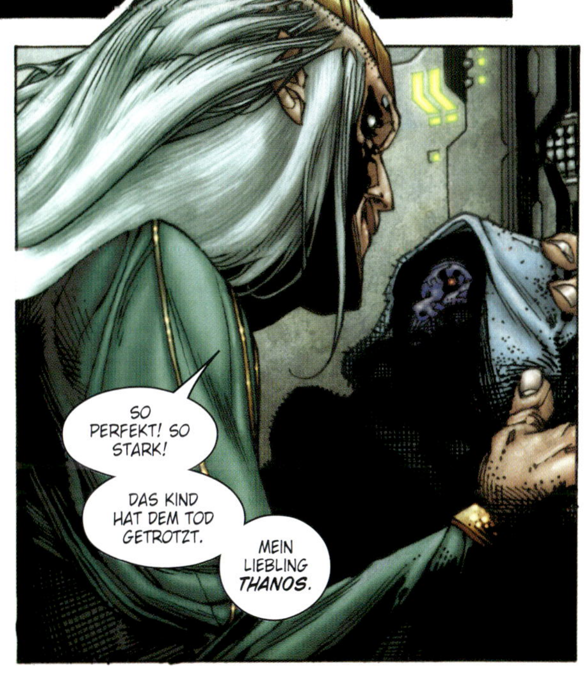

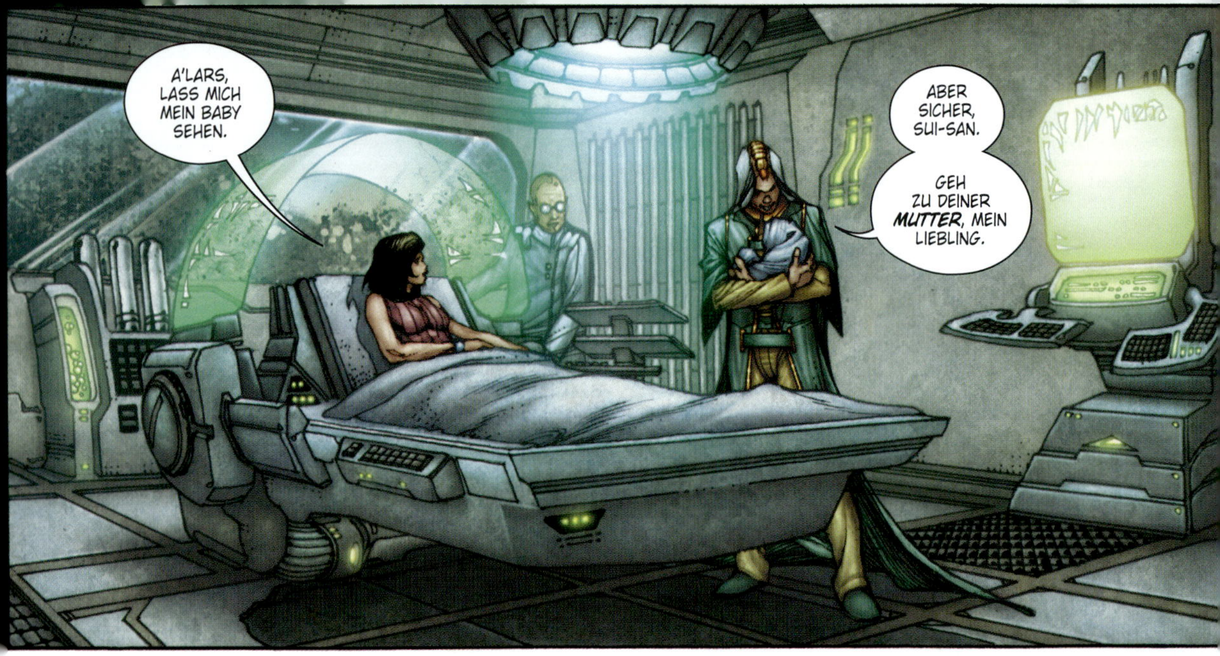
A'LARS, LASS MICH MEIN BABY SEHEN.
ABER SICHER, SUI-SAN.
GEH ZU DEINER MUTTER, MEIN LIEBLING.

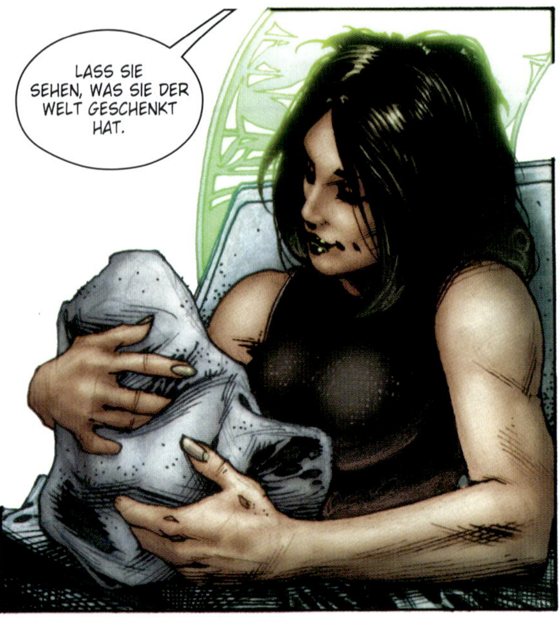
LASS SIE SEHEN, WAS SIE DER WELT GESCHENKT HAT.

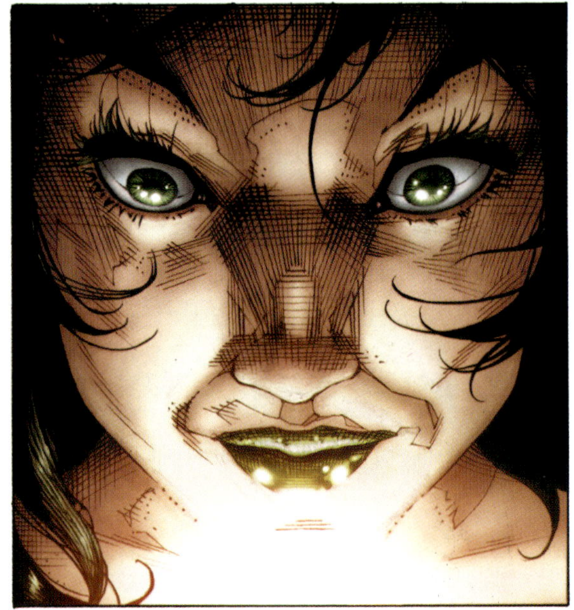

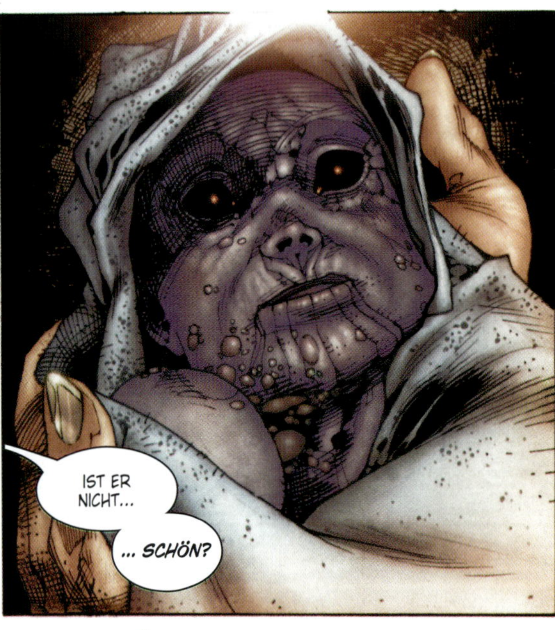
IST ER NICHT...
... SCHÖN?

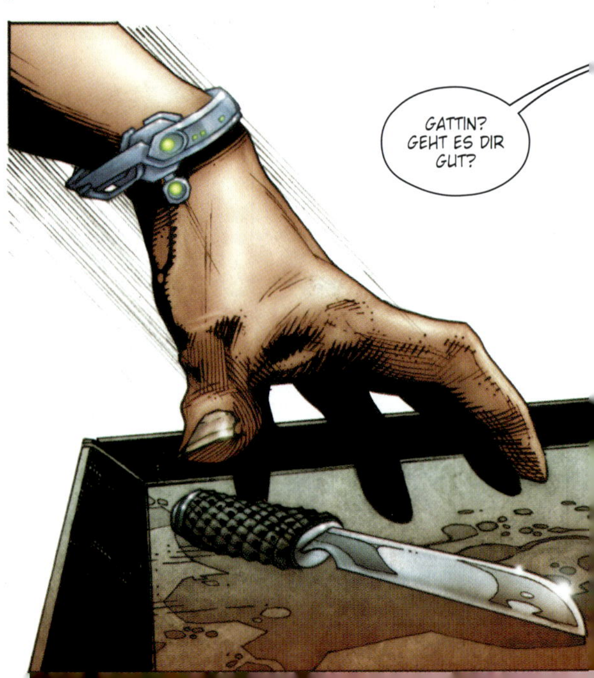
GATTIN? GEHT ES DIR GUT?

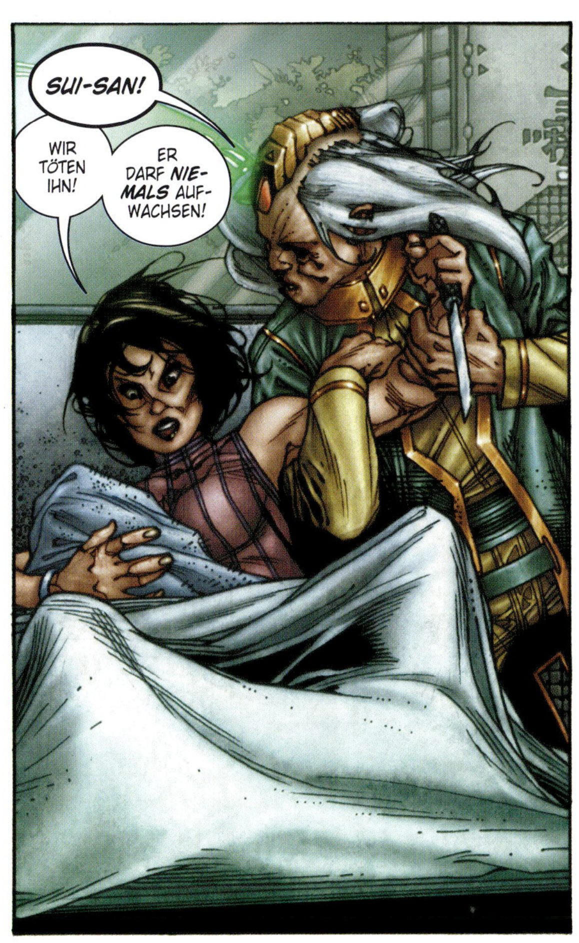
SUI-SAN!
WIR TÖTEN IHN!
ER DARF NIEMALS AUFWACHSEN!

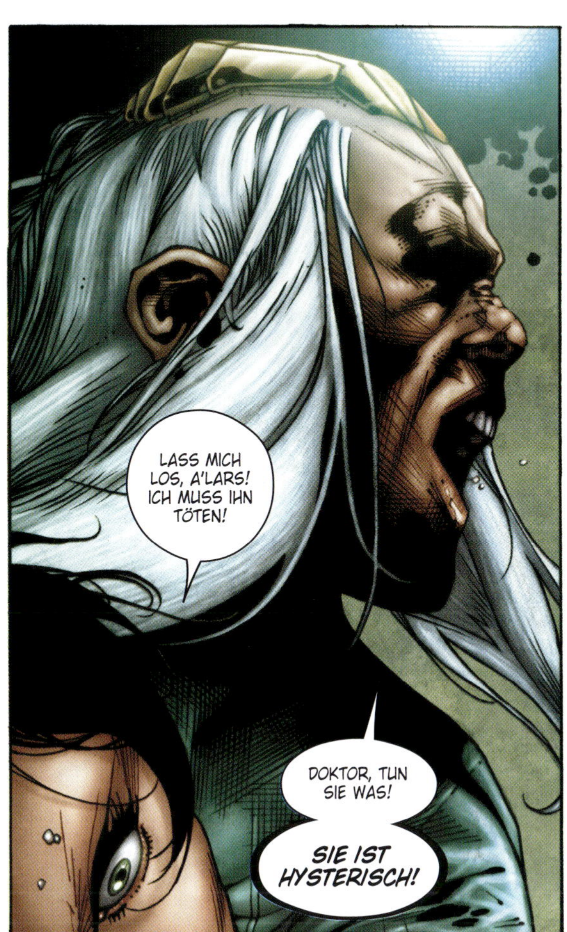
LASS MICH LOS, A'LARS! ICH MUSS IHN TÖTEN!
DOKTOR, TUN SIE WAS!
SIE IST HYSTERISCH!

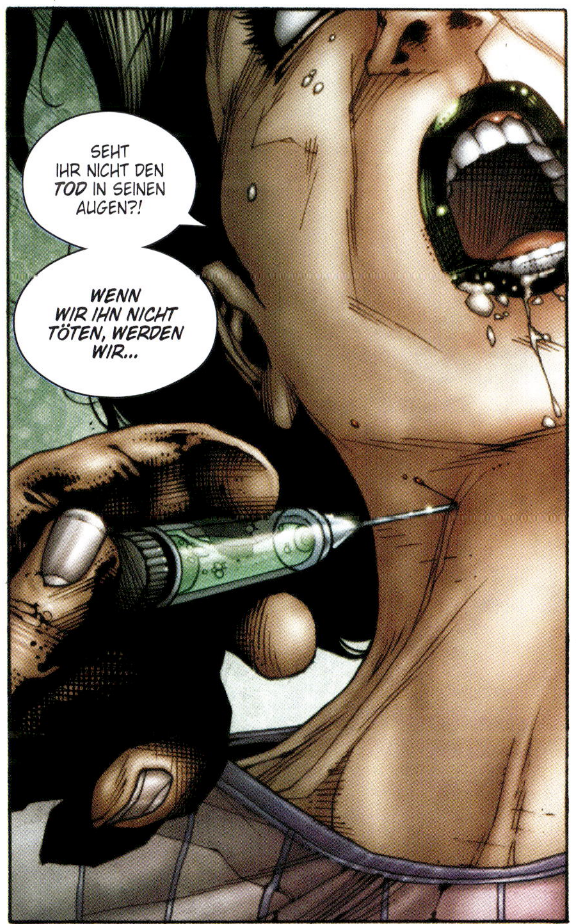
SEHT IHR NICHT DEN TOD IN SEINEN AUGEN?!
WENN WIR IHN NICHT TÖTEN, WERDEN WIR...

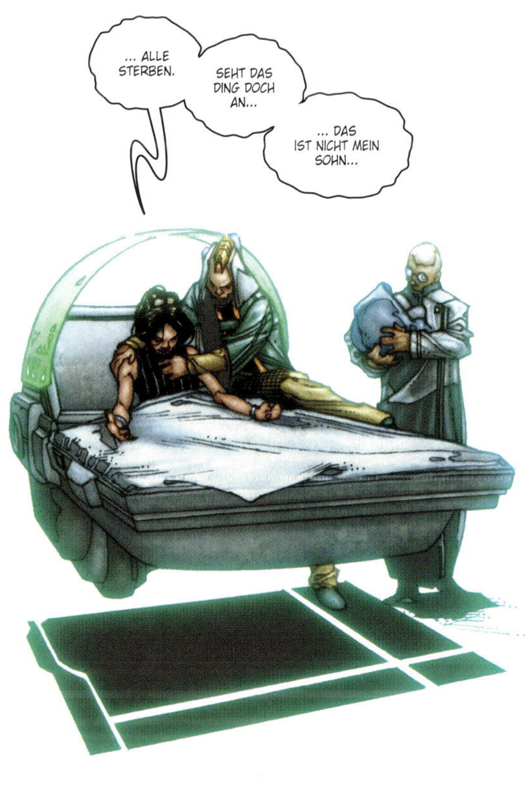
... ALLE STERBEN.
SEHT DAS DING DOCH AN...
... DAS IST NICHT MEIN SOHN...

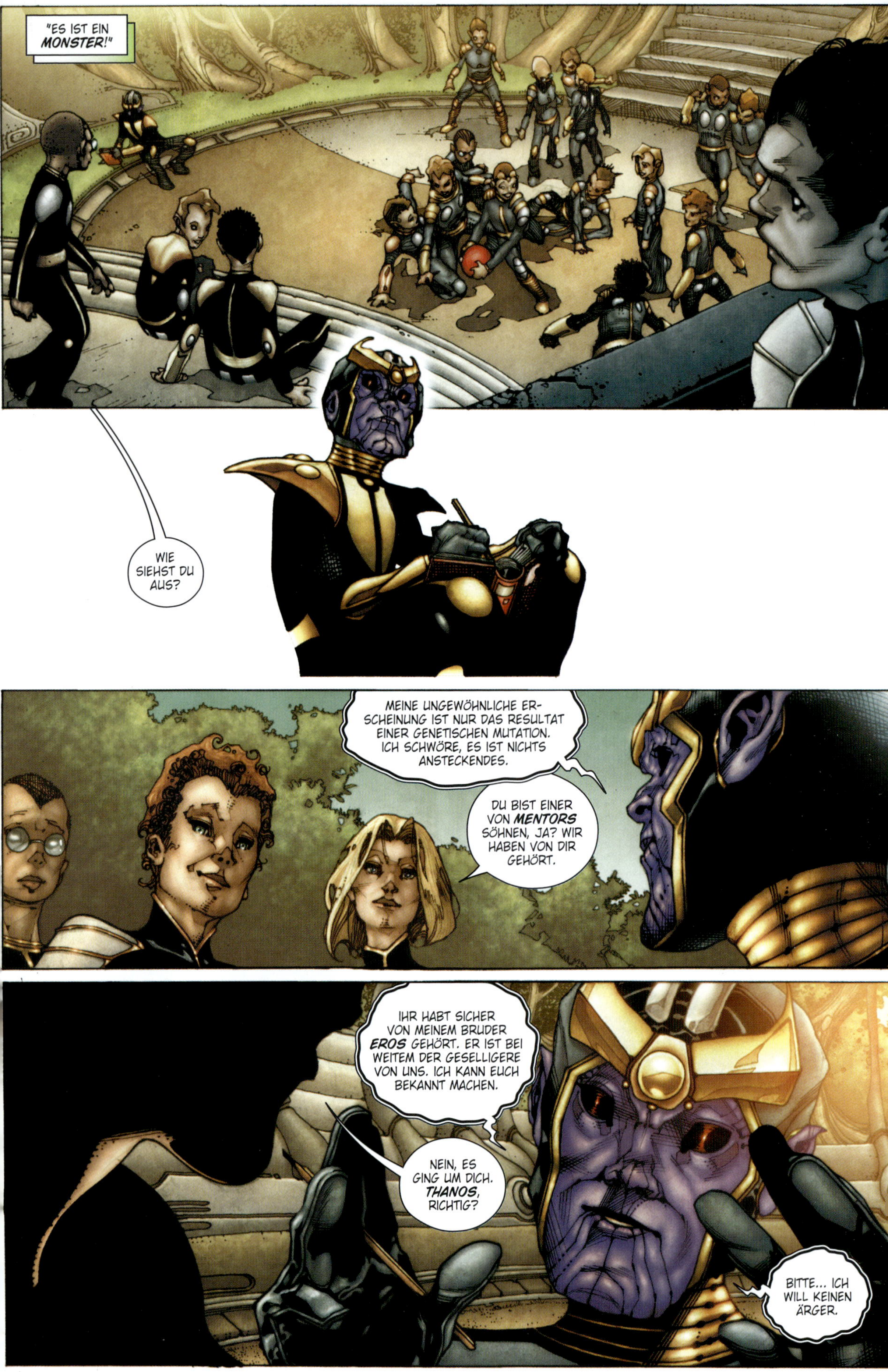

"ES IST EIN **MONSTER!**"

WIE SIEHST DU AUS?

MEINE UNGEWÖHNLICHE ERSCHEINUNG IST NUR DAS RESULTAT EINER GENETISCHEN MUTATION. ICH SCHWÖRE, ES IST NICHTS ANSTECKENDES.

DU BIST EINER VON **MENTORS** SÖHNEN, JA? WIR HABEN VON DIR GEHÖRT.

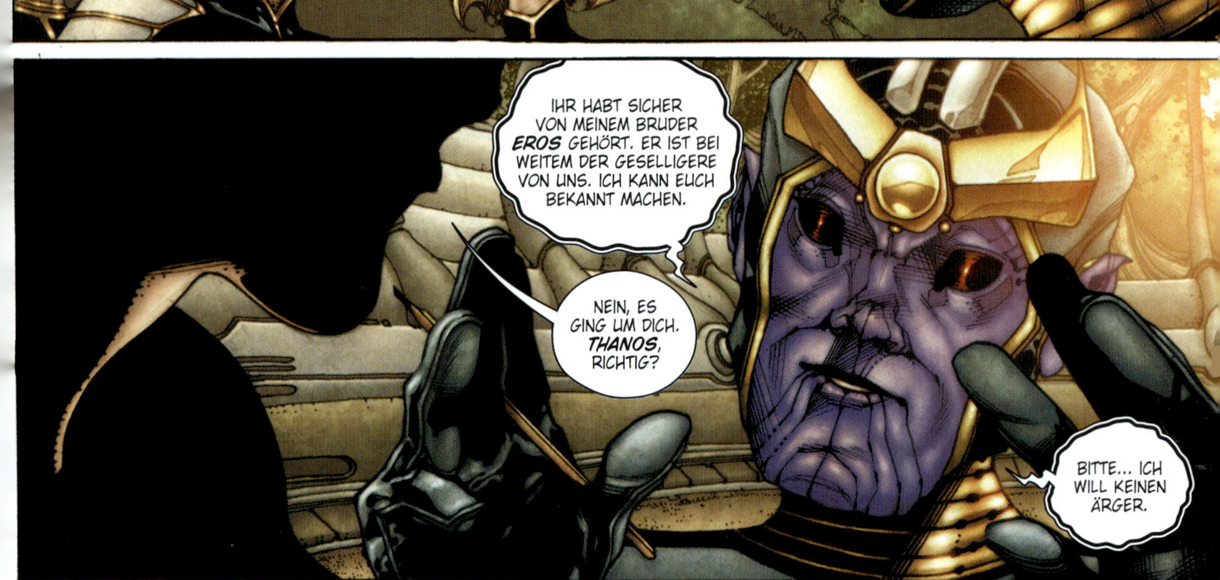

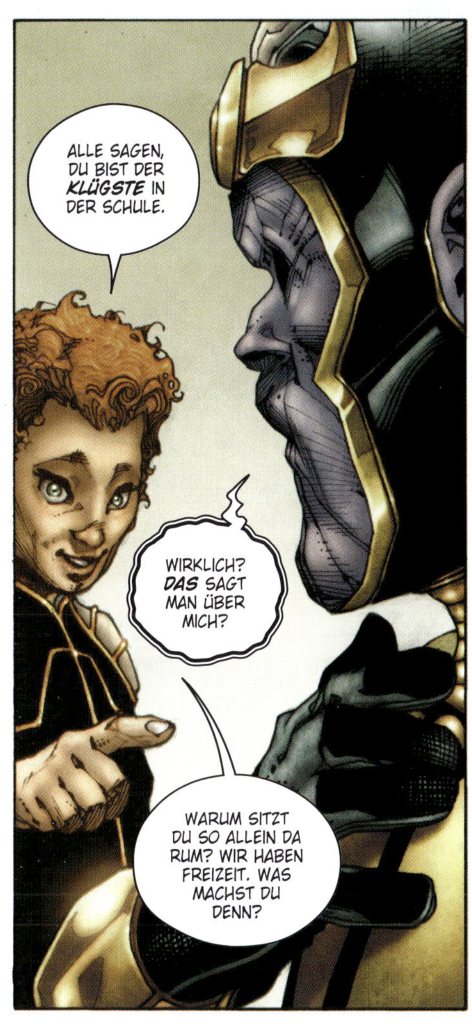
ALLE SAGEN, DU BIST DER **KLÜGSTE** IN DER SCHULE.
WIRKLICH? **DAS** SAGT MAN ÜBER MICH?
WARUM SITZT DU SO ALLEIN DA RUM? WIR HABEN FREIZEIT. WAS MACHST DU DENN?
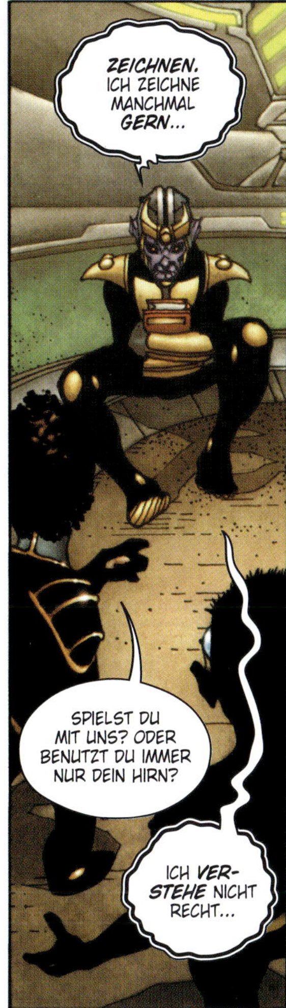
ZEICHNEN. ICH ZEICHNE MANCHMAL **GERN...**
SPIELST DU MIT UNS? ODER BENUTZT DU IMMER NUR DEIN HIRN?
ICH **VER-STEHE** NICHT RECHT...
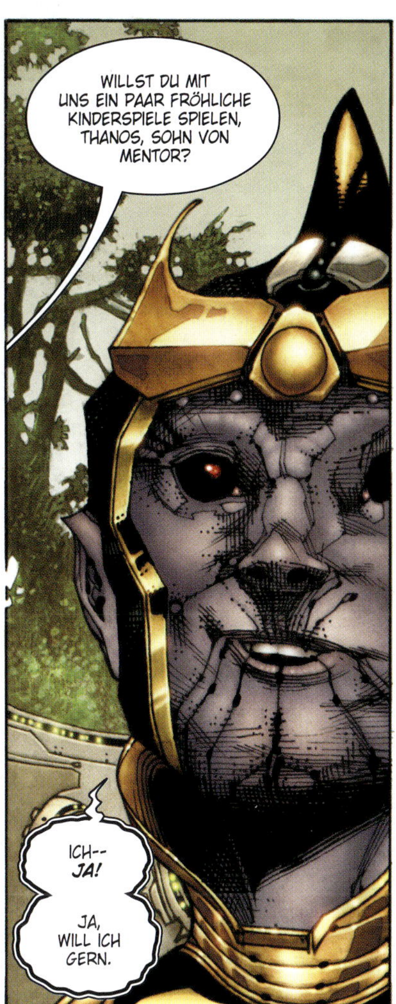
WILLST DU MIT UNS EIN PAAR FRÖHLICHE KINDERSPIELE SPIELEN, THANOS, SOHN VON MENTOR?
ICH-- **JA!**
JA, WILL ICH GERN.
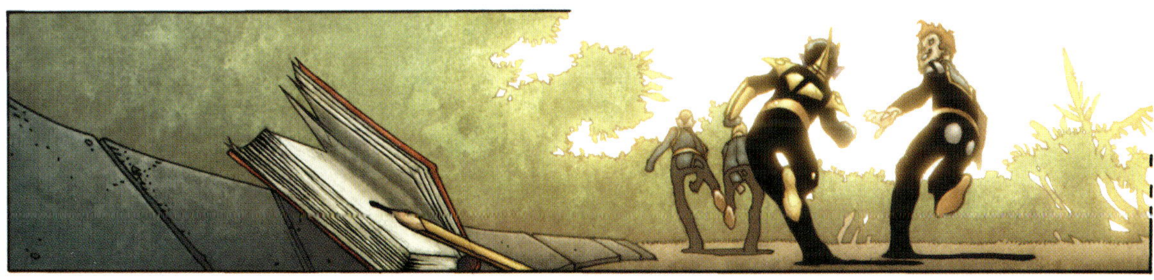
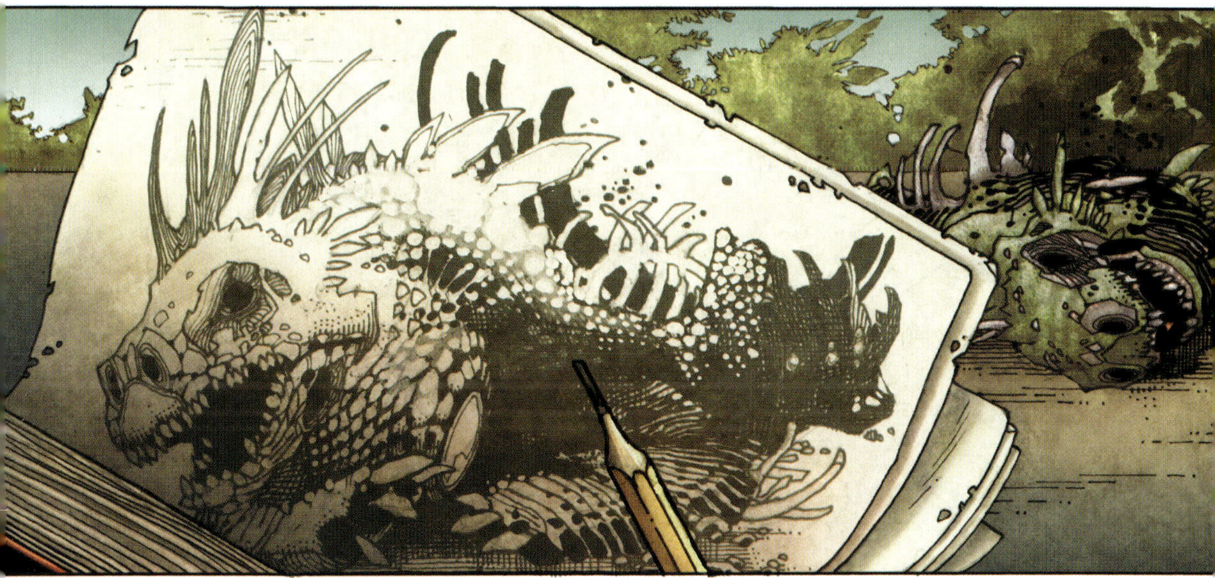

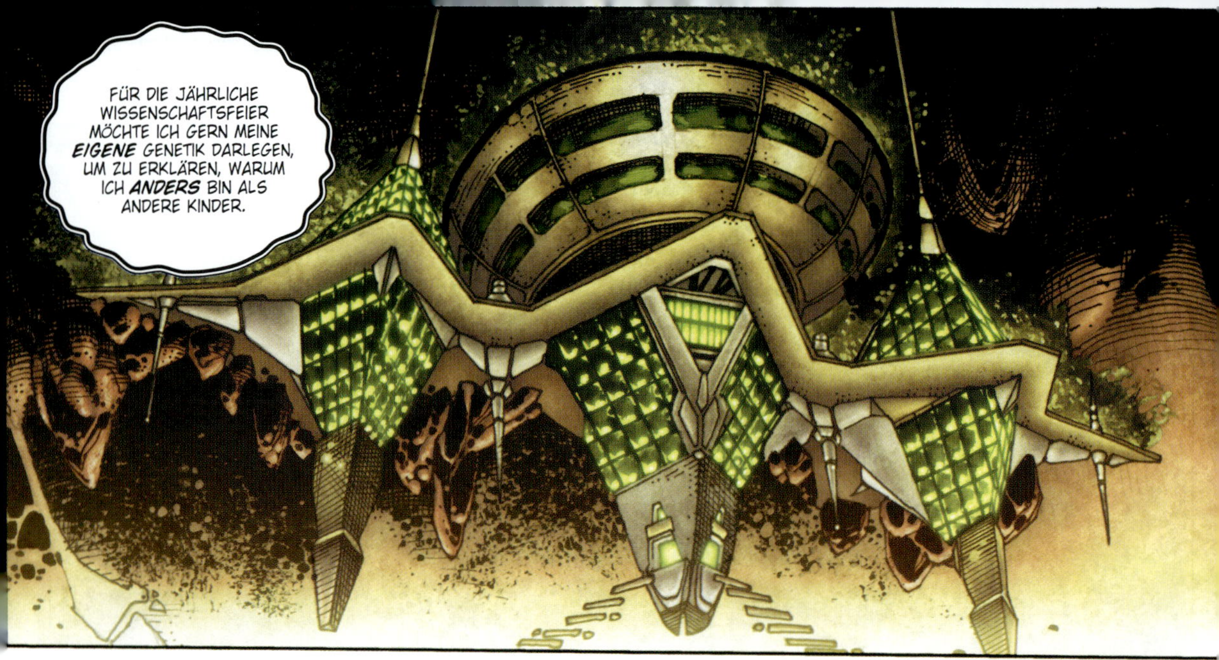
FÜR DIE JÄHRLICHE WISSENSCHAFTSFEIER MÖCHTE ICH GERN MEINE **EIGENE** GENETIK DARLEGEN, UM ZU ERKLÄREN, WARUM ICH **ANDERS** BIN ALS ANDERE KINDER.

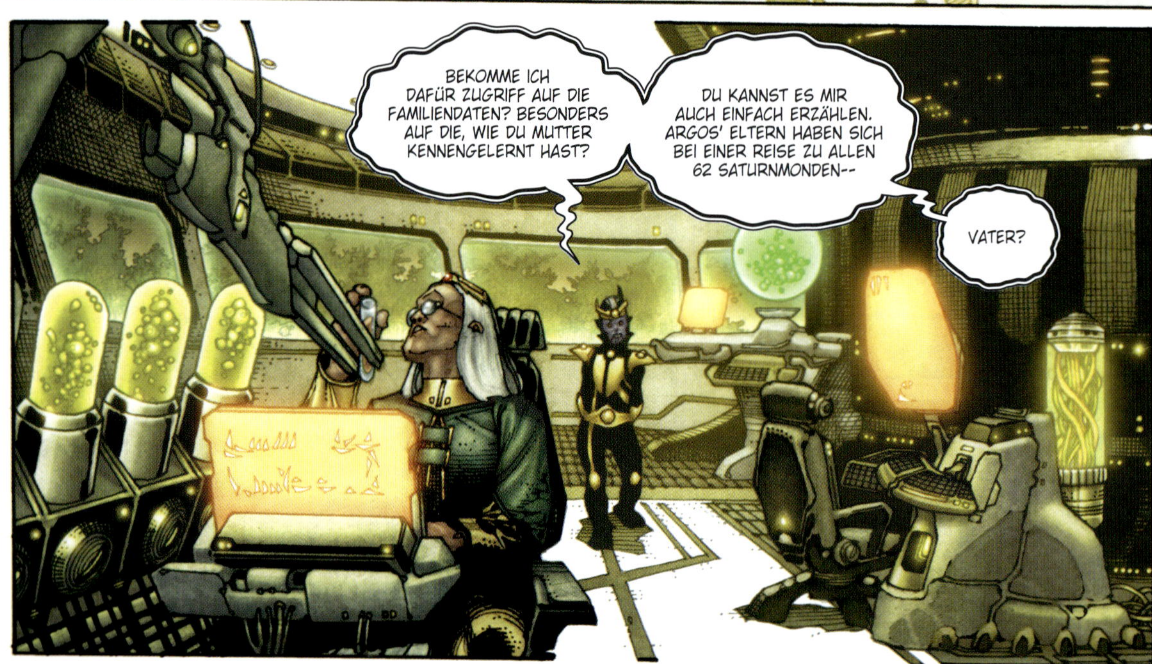
BEKOMME ICH DAFÜR ZUGRIFF AUF DIE FAMILIENDATEN? BESONDERS AUF DIE, WIE DU MUTTER KENNENGELERNT HAST?
DU KANNST ES MIR AUCH EINFACH ERZÄHLEN. ARGOS' ELTERN HABEN SICH BEI EINER REISE ZU ALLEN 62 SATURNMONDEN--
VATER?

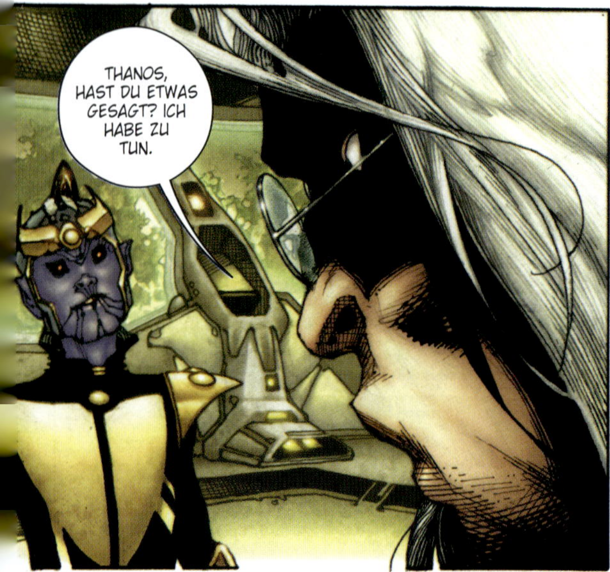
THANOS, HAST DU ETWAS GESAGT? ICH HABE ZU TUN.

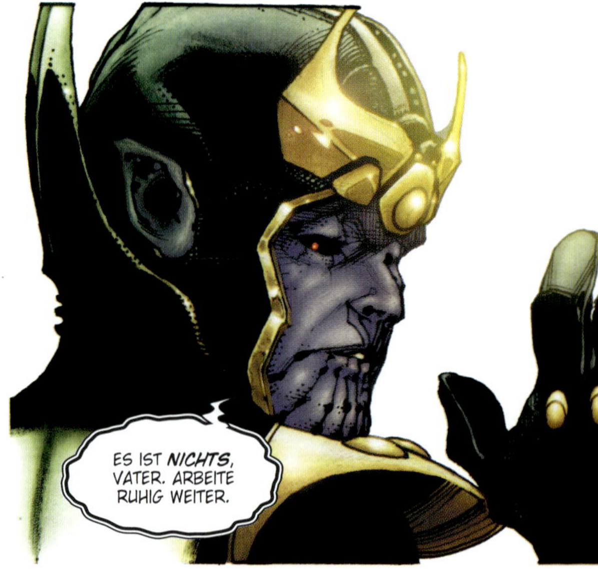
ES IST **NICHTS**, VATER. ARBEITE RUHIG WEITER.

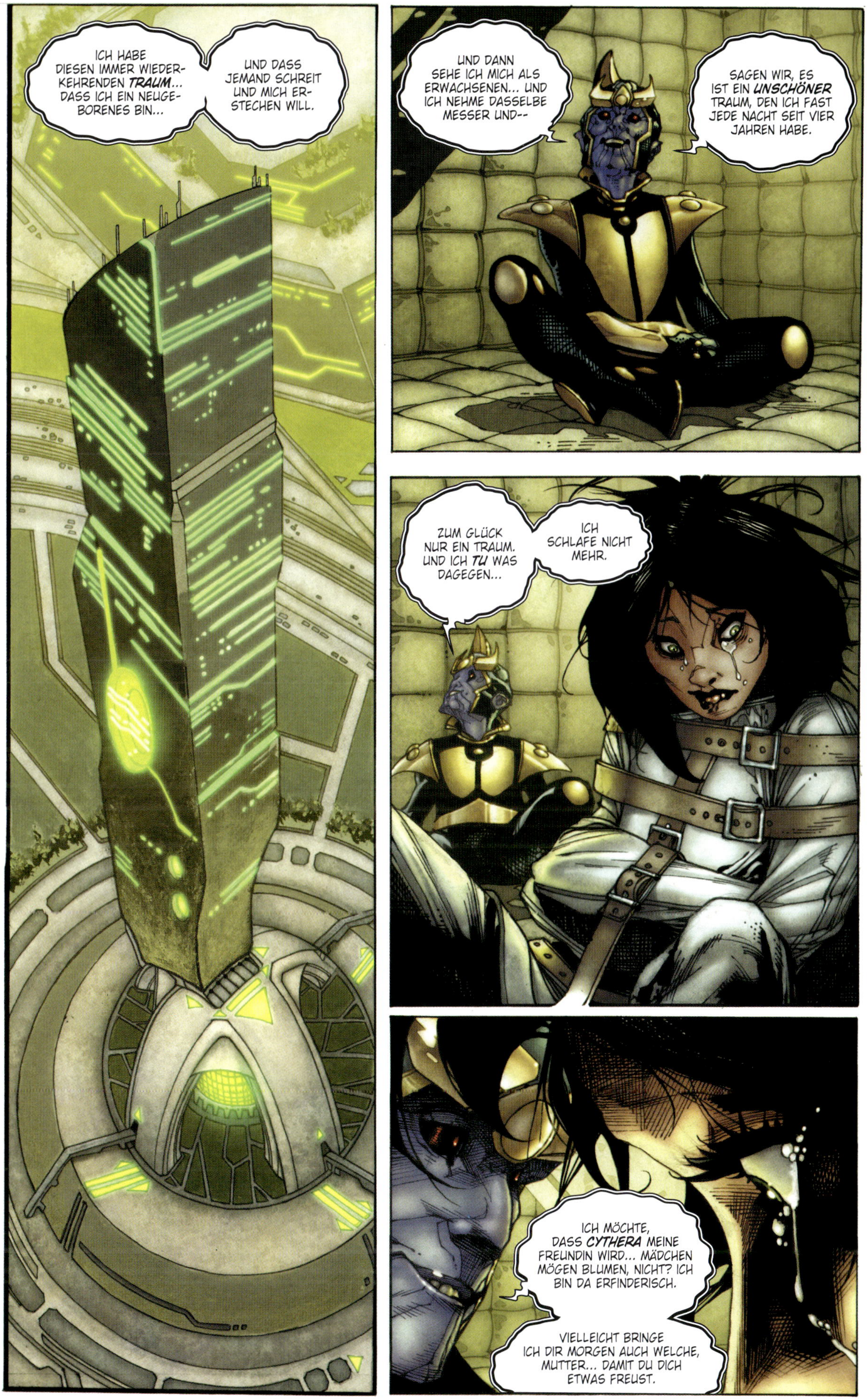

ICH HABE DIESEN IMMER WIEDERKEHRENDEN *TRAUM*... DASS ICH EIN NEUGEBORENES BIN...
UND DASS JEMAND SCHREIT UND MICH ERSTECHEN WILL.

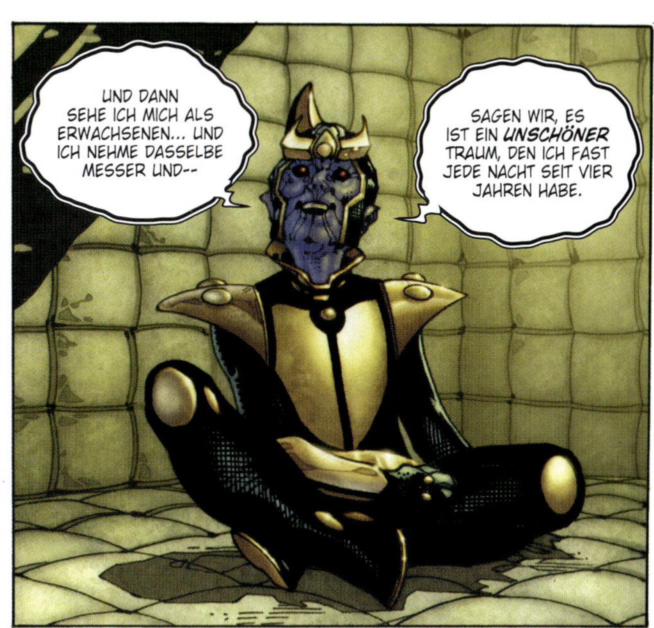

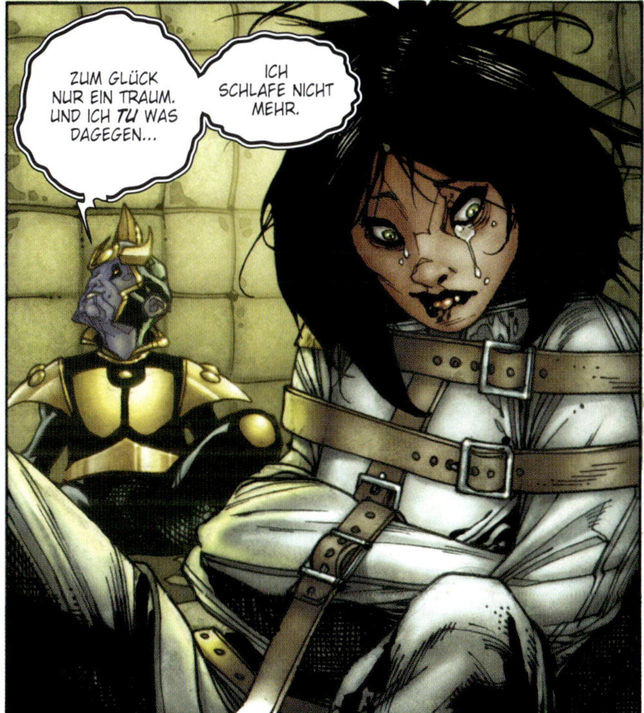

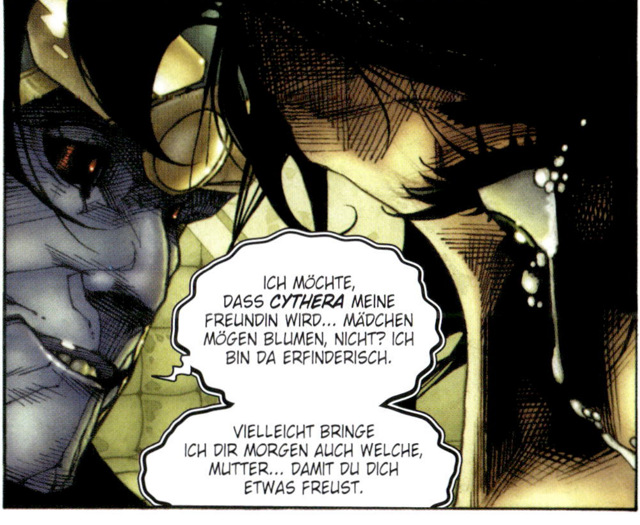

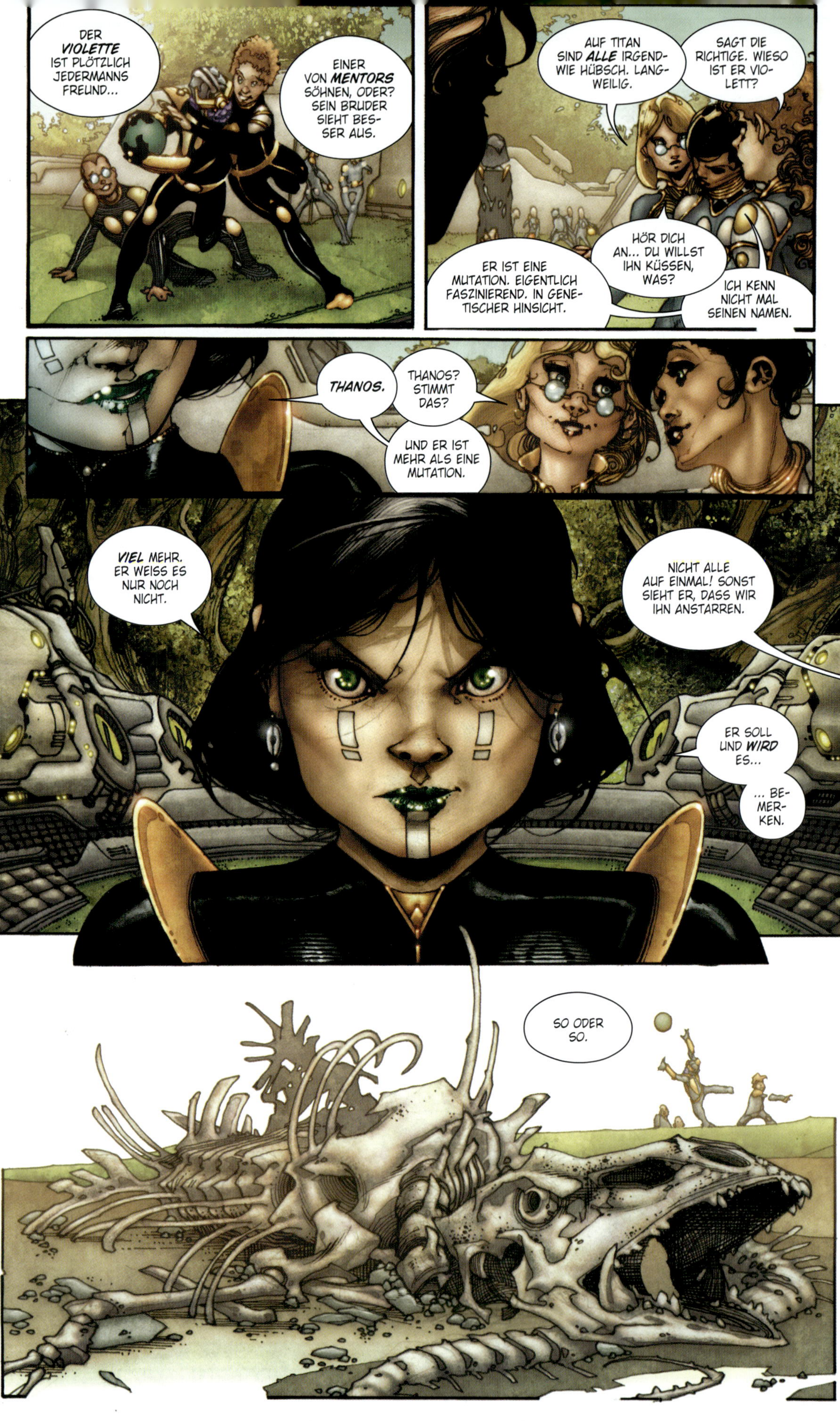

DER VIOLETTE IST PLÖTZLICH JEDERMANNS FREUND...
EINER VON MENTORS SÖHNEN, ODER? SEIN BRUDER SIEHT BESSER AUS.
AUF TITAN SIND ALLE IRGENDWIE HÜBSCH. LANGWEILIG.
SAGT DIE RICHTIGE. WIESO IST ER VIOLETT?
ER IST EINE MUTATION. EIGENTLICH FASZINIEREND. IN GENETISCHER HINSICHT.
HÖR DICH AN... DU WILLST IHN KÜSSEN, WAS?
ICH KENN NICHT MAL SEINEN NAMEN.
THANOS.
THANOS? STIMMT DAS?
UND ER IST MEHR ALS EINE MUTATION.
VIEL MEHR. ER WEISS ES NUR NOCH NICHT.
NICHT ALLE AUF EINMAL! SONST SIEHT ER, DASS WIR IHN ANSTARREN.
ER SOLL UND WIRD ES...
... BEMERKEN.
SO ODER SO.

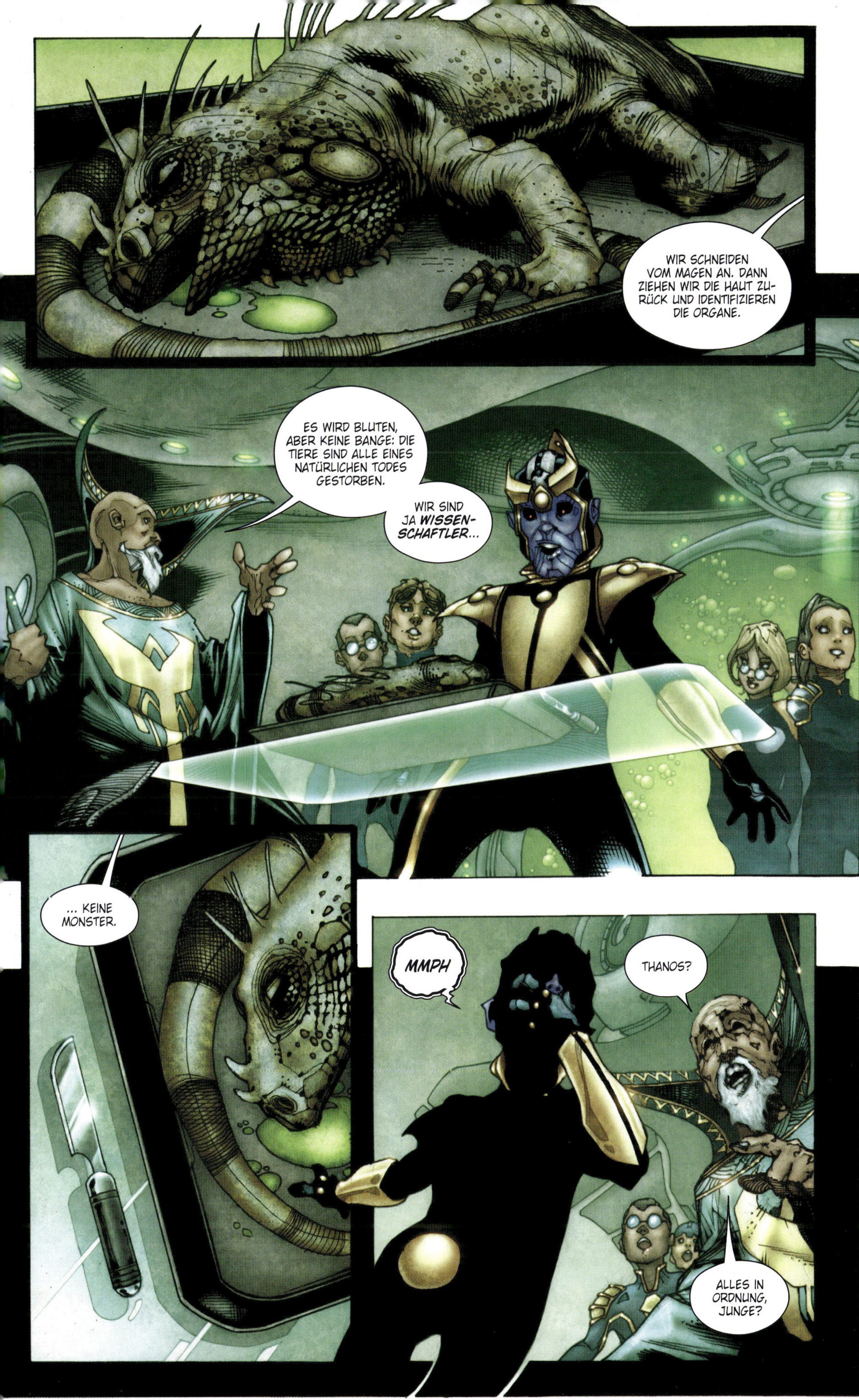
WIR SCHNEIDEN VOM MAGEN AN. DANN ZIEHEN WIR DIE HAUT ZURÜCK UND IDENTIFIZIEREN DIE ORGANE.
ES WIRD BLUTEN, ABER KEINE BANGE: DIE TIERE SIND ALLE EINES NATÜRLICHEN TODES GESTORBEN.
WIR SIND JA *WISSENSCHAFTLER*...
... KEINE MONSTER.
MMPH
THANOS?
ALLES IN ORDNUNG, JUNGE?

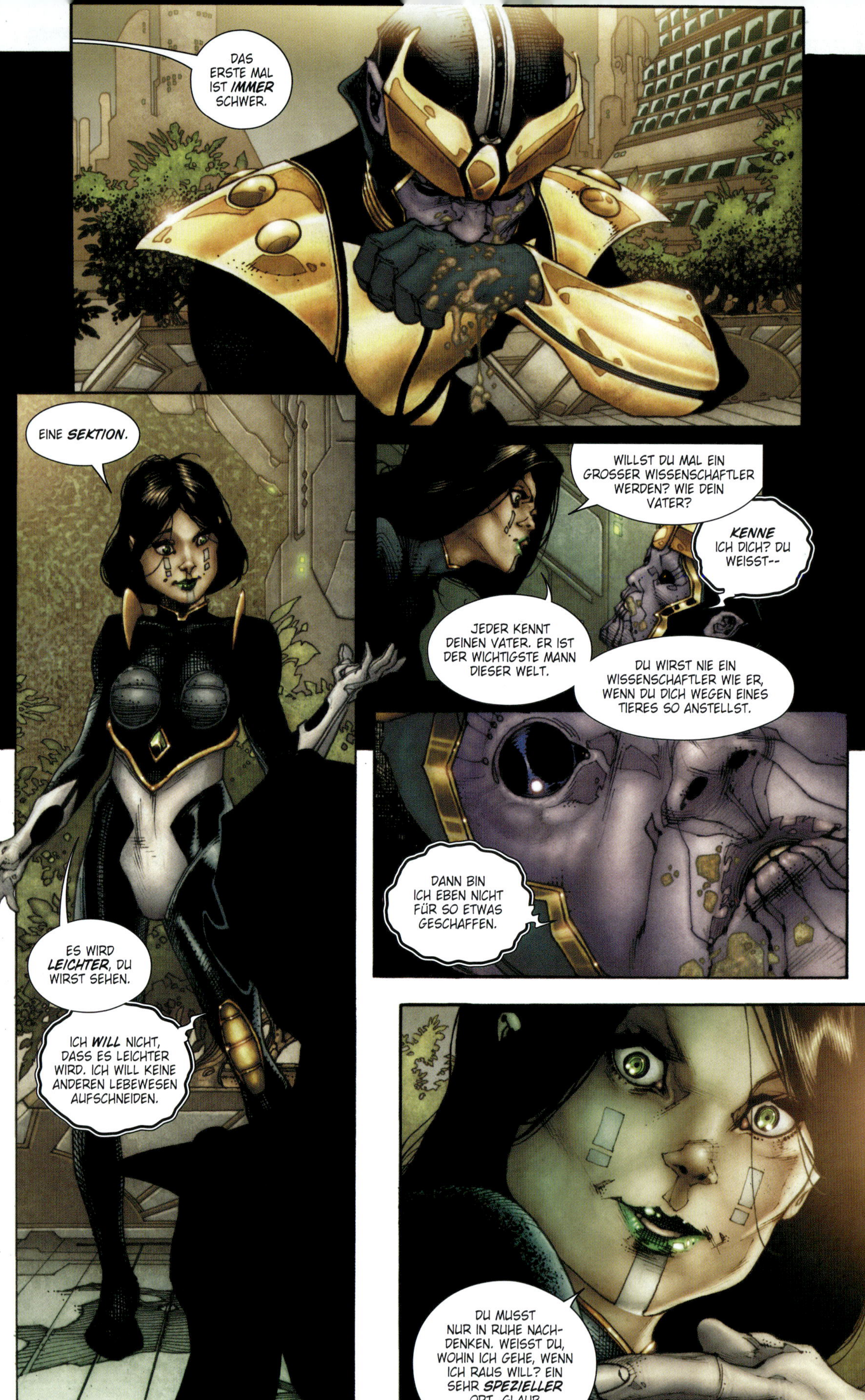
DAS ERSTE MAL IST IMMER SCHWER.
EINE SEKTION.
WILLST DU MAL EIN GROSSER WISSENSCHAFTLER WERDEN? WIE DEIN VATER?
KENNE ICH DICH? DU WEISST--
JEDER KENNT DEINEN VATER. ER IST DER WICHTIGSTE MANN DIESER WELT.
DU WIRST NIE EIN WISSENSCHAFTLER WIE ER, WENN DU DICH WEGEN EINES TIERES SO ANSTELLST.
DANN BIN ICH EBEN NICHT FÜR SO ETWAS GESCHAFFEN.
ES WIRD LEICHTER, DU WIRST SEHEN.
ICH WILL NICHT, DASS ES LEICHTER WIRD. ICH WILL KEINE ANDEREN LEBEWESEN AUFSCHNEIDEN.
DU MUSST NUR IN RUHE NACH-DENKEN. WEISST DU, WOHIN ICH GEHE, WENN ICH RAUS WILL? EIN SEHR SPEZIELLER ORT. GLAUB MIR...

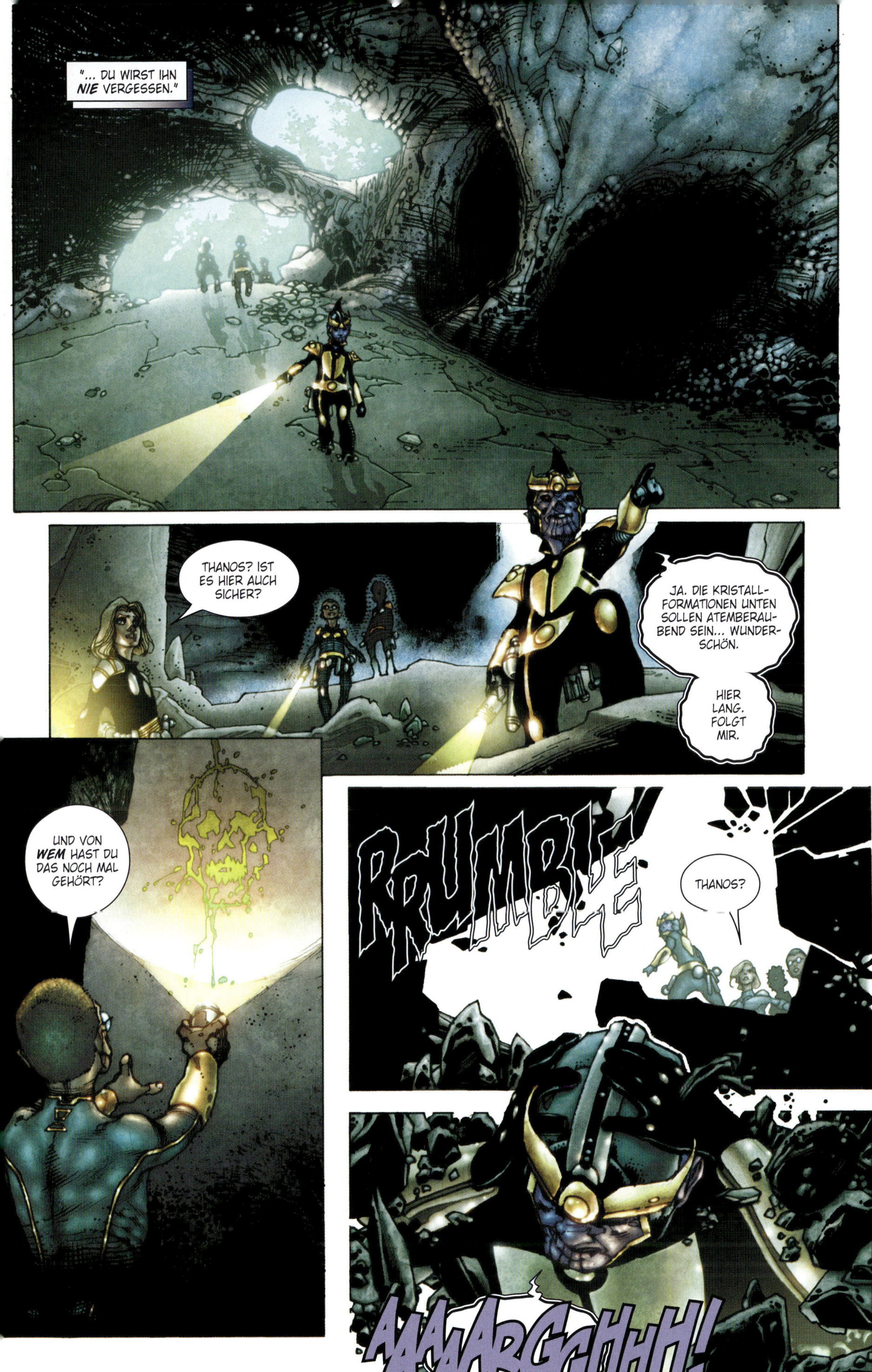
"... DU WIRST IHN NIE VERGESSEN."
THANOS? IST ES HIER AUCH SICHER?
JA. DIE KRISTALLFORMATIONEN UNTEN SOLLEN ATEMBERAUBEND SEIN... WUNDERSCHÖN.
HIER LANG. FOLGT MIR.
UND VON WEM HAST DU DAS NOCH MAL GEHÖRT?
RRUMBLE
THANOS?
AAAAARGGHHH!

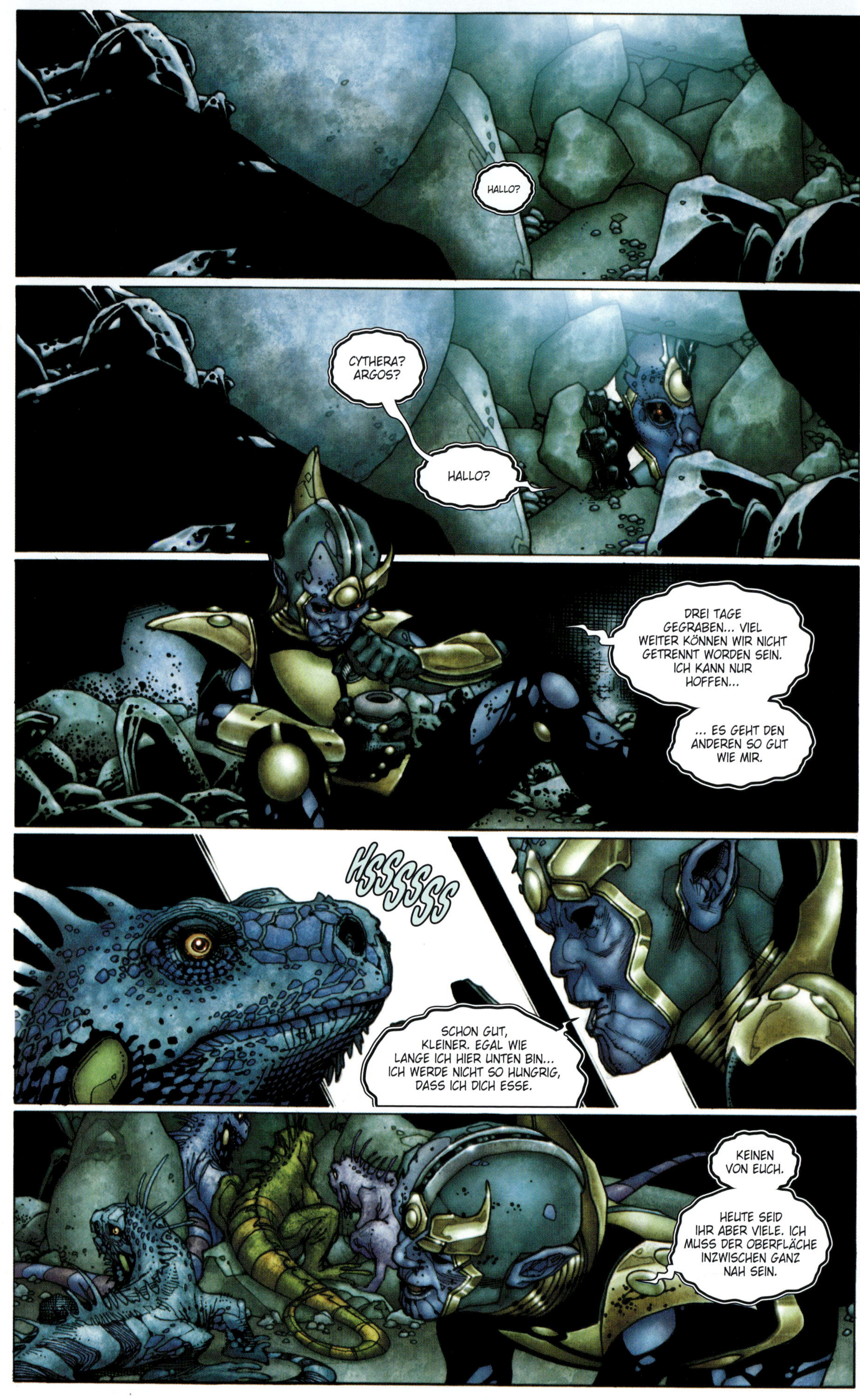
HALLO?
CYTHERA? ARGOS?
HALLO?
DREI TAGE GEGRABEN... VIEL WEITER KÖNNEN WIR NICHT GETRENNT WORDEN SEIN. ICH KANN NUR HOFFEN...
... ES GEHT DEN ANDEREN SO GUT WIE MIR.
HSSSSSS
SCHON GUT, KLEINER. EGAL WIE LANGE ICH HIER UNTEN BIN... ICH WERDE NICHT SO HUNGRIG, DASS ICH DICH ESSE.
KEINEN VON EUCH.
HEUTE SEID IHR ABER VIELE. ICH MUSS DER OBERFLÄCHE INZWISCHEN GANZ NAH SEIN.

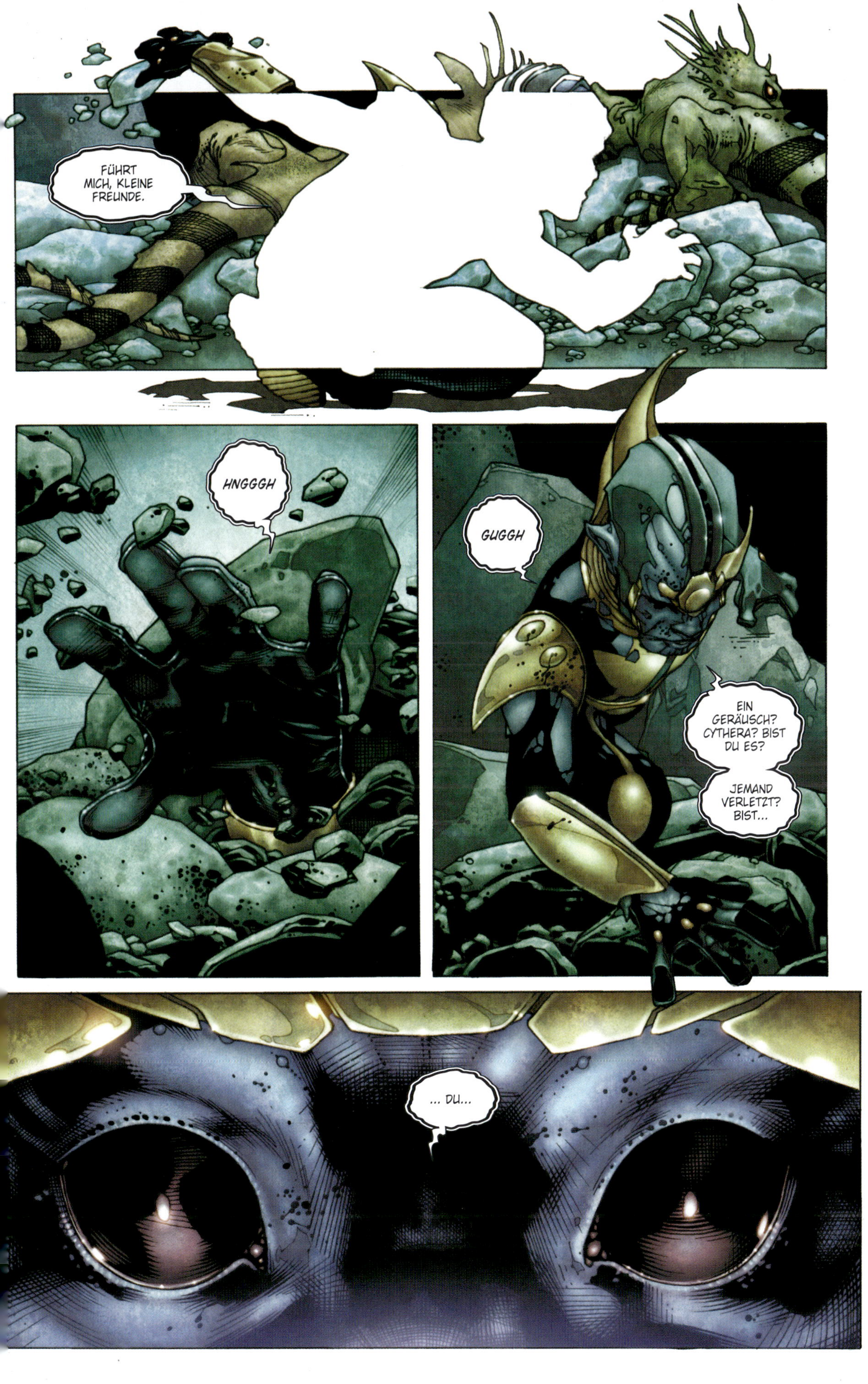

FÜHRT MICH, KLEINE FREUNDE.

HNGGGH

GUGGH

EIN GERÄUSCH? CYTHERA? BIST DU ES?

JEMAND VERLETZT? BIST...

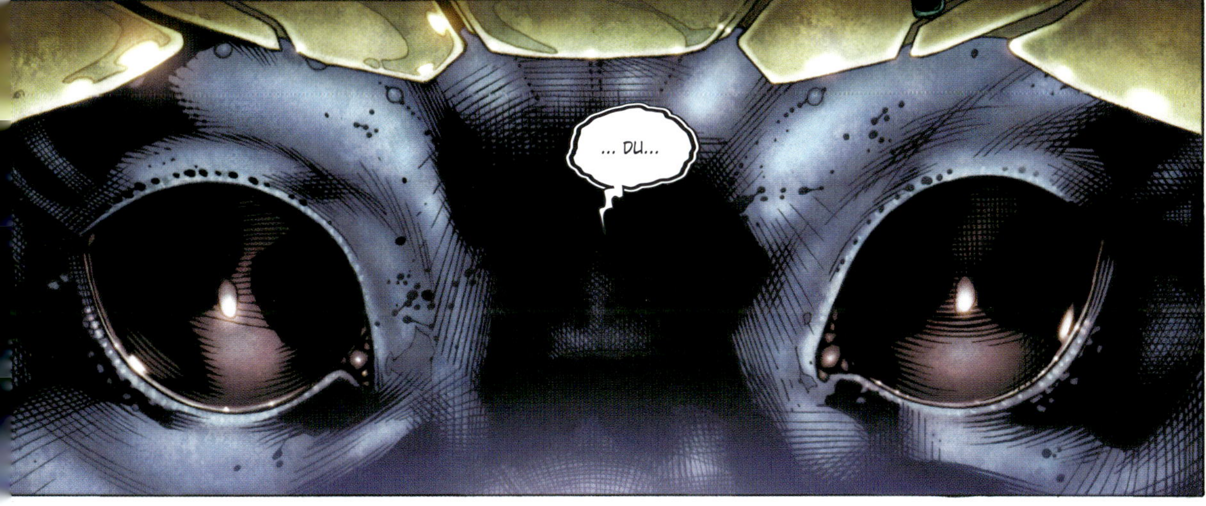

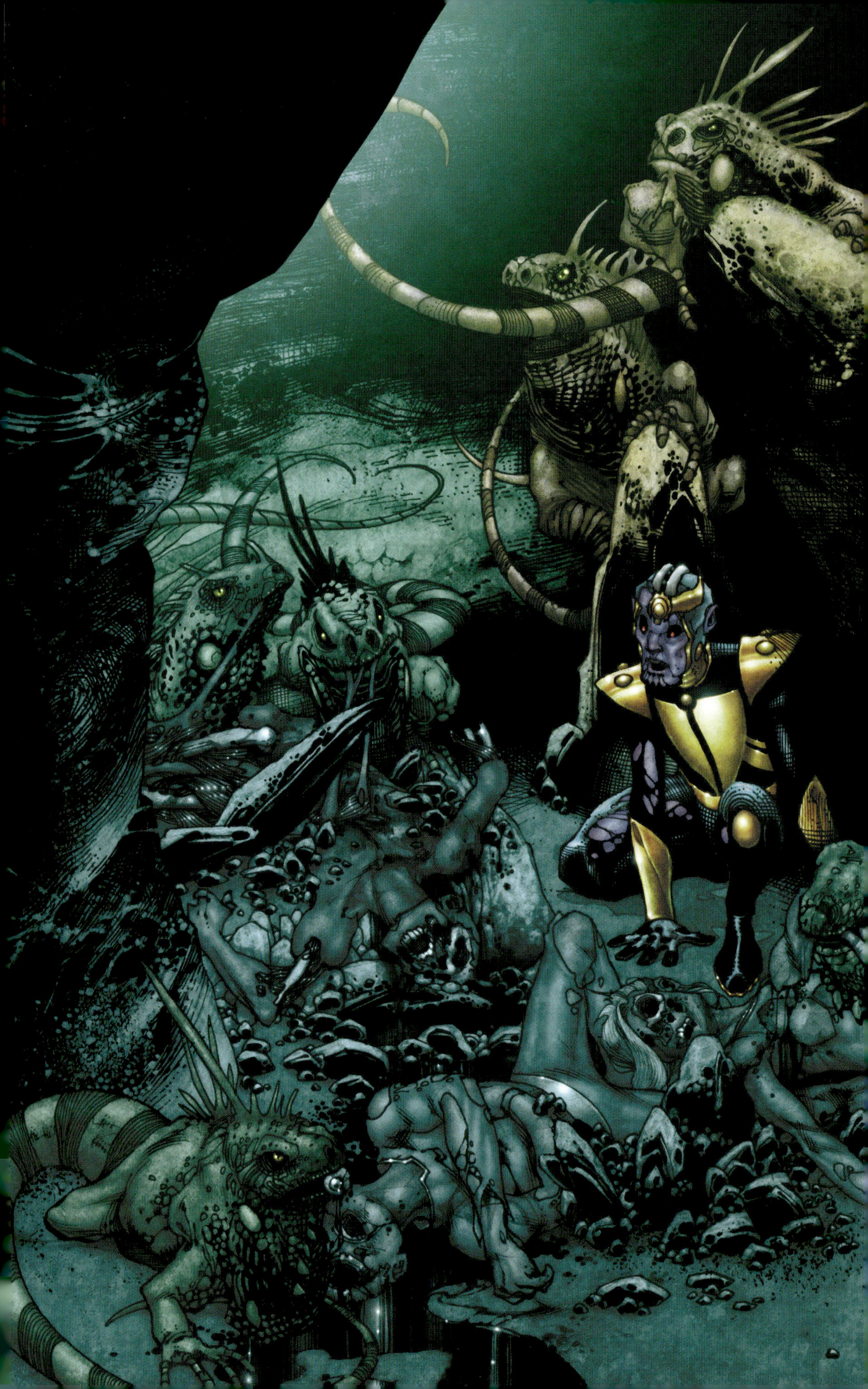

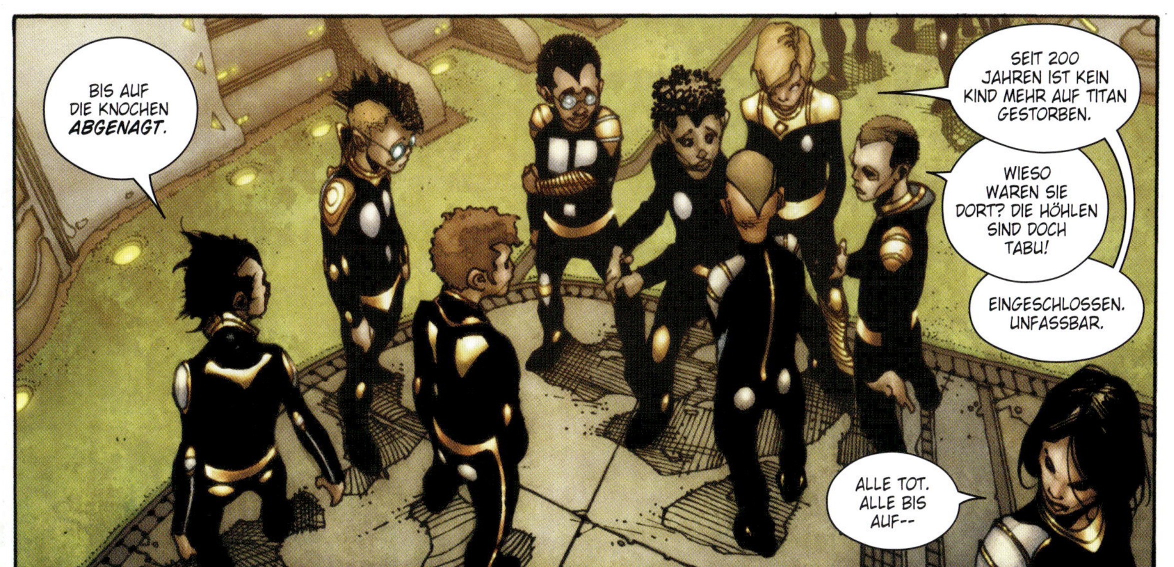
BIS AUF
DIE KNOCHEN
ABGENAGT.
SEIT 200
JAHREN IST KEIN
KIND MEHR AUF TITAN
GESTORBEN.
WIESO
WAREN SIE
DORT? DIE HÖHLEN
SIND DOCH
TABU!
EINGESCHLOSSEN.
UNFASSBAR.
ALLE TOT.
ALLE BIS
AUF--

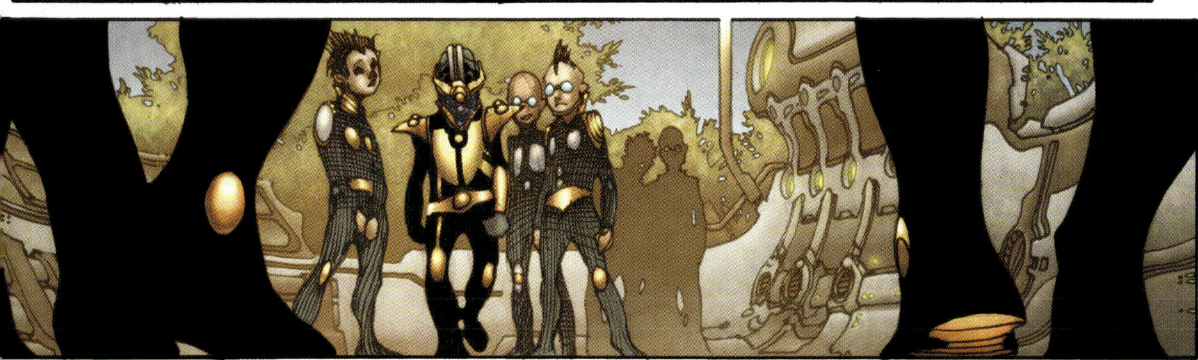

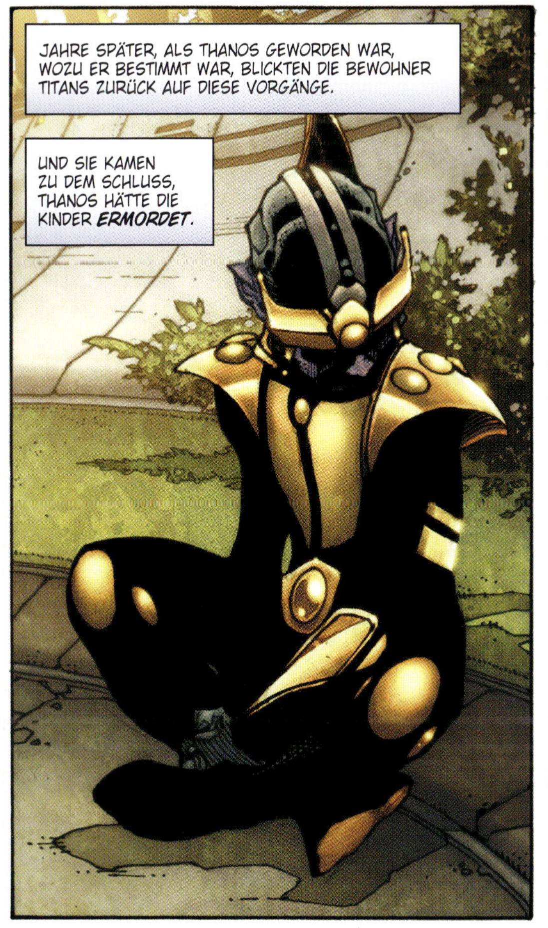
JAHRE SPÄTER, ALS THANOS GEWORDEN WAR,
WOZU ER BESTIMMT WAR, BLICKTEN DIE BEWOHNER
TITANS ZURÜCK AUF DIESE VORGÄNGE.
UND SIE KAMEN
ZU DEM SCHLUSS,
THANOS HÄTTE DIE
KINDER ERMORDET.

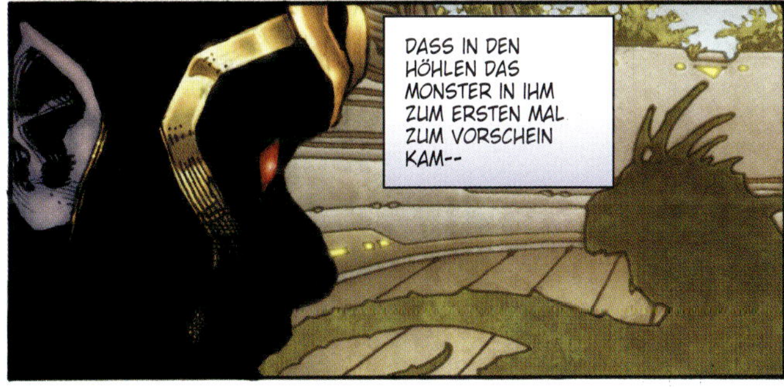
DASS IN DEN
HÖHLEN DAS
MONSTER IN IHM
ZUM ERSTEN MAL
ZUM VORSCHEIN
KAM--

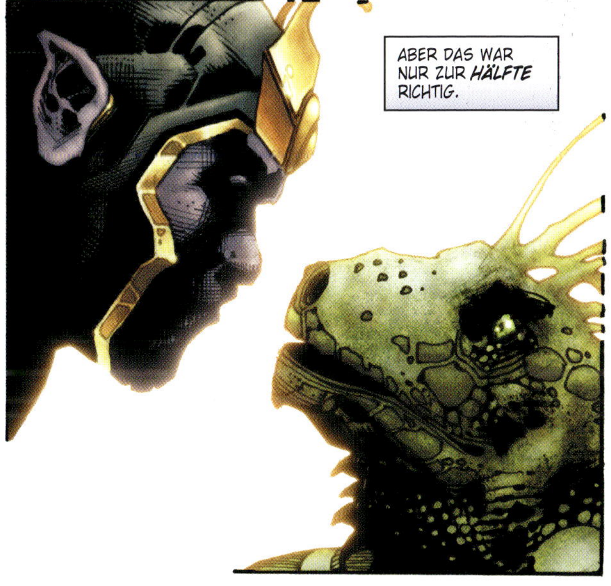
ABER DAS WAR
NUR ZUR HÄLFTE
RICHTIG.

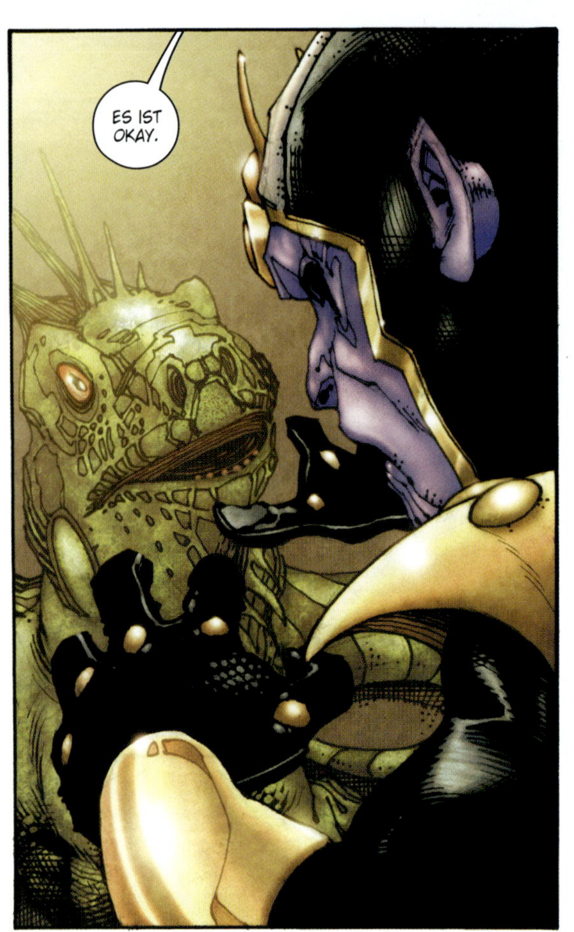
ES IST
OKAY.

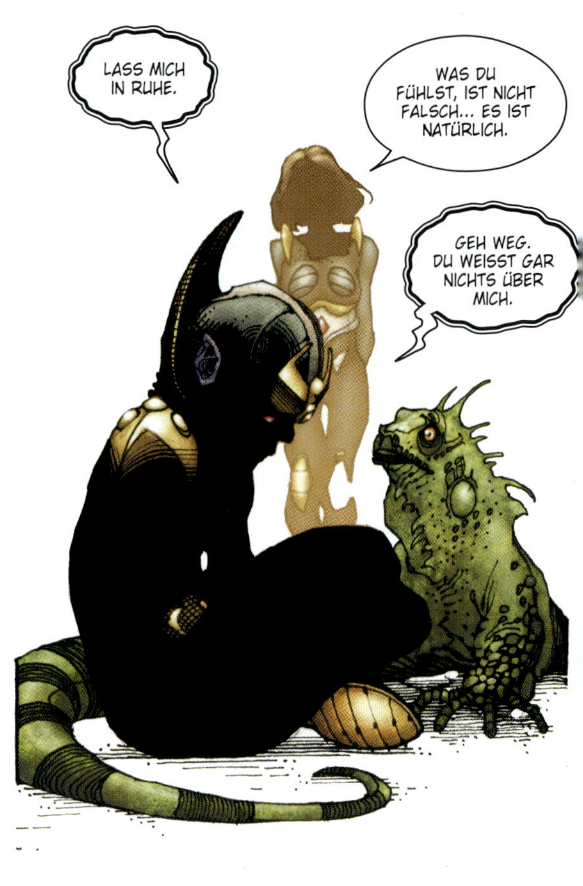
LASS MICH
IN RUHE.
WAS DU
FÜHLST, IST NICHT
FALSCH... ES IST
NATÜRLICH.
GEH WEG.
DU WEISST GAR
NICHTS ÜBER
MICH.

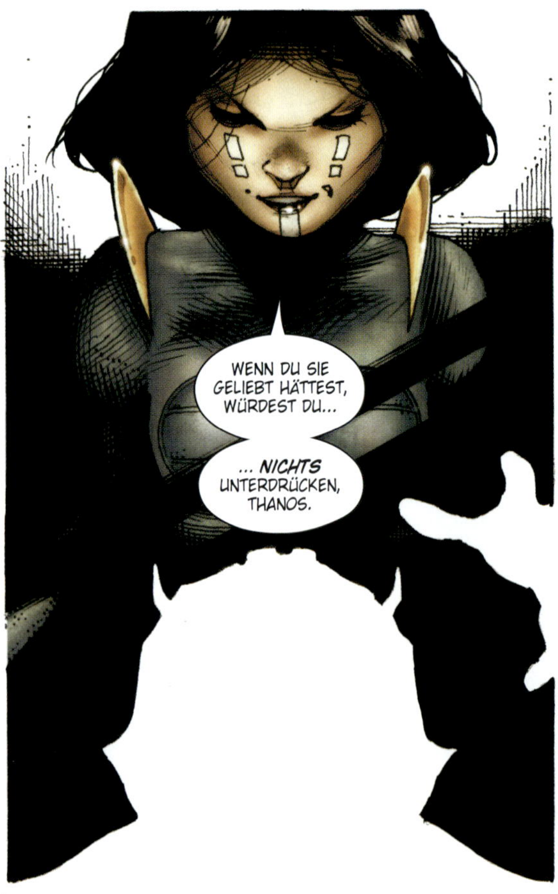
WENN DU SIE
GELIEBT HÄTTEST,
WÜRDEST DU...
...NICHTS
UNTERDRÜCKEN,
THANOS.

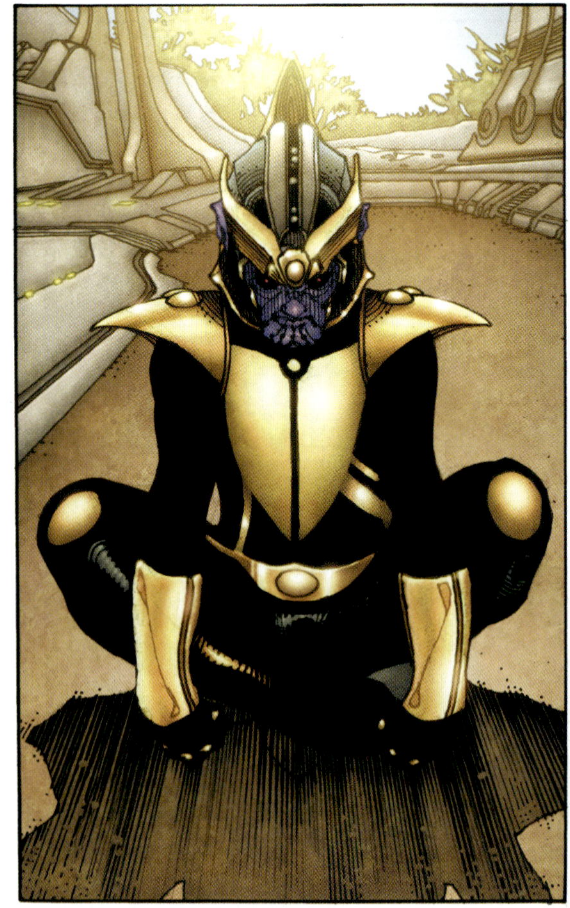

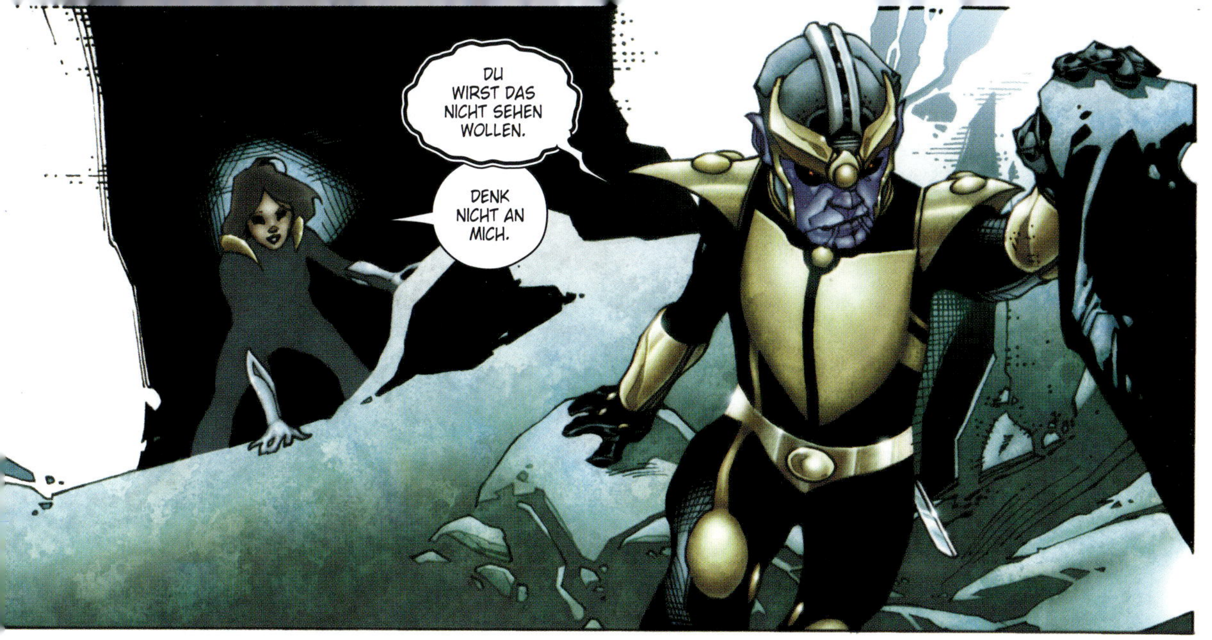
DU WIRST DAS NICHT SEHEN WOLLEN.
DENK NICHT AN MICH.

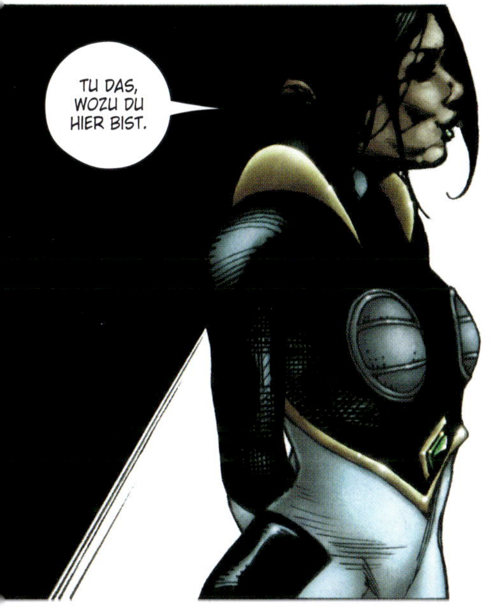
TU DAS, WOZU DU HIER BIST.

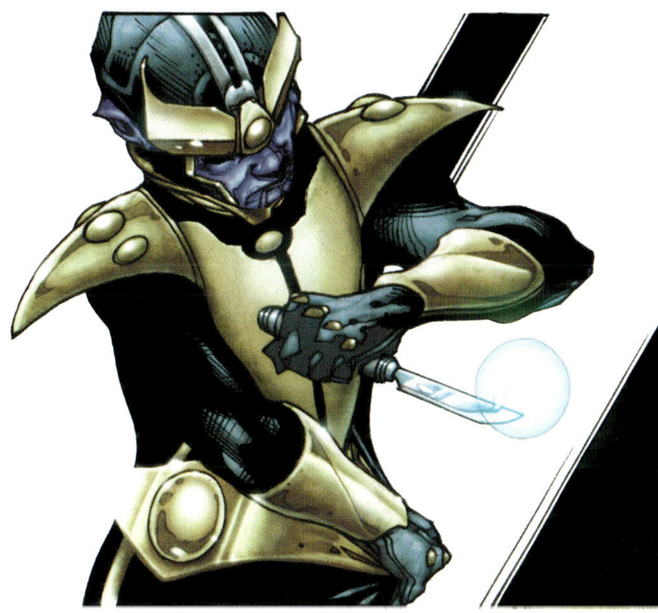

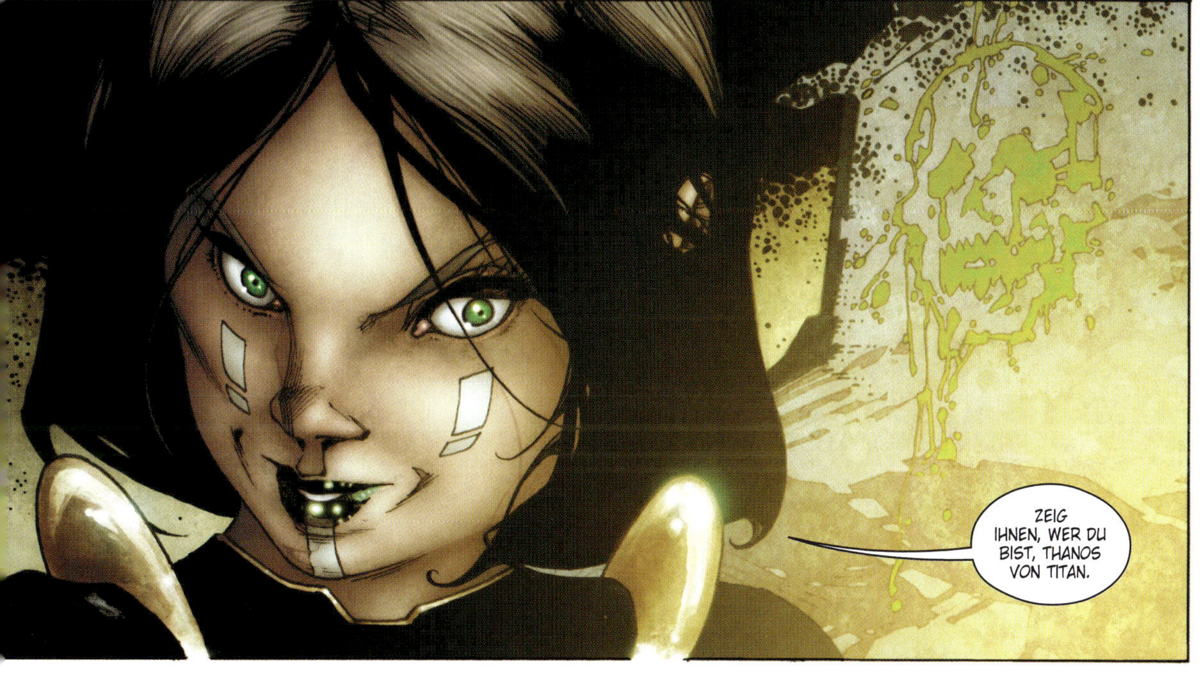
ZEIG IHNEN, WER DU BIST, THANOS VON TITAN.

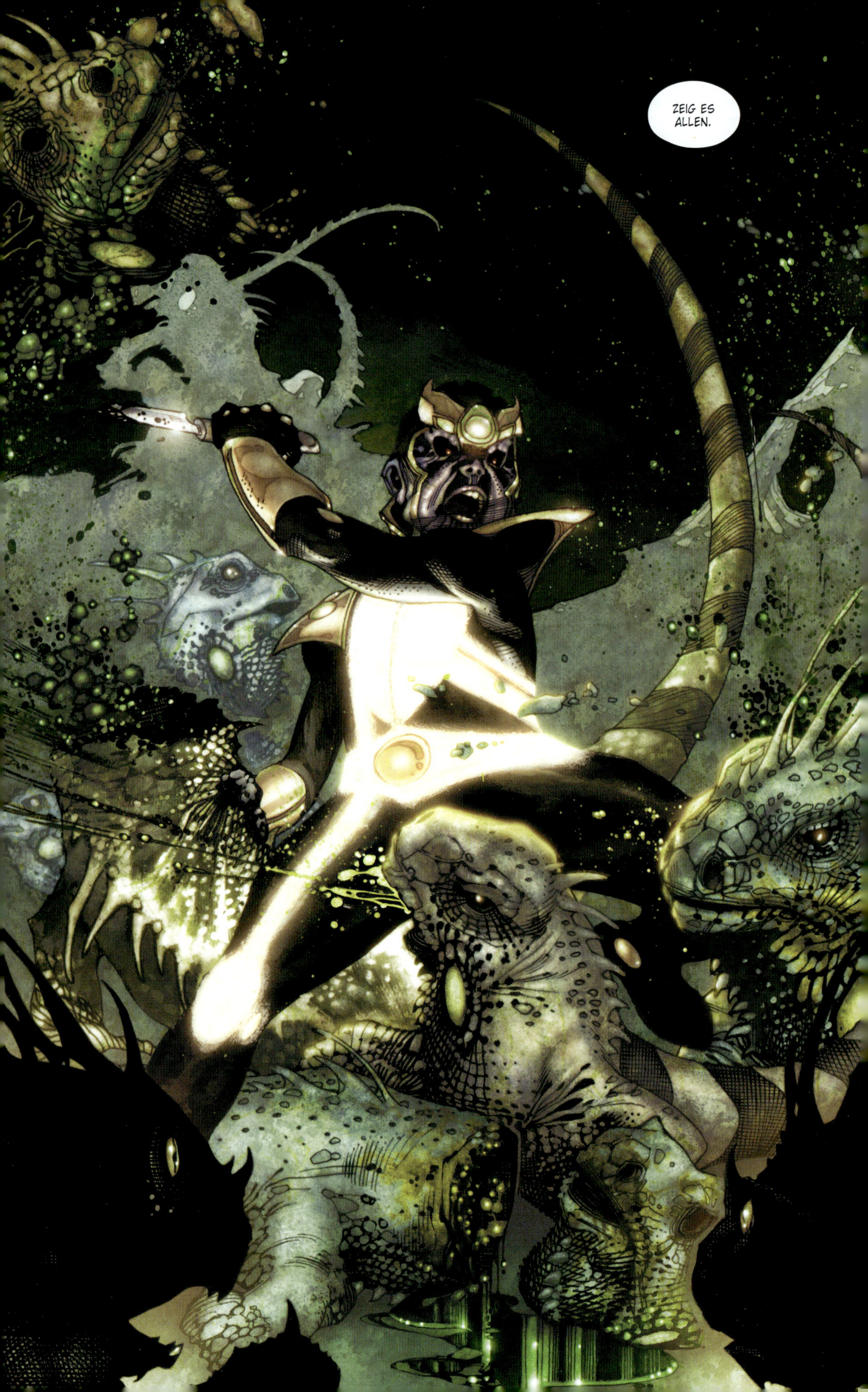
ZEIG ES ALLEN.

DIE GEBURT EINES MONSTERS, TEIL 2

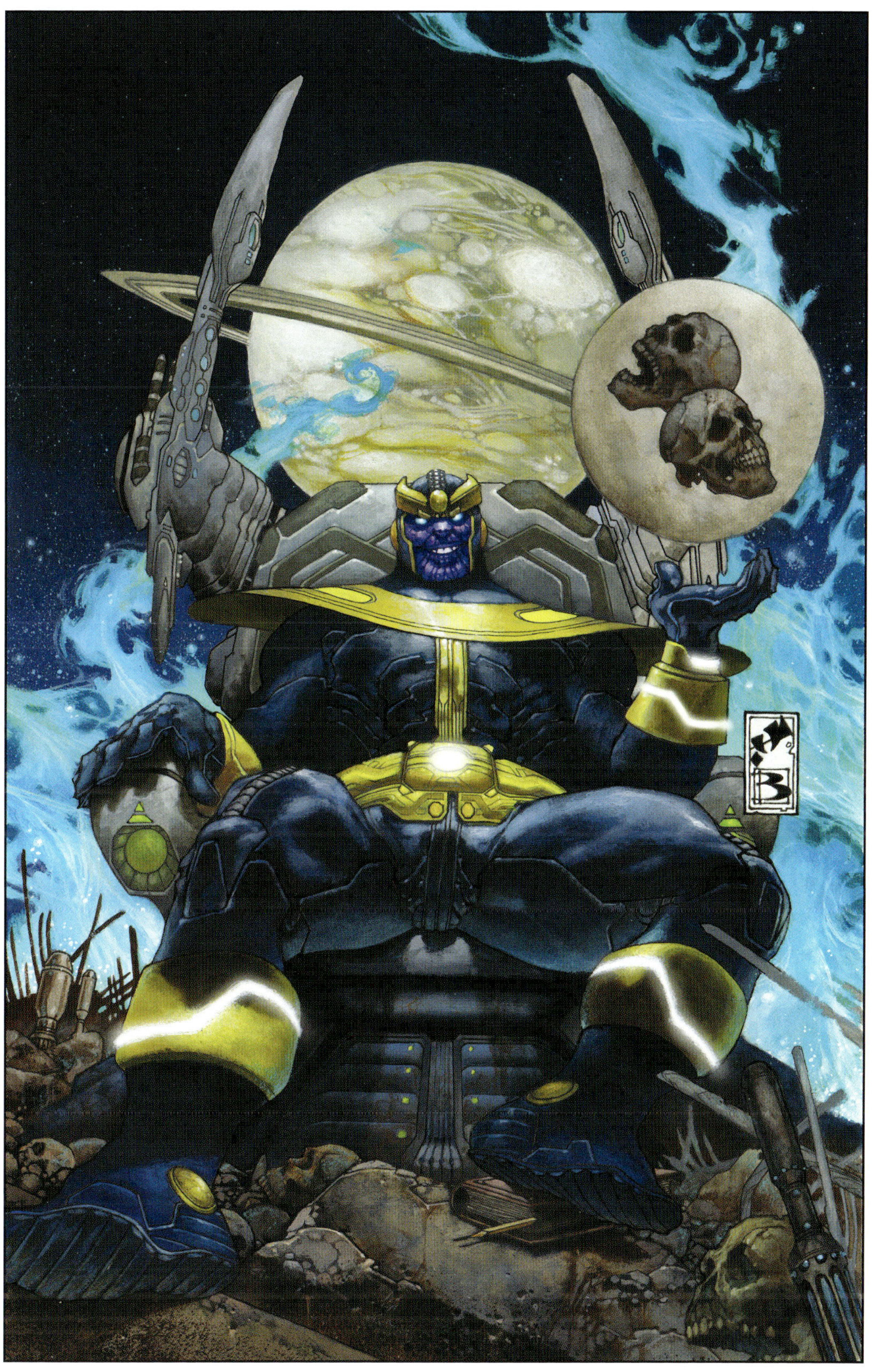

Thanos Rising (2013) 2
Cover von **SIMONE BIANCHI**

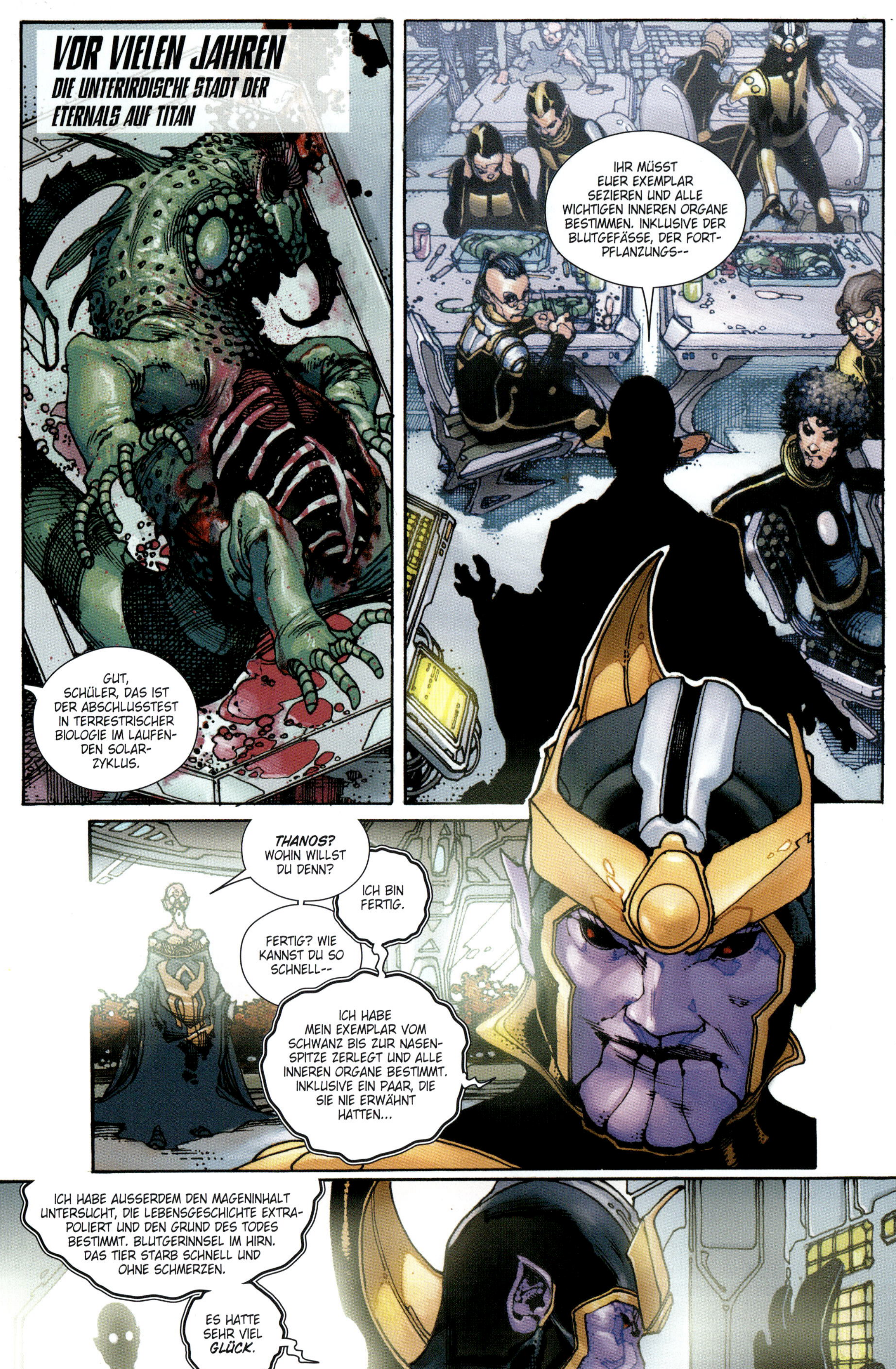
VOR VIELEN JAHREN
DIE UNTERIRDISCHE STADT DER ETERNALS AUF TITAN
GUT, SCHÜLER, DAS IST DER ABSCHLUSSTEST IN TERRESTRISCHER BIOLOGIE IM LAUFENDEN SOLARZYKLUS.
IHR MÜSST EUER EXEMPLAR SEZIEREN UND ALLE WICHTIGEN INNEREN ORGANE BESTIMMEN. INKLUSIVE DER BLUTGEFÄSSE, DER FORTPFLANZUNGS--
THANOS? WOHIN WILLST DU DENN?
ICH BIN FERTIG.
FERTIG? WIE KANNST DU SO SCHNELL--
ICH HABE MEIN EXEMPLAR VOM SCHWANZ BIS ZUR NASENSPITZE ZERLEGT UND ALLE INNEREN ORGANE BESTIMMT. INKLUSIVE EIN PAAR, DIE SIE NIE ERWÄHNT HATTEN...
ICH HABE AUSSERDEM DEN MAGENINHALT UNTERSUCHT, DIE LEBENSGESCHICHTE EXTRAPOLIERT UND DEN GRUND DES TODES BESTIMMT. BLUTGERINNSEL IM HIRN. DAS TIER STARB SCHNELL UND OHNE SCHMERZEN.
ES HATTE SEHR VIEL GLÜCK.

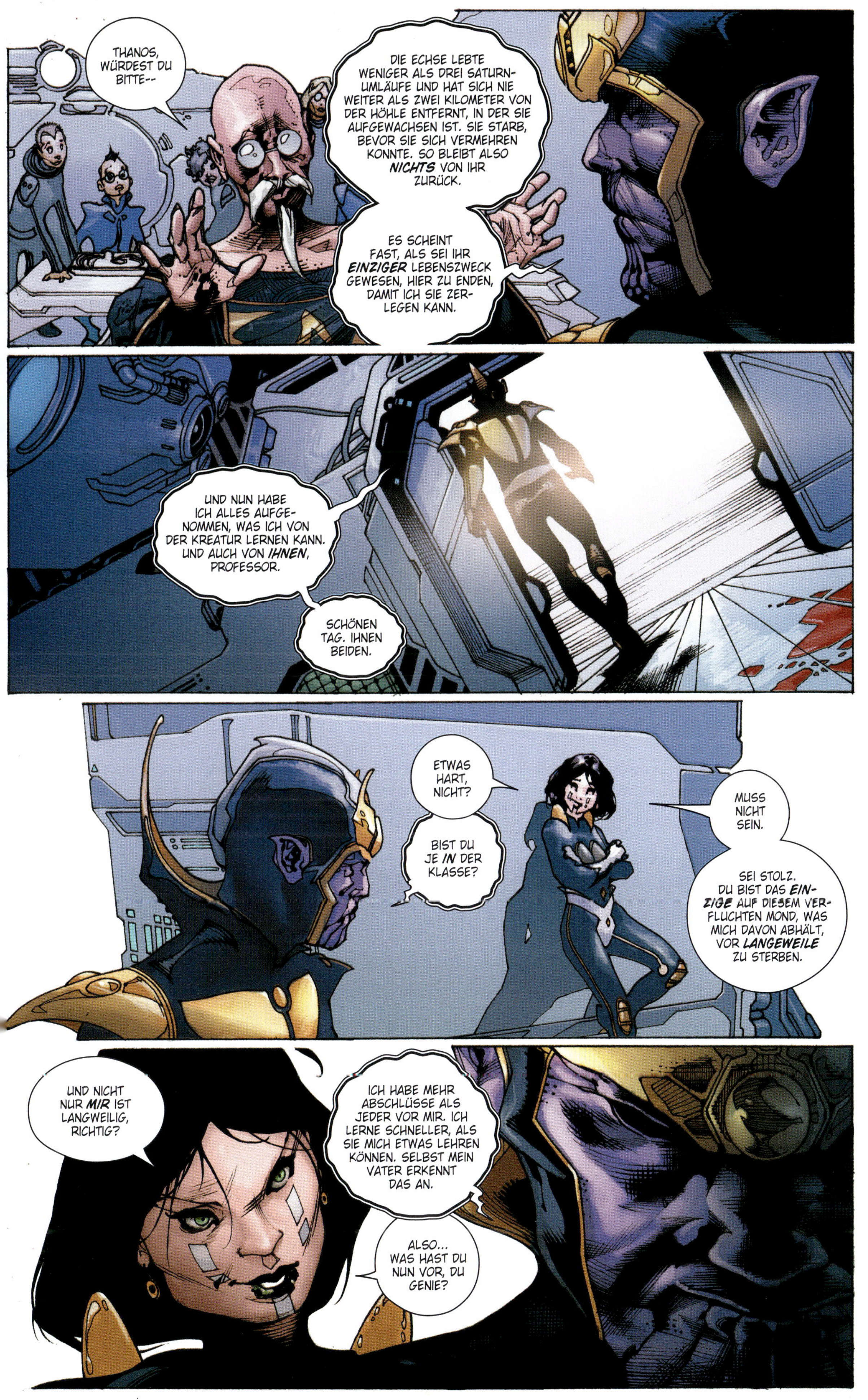
THANOS, WÜRDEST DU BITTE--
DIE ECHSE LEBTE WENIGER ALS DREI SATURN-UMLÄUFE UND HAT SICH NIE WEITER ALS ZWEI KILOMETER VON DER HÖHLE ENTFERNT, IN DER SIE AUFGEWACHSEN IST. SIE STARB, BEVOR SIE SICH VERMEHREN KONNTE. SO BLEIBT ALSO ***NICHTS*** VON IHR ZURÜCK.
ES SCHEINT FAST, ALS SEI IHR ***EINZIGER*** LEBENSZWECK GEWESEN, HIER ZU ENDEN, DAMIT ICH SIE ZERLEGEN KANN.
UND NUN HABE ICH ALLES AUFGENOMMEN, WAS ICH VON DER KREATUR LERNEN KANN. UND AUCH VON ***IHNEN***, PROFESSOR.
SCHÖNEN TAG. IHNEN BEIDEN.
ETWAS HART, NICHT?
BIST DU JE ***IN*** DER KLASSE?
MUSS NICHT SEIN.
SEI STOLZ. DU BIST DAS ***EINZIGE*** AUF DIESEM VERFLUCHTEN MOND, WAS MICH DAVON ABHÄLT, VOR ***LANGEWEILE*** ZU STERBEN.
UND NICHT NUR ***MIR*** IST LANGWEILIG, RICHTIG?
ICH HABE MEHR ABSCHLÜSSE ALS JEDER VOR MIR. ICH LERNE SCHNELLER, ALS SIE MICH ETWAS LEHREN KÖNNEN. SELBST MEIN VATER ERKENNT DAS AN.
ALSO... WAS HAST DU NUN VOR, DU GENIE?

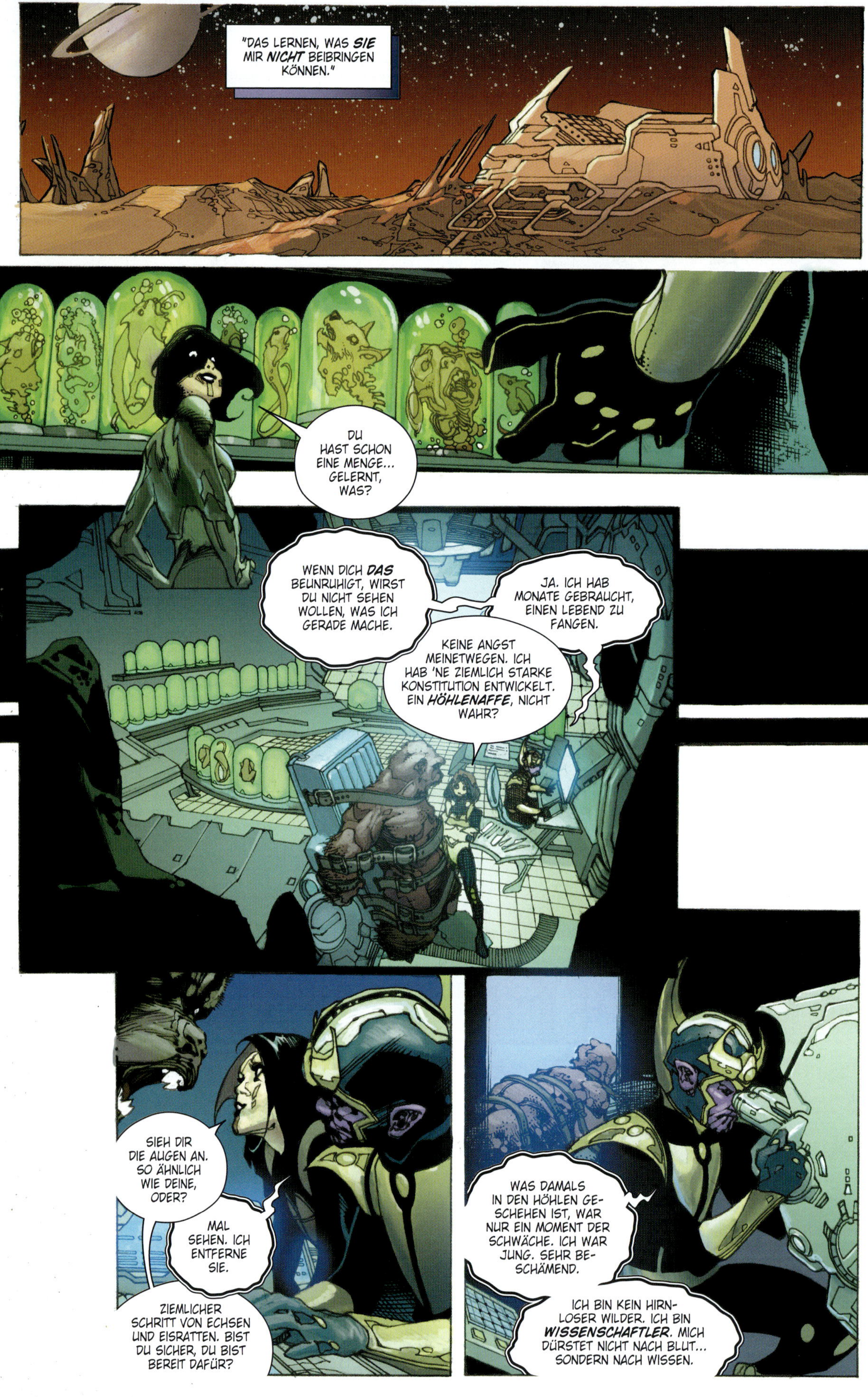
"DAS LERNEN, WAS SIE MIR NICHT BEIBRINGEN KÖNNEN."
DU HAST SCHON EINE MENGE... GELERNT, WAS?
WENN DICH DAS BEUNRUHIGT, WIRST DU NICHT SEHEN WOLLEN, WAS ICH GERADE MACHE.
KEINE ANGST MEINETWEGEN. ICH HAB 'NE ZIEMLICH STARKE KONSTITUTION ENTWICKELT. EIN HÖHLENAFFE, NICHT WAHR?
JA. ICH HAB MONATE GEBRAUCHT, EINEN LEBEND ZU FANGEN.
SIEH DIR DIE AUGEN AN. SO ÄHNLICH WIE DEINE, ODER?
MAL SEHEN. ICH ENTFERNE SIE.
ZIEMLICHER SCHRITT VON ECHSEN UND EISRATTEN. BIST DU SICHER, DU BIST BEREIT DAFÜR?
WAS DAMALS IN DEN HÖHLEN GESCHEHEN IST, WAR NUR EIN MOMENT DER SCHWÄCHE. ICH WAR JUNG. SEHR BESCHÄMEND.
ICH BIN KEIN HIRNLOSER WILDER. ICH BIN WISSENSCHAFTLER. MICH DÜRSTET NICHT NACH BLUT... SONDERN NACH WISSEN.

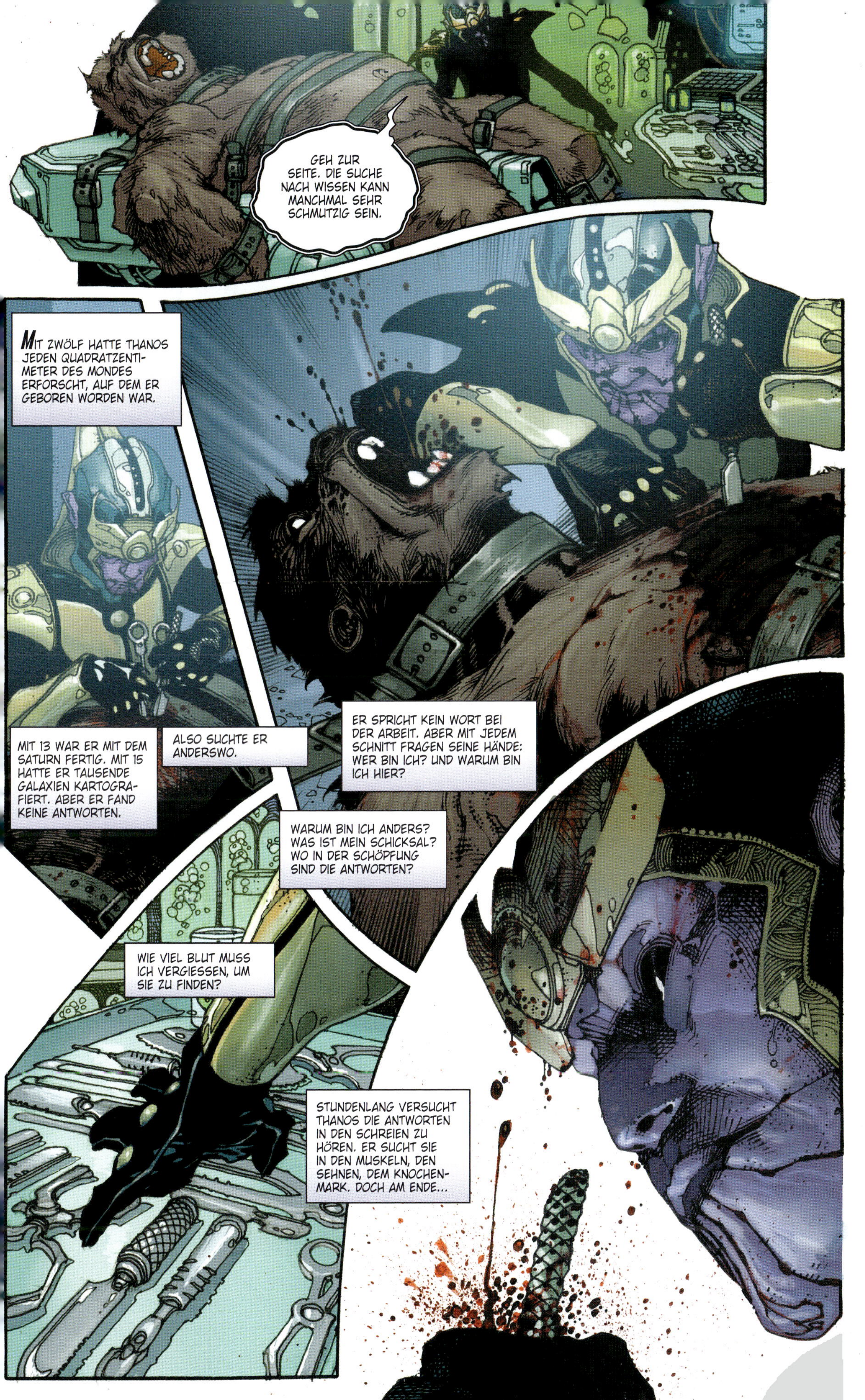
GEH ZUR SEITE. DIE SUCHE NACH WISSEN KANN MANCHMAL SEHR SCHMUTZIG SEIN.
MIT ZWÖLF HATTE THANOS JEDEN QUADRATZENTI-METER DES MONDES ERFORSCHT, AUF DEM ER GEBOREN WORDEN WAR.
MIT 13 WAR ER MIT DEM SATURN FERTIG. MIT 15 HATTE ER TAUSENDE GALAXIEN KARTOGRA-FIERT. ABER ER FAND KEINE ANTWORTEN.
ALSO SUCHTE ER ANDERSWO.
ER SPRICHT KEIN WORT BEI DER ARBEIT. ABER MIT JEDEM SCHNITT FRAGEN SEINE HÄNDE: WER BIN ICH? UND WARUM BIN ICH HIER?
WARUM BIN ICH ANDERS? WAS IST MEIN SCHICKSAL? WO IN DER SCHÖPFUNG SIND DIE ANTWORTEN?
WIE VIEL BLUT MUSS ICH VERGIESSEN, UM SIE ZU FINDEN?
STUNDENLANG VERSUCHT THANOS DIE ANTWORTEN IN DEN SCHREIEN ZU HÖREN. ER SUCHT SIE IN DEN MUSKELN, DEN SEHNEN, DEM KNOCHEN-MARK. DOCH AM ENDE...

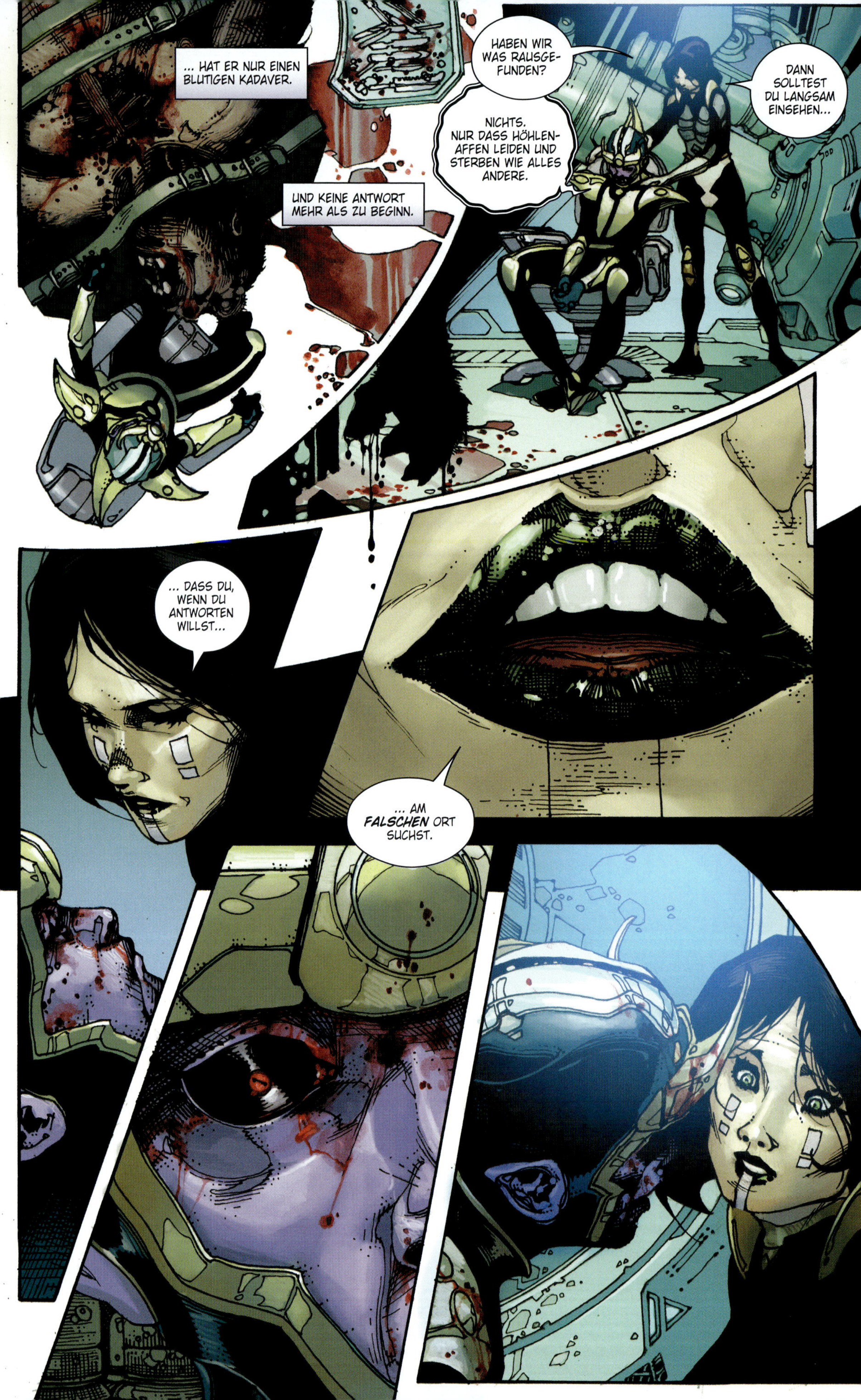
... HAT ER NUR EINEN BLUTIGEN KADAVER.
UND KEINE ANTWORT MEHR ALS ZU BEGINN.
HABEN WIR WAS RAUSGE-FUNDEN?
NICHTS. NUR DASS HÖHLEN-AFFEN LEIDEN UND STERBEN WIE ALLES ANDERE.
DANN SOLLTEST DU LANGSAM EINSEHEN...
... DASS DU, WENN DU ANTWORTEN WILLST...
... AM FALSCHEN ORT SUCHST.

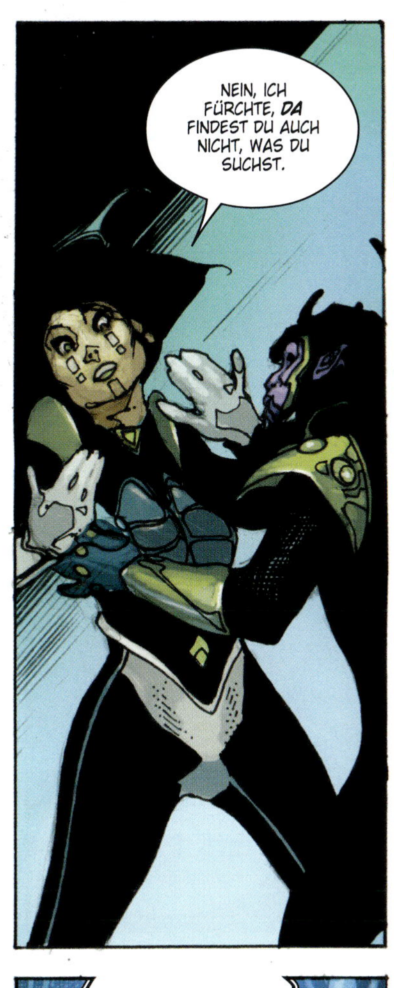
NEIN, ICH FÜRCHTE, DA FINDEST DU AUCH NICHT, WAS DU SUCHST.

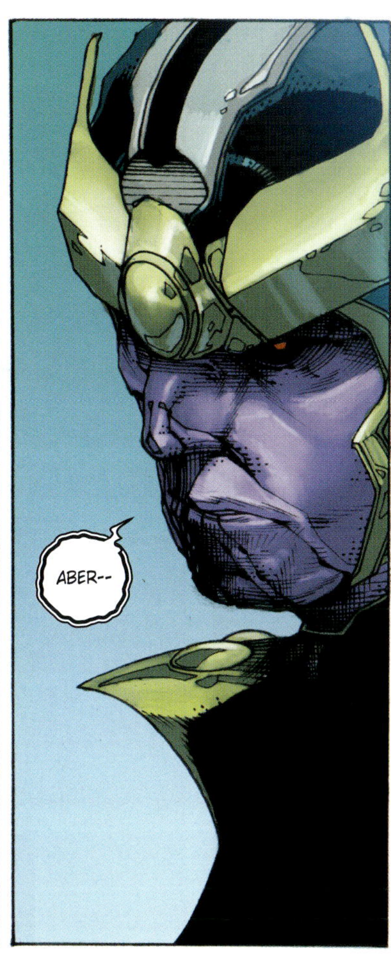
ABER--

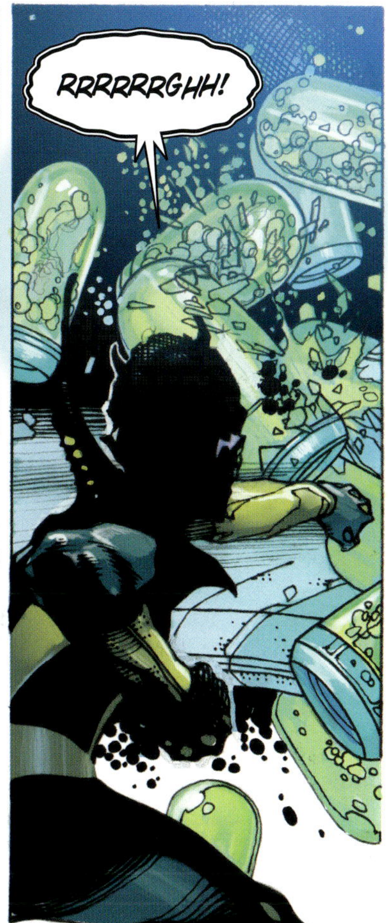
RRRRRRGHH!

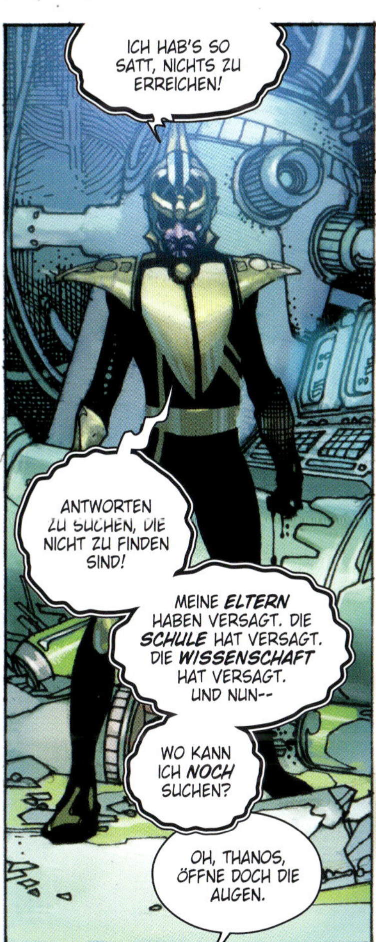
ICH HAB'S SO SATT, NICHTS ZU ERREICHEN!
ANTWORTEN ZU SUCHEN, DIE NICHT ZU FINDEN SIND!
MEINE ELTERN HABEN VERSAGT. DIE SCHULE HAT VERSAGT. DIE WISSENSCHAFT HAT VERSAGT. UND NUN--
WO KANN ICH NOCH SUCHEN?
OH, THANOS, ÖFFNE DOCH DIE AUGEN.

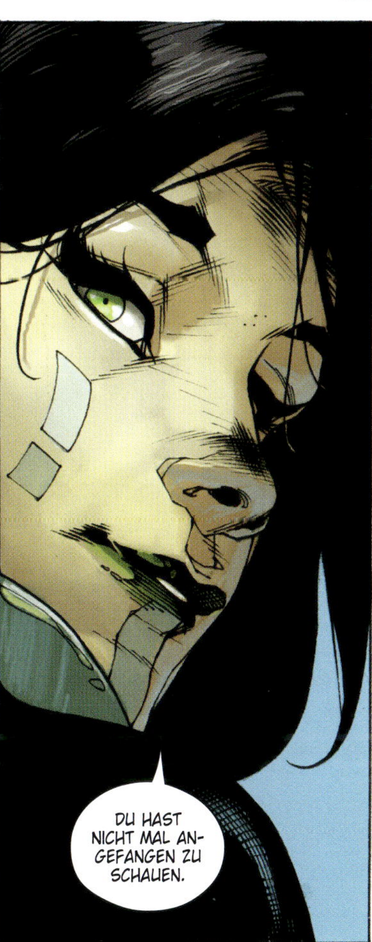
DU HAST NICHT MAL AN-GEFANGEN ZU SCHAUEN.

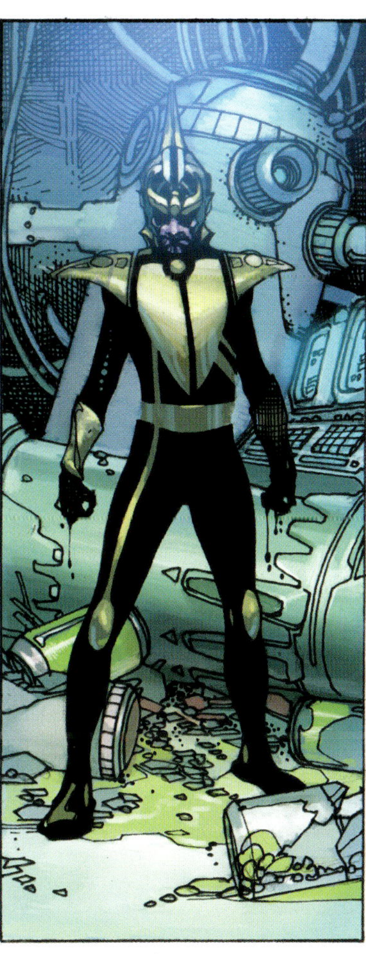

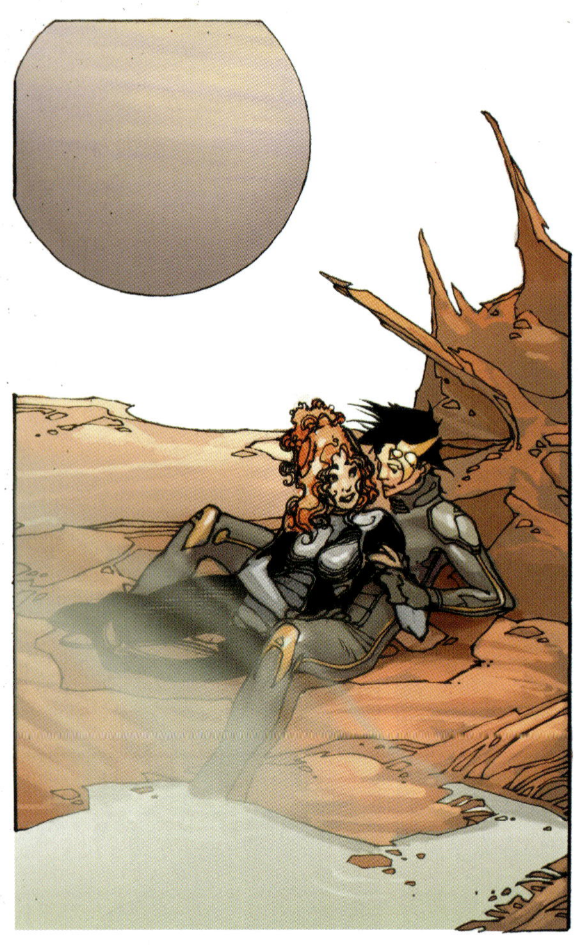

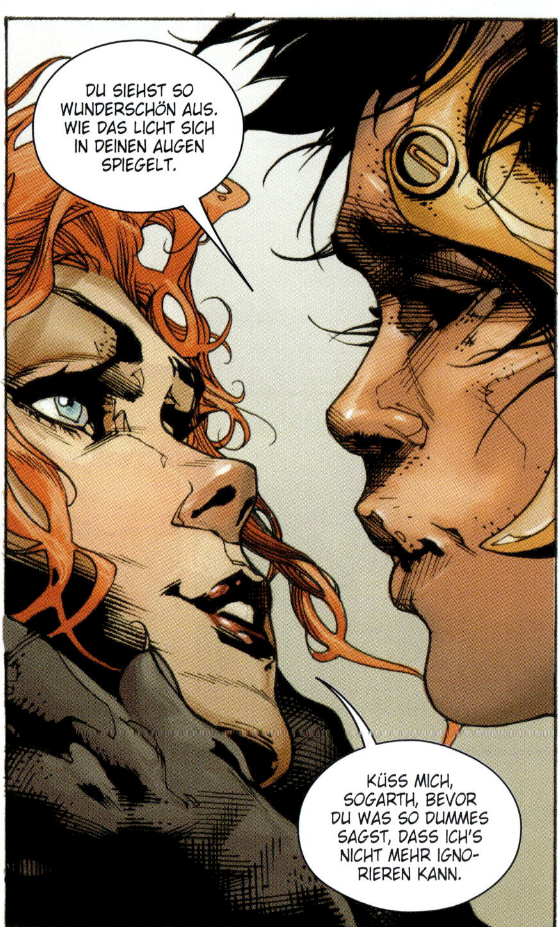
DU SIEHST SO WUNDERSCHÖN AUS. WIE DAS LICHT SICH IN DEINEN AUGEN SPIEGELT.
KÜSS MICH, SOGARTH, BEVOR DU WAS SO DUMMES SAGST, DASS ICH'S NICHT MEHR IGNO-RIEREN KANN.

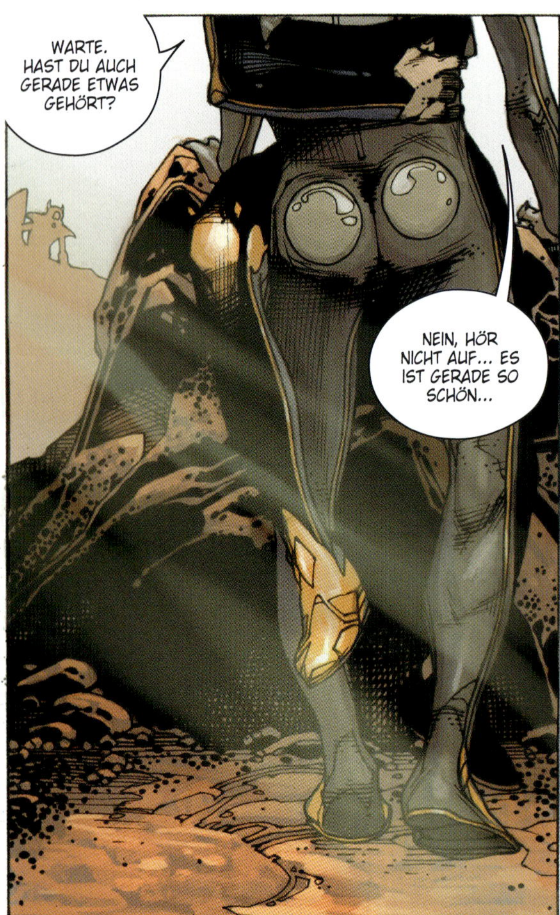
WARTE. HAST DU AUCH GERADE ETWAS GEHÖRT?
NEIN, HÖR NICHT AUF… ES IST GERADE SO SCHÖN…

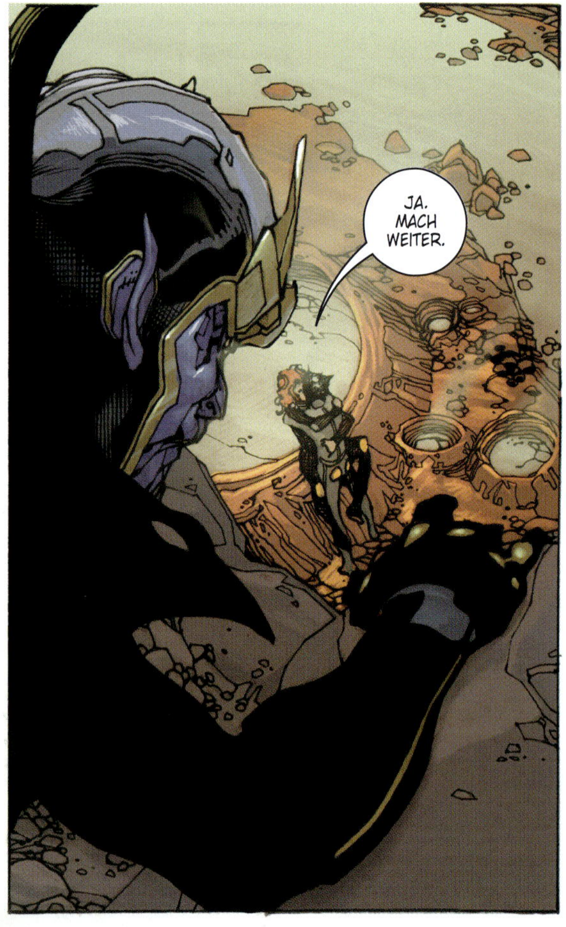
JA. MACH WEITER.

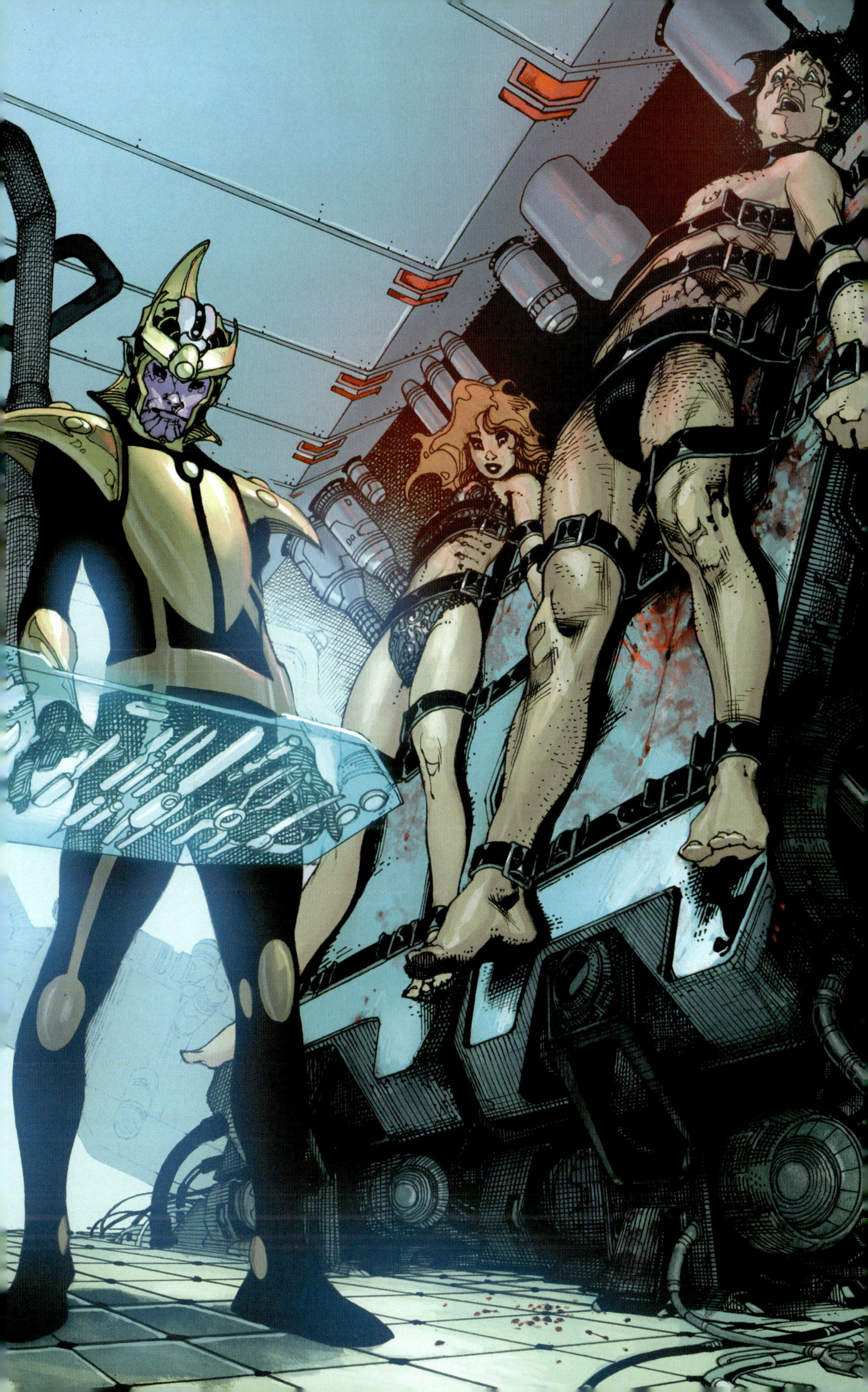

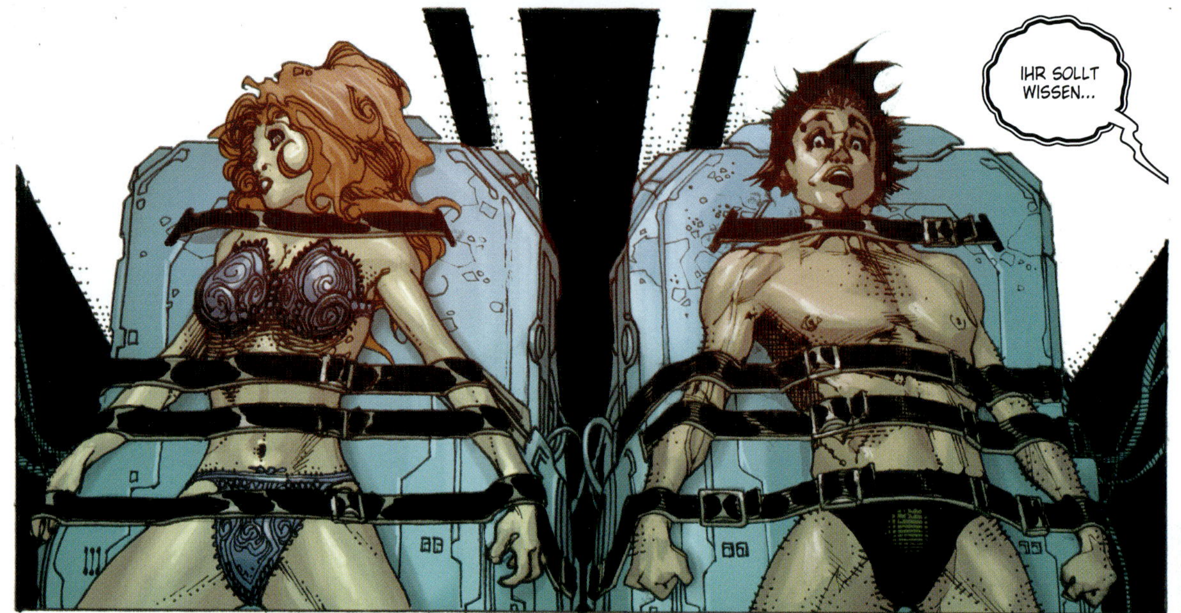
IHR SOLLT WISSEN...

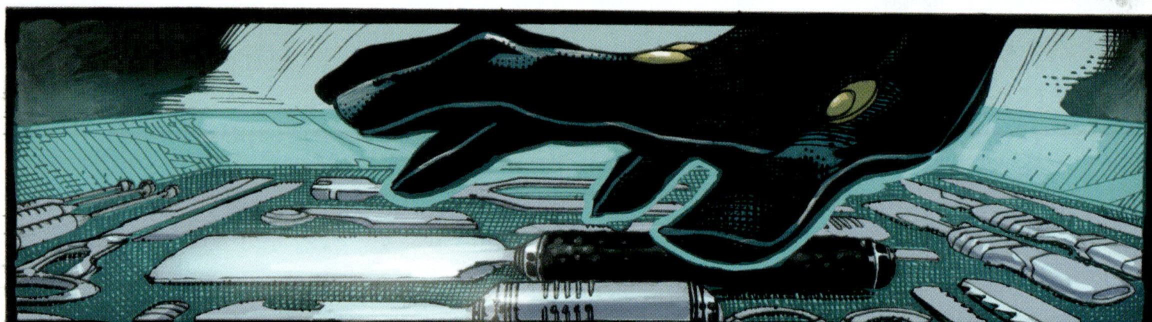

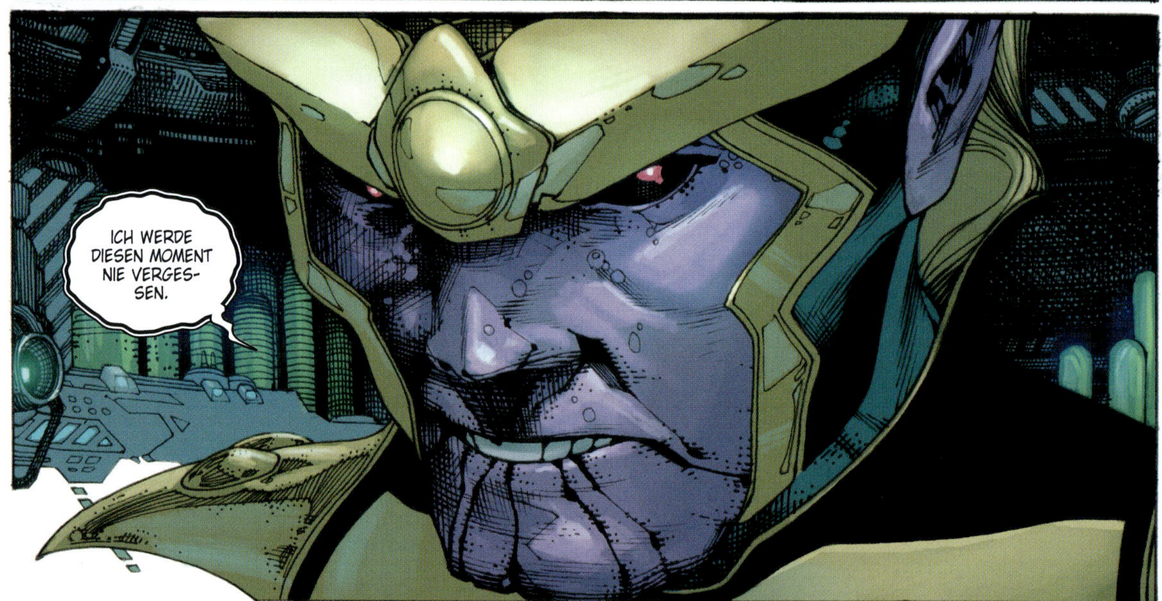
ICH WERDE DIESEN MOMENT NIE VERGES-SEN.

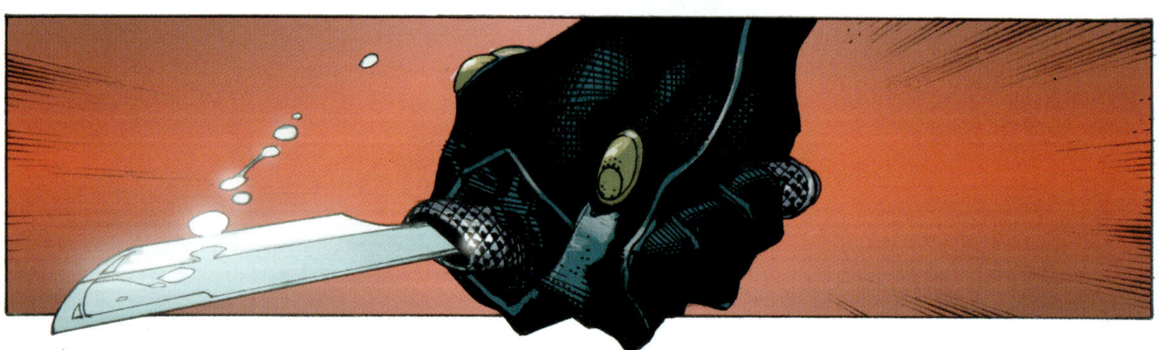

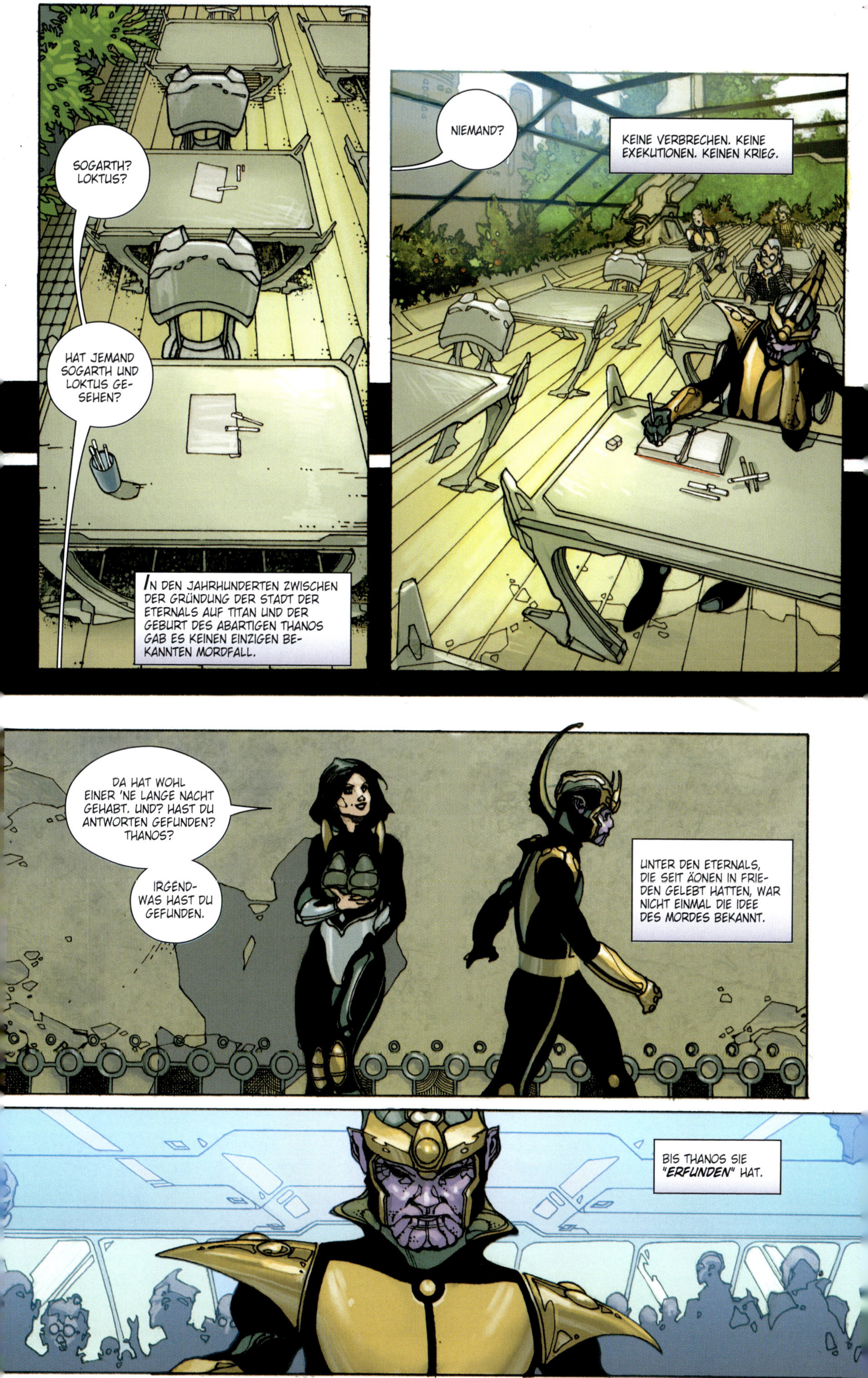

SOGARTH? LOKTUS?
HAT JEMAND SOGARTH UND LOKTUS GESEHEN?
IN DEN JAHRHUNDERTEN ZWISCHEN DER GRÜNDUNG DER STADT DER ETERNALS AUF TITAN UND DER GEBURT DES ABARTIGEN THANOS GAB ES KEINEN EINZIGEN BEKANNTEN MORDFALL.
NIEMAND?
KEINE VERBRECHEN. KEINE EXEKUTIONEN. KEINEN KRIEG.
DA HAT WOHL EINER 'NE LANGE NACHT GEHABT. UND? HAST DU ANTWORTEN GEFUNDEN? THANOS?
IRGENDWAS HAST DU GEFUNDEN.
UNTER DEN ETERNALS, DIE SEIT ÄONEN IN FRIEDEN GELEBT HATTEN, WAR NICHT EINMAL DIE IDEE DES MORDES BEKANNT.
BIS THANOS SIE "*ERFUNDEN*" HAT.

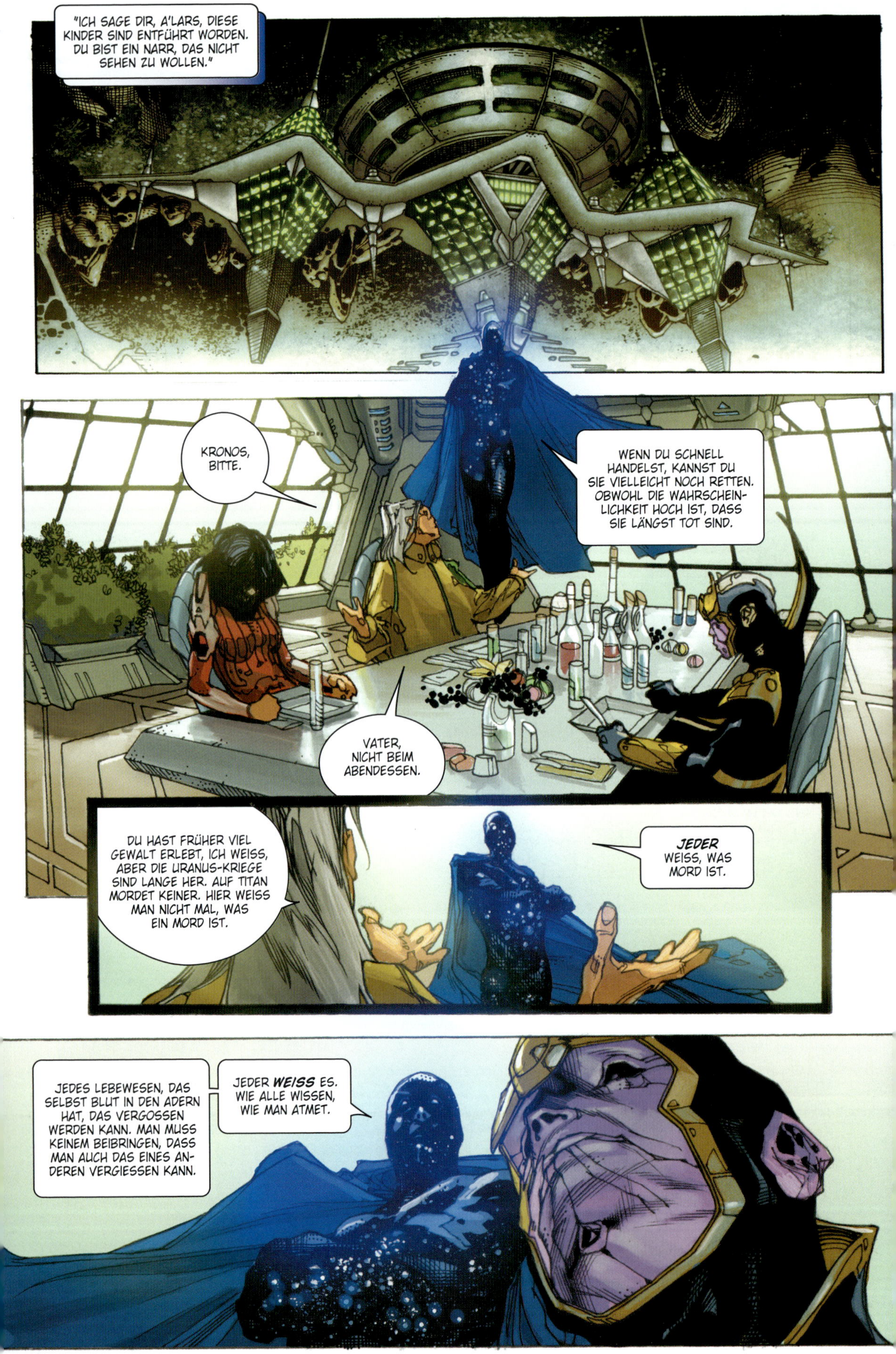

"ICH SAGE DIR, A'LARS, DIESE KINDER SIND ENTFÜHRT WORDEN. DU BIST EIN NARR, DAS NICHT SEHEN ZU WOLLEN."

KRONOS, BITTE.

WENN DU SCHNELL HANDELST, KANNST DU SIE VIELLEICHT NOCH RETTEN. OBWOHL DIE WAHRSCHEINLICHKEIT HOCH IST, DASS SIE LÄNGST TOT SIND.

VATER, NICHT BEIM ABENDESSEN.

DU HAST FRÜHER VIEL GEWALT ERLEBT, ICH WEISS, ABER DIE URANUS-KRIEGE SIND LANGE HER. AUF TITAN MORDET KEINER. HIER WEISS MAN NICHT MAL, WAS EIN MORD IST.

JEDER WEISS, WAS MORD IST.

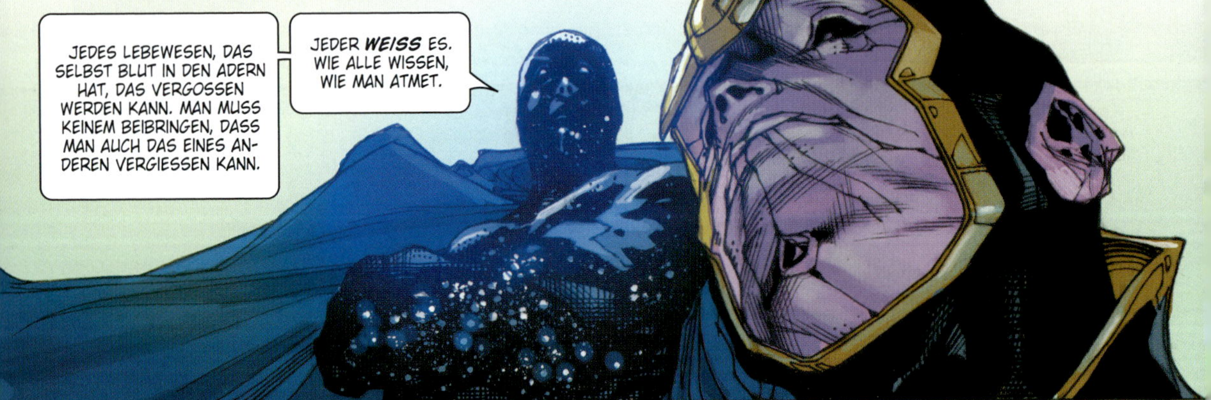

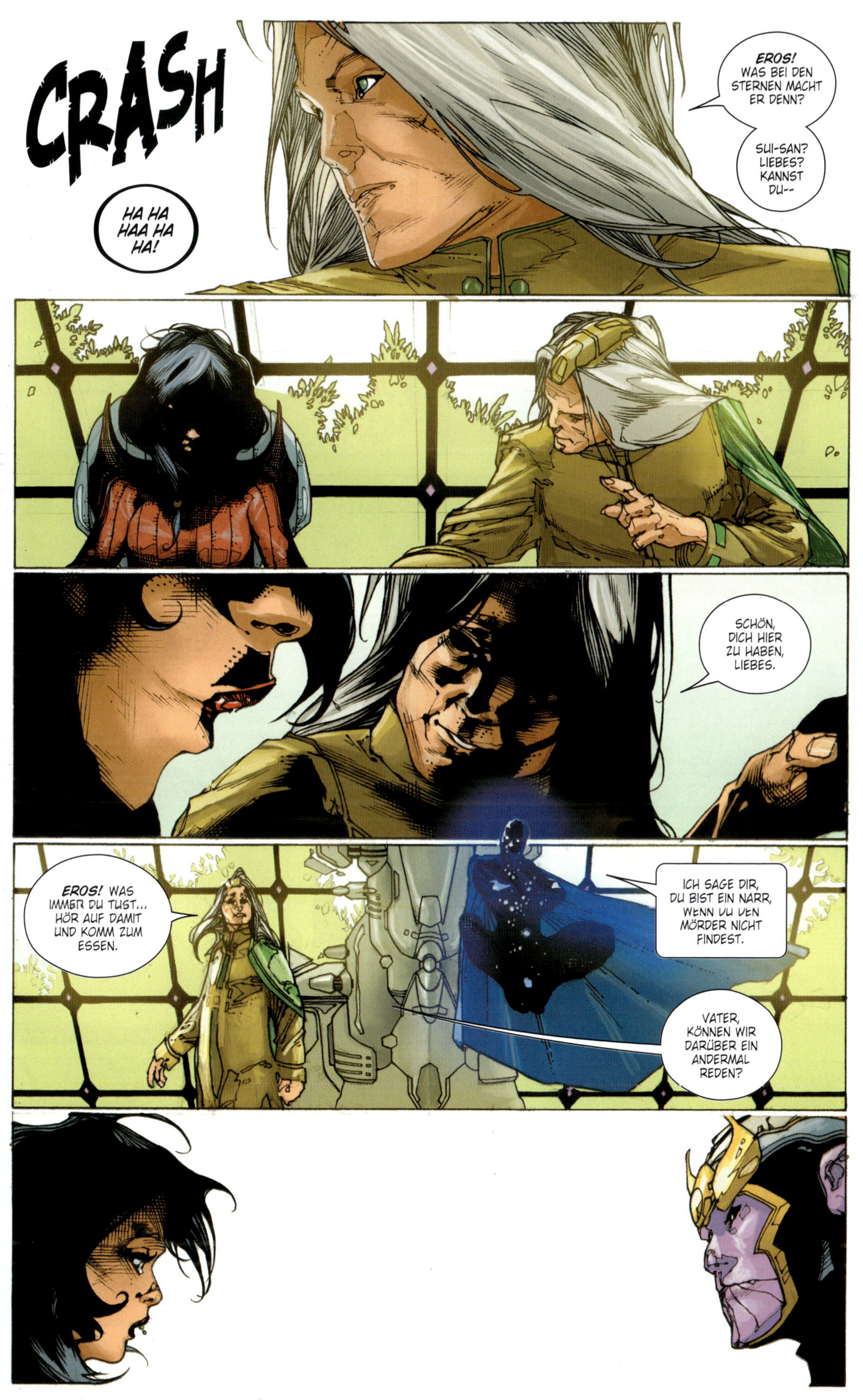
CRASH
HA HA HAA HA HA!
EROS! WAS BEI DEN STERNEN MACHT ER DENN?
SUI-SAN? LIEBES? KANNST DU--
SCHÖN, DICH HIER ZU HABEN, LIEBES.
EROS! WAS IMMER DU TUST... HÖR AUF DAMIT UND KOMM ZUM ESSEN.
ICH SAGE DIR, DU BIST EIN NARR, WENN DU DEN MÖRDER NICHT FINDEST.
VATER, KÖNNEN WIR DARÜBER EIN ANDERMAL REDEN?

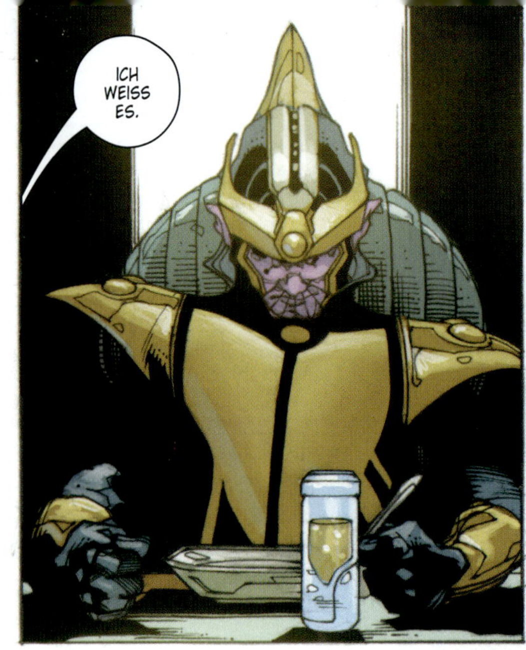
ICH WEISS ES.

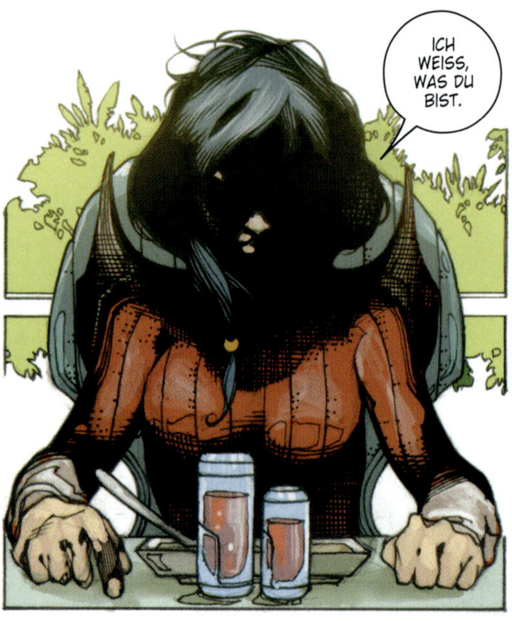
ICH WEISS, WAS DU BIST.

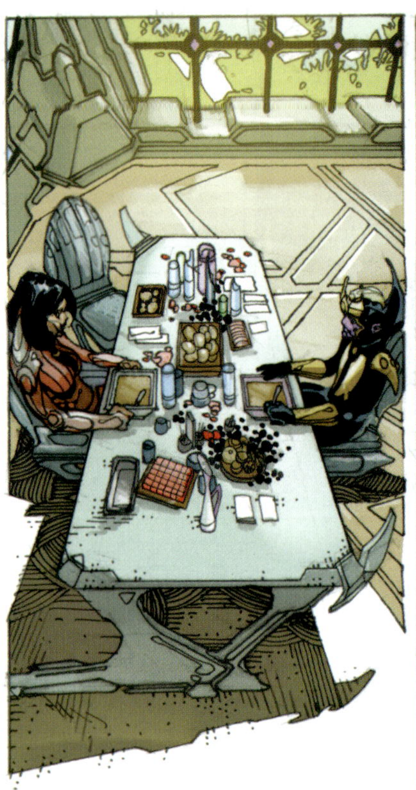

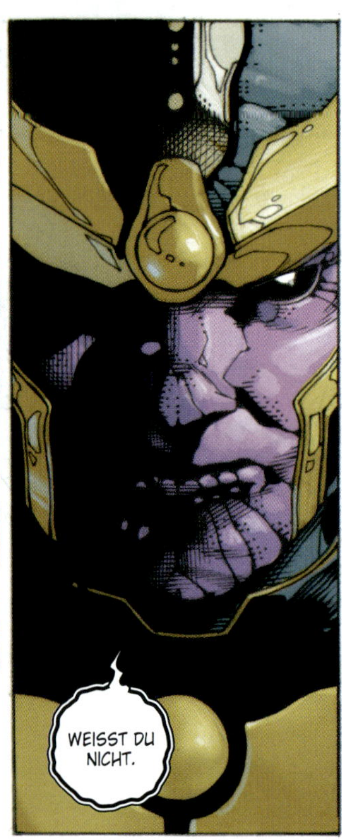
WEISST DU NICHT.

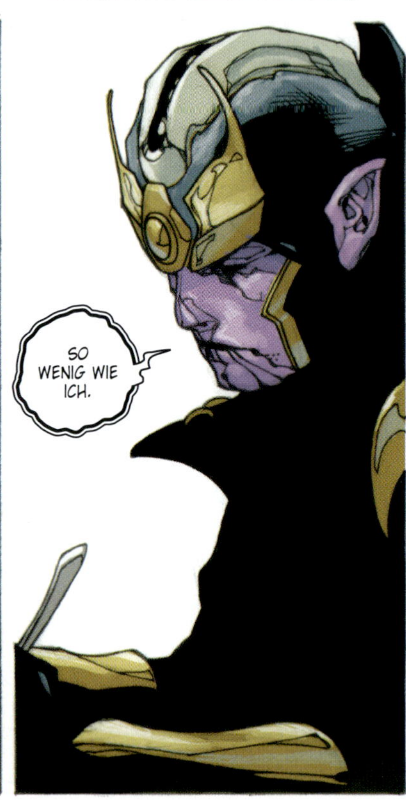
SO WENIG WIE ICH.

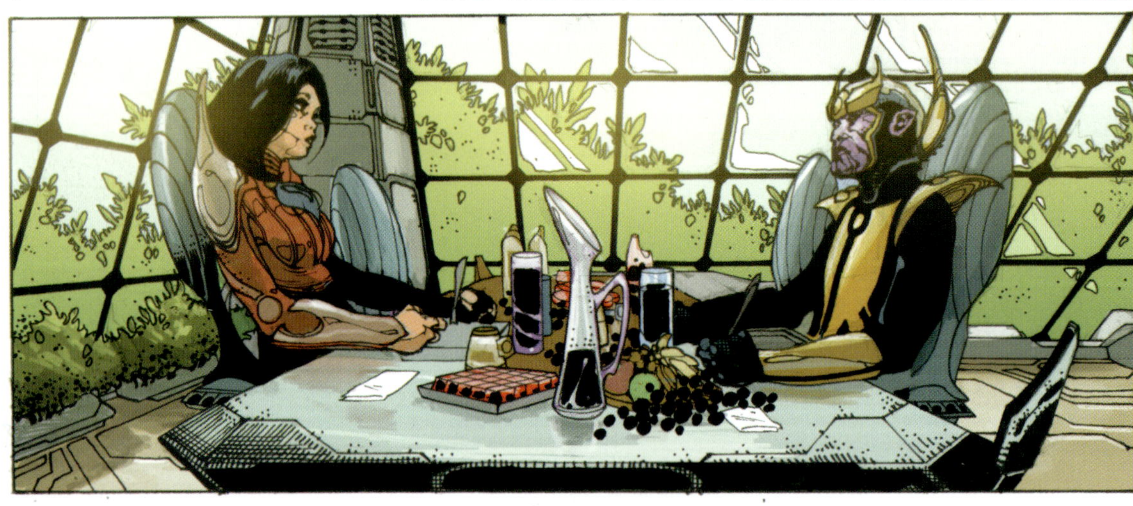

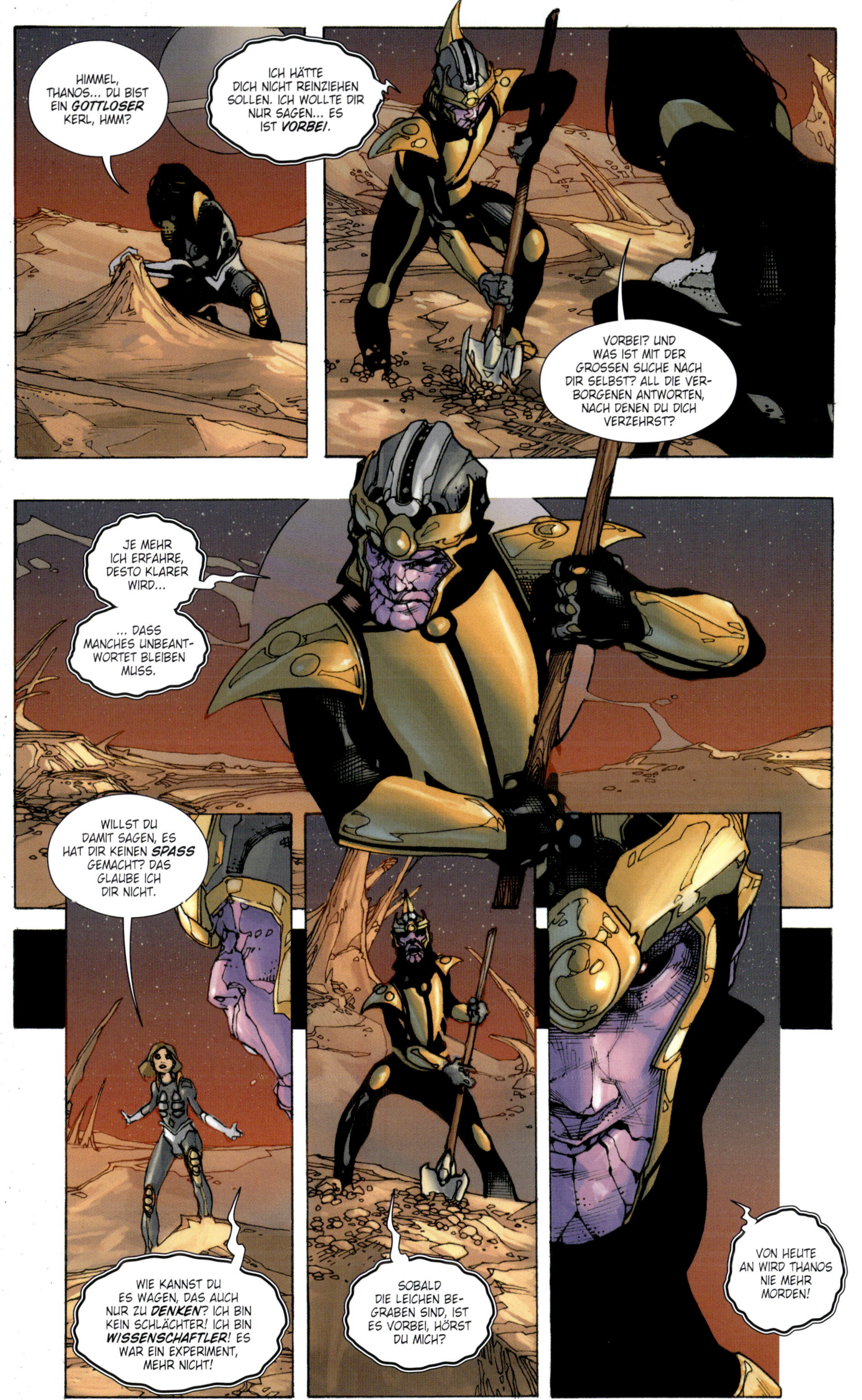
HIMMEL, THANOS... DU BIST EIN GOTTLOSER KERL, HMM?
ICH HÄTTE DICH NICHT REINZIEHEN SOLLEN. ICH WOLLTE DIR NUR SAGEN... ES IST VORBEI.
VORBEI? UND WAS IST MIT DER GROSSEN SUCHE NACH DIR SELBST? ALL DIE VERBORGENEN ANTWORTEN, NACH DENEN DU DICH VERZEHRST?
JE MEHR ICH ERFAHRE, DESTO KLARER WIRD...
... DASS MANCHES UNBEANTWORTET BLEIBEN MUSS.
WILLST DU DAMIT SAGEN, ES HAT DIR KEINEN SPASS GEMACHT? DAS GLAUBE ICH DIR NICHT.
WIE KANNST DU ES WAGEN, DAS AUCH NUR ZU DENKEN? ICH BIN KEIN SCHLÄCHTER! ICH BIN WISSENSCHAFTLER! ES WAR EIN EXPERIMENT, MEHR NICHT!
SOBALD DIE LEICHEN BEGRABEN SIND, IST ES VORBEI, HÖRST DU MICH?
VON HEUTE AN WIRD THANOS NIE MEHR MORDEN!

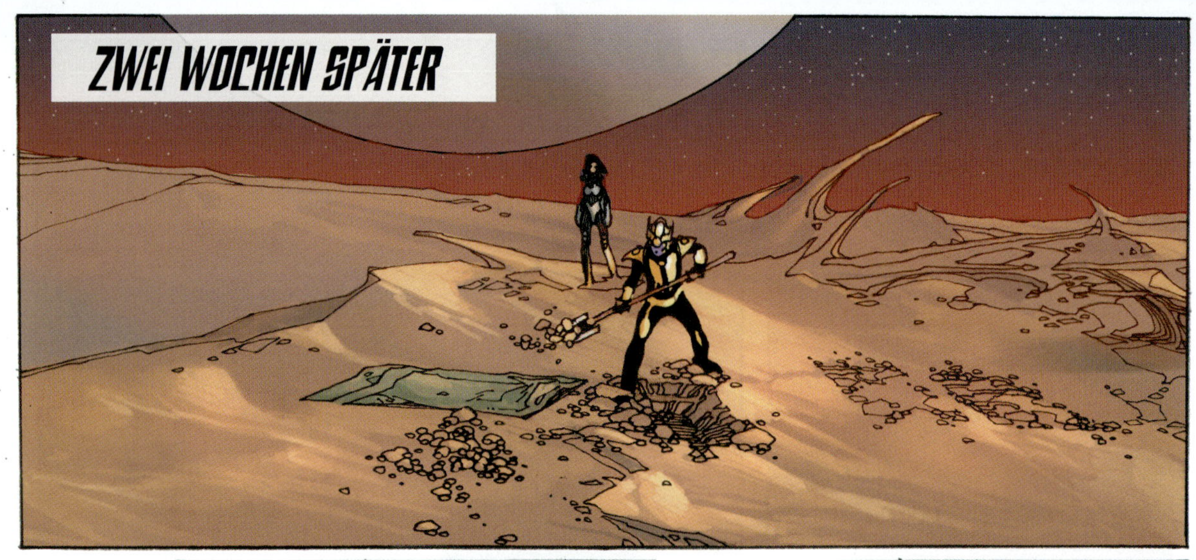
ZWEI WOCHEN SPÄTER

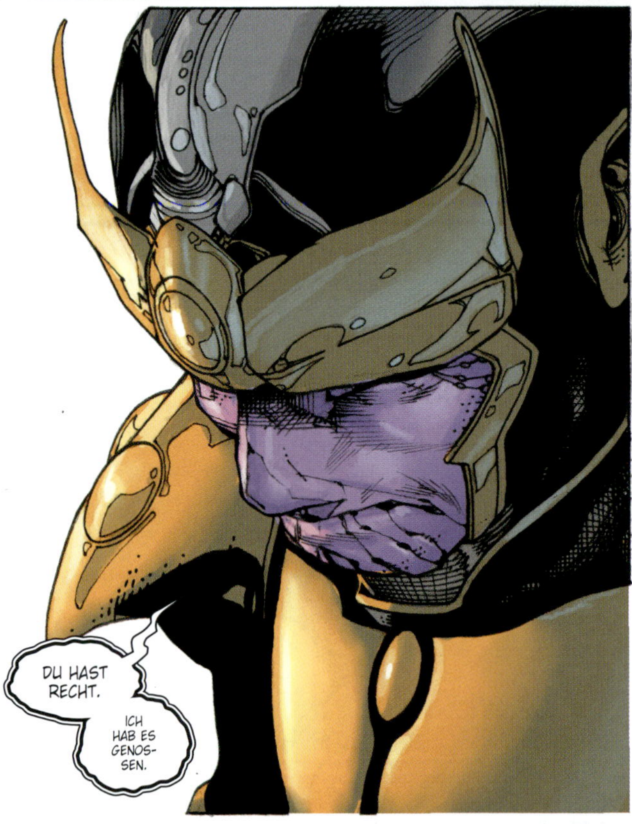
DU HAST RECHT.
ICH HAB ES GENOS-SEN.

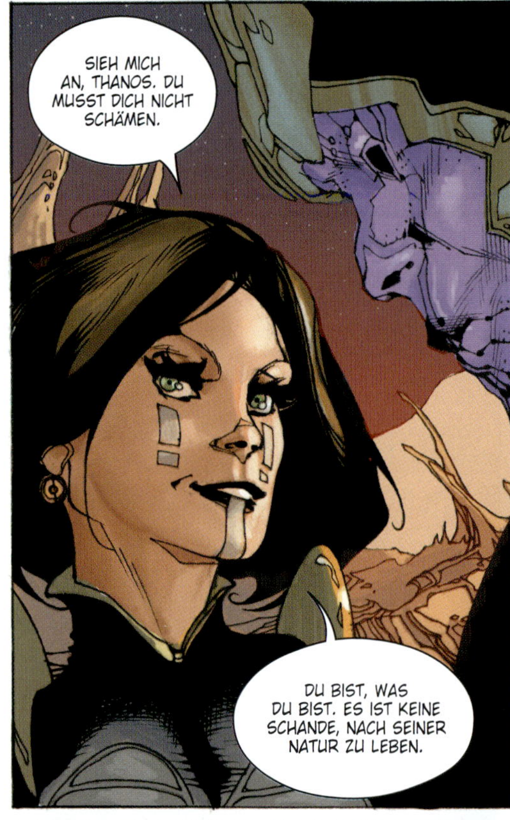
SIEH MICH AN, THANOS. DU MUSST DICH NICHT SCHÄMEN.
DU BIST, WAS DU BIST. ES IST KEINE SCHANDE, NACH SEINER NATUR ZU LEBEN.

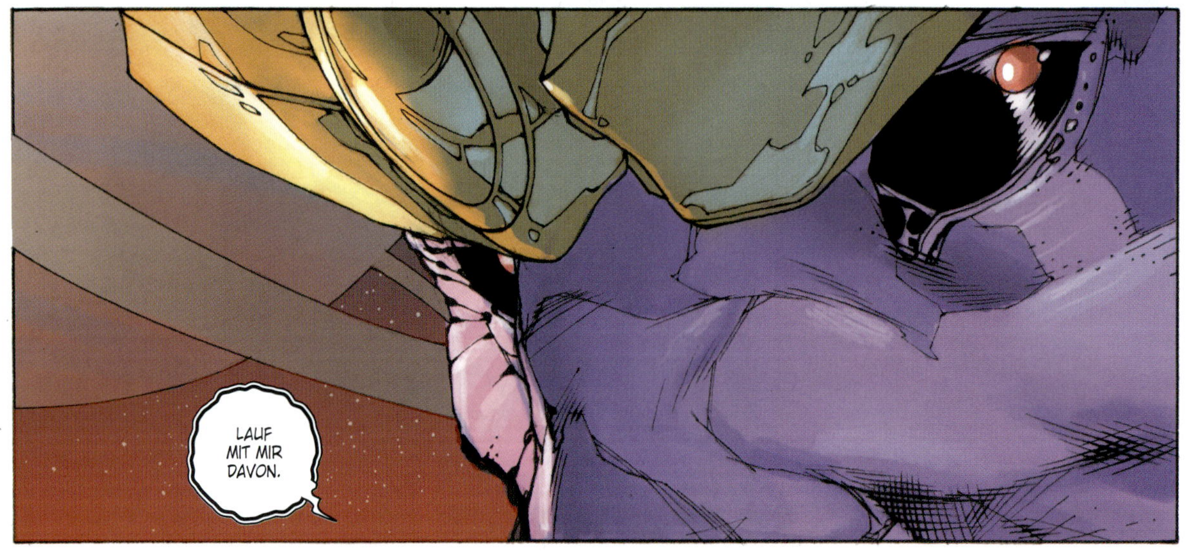
LAUF MIT MIR DAVON.

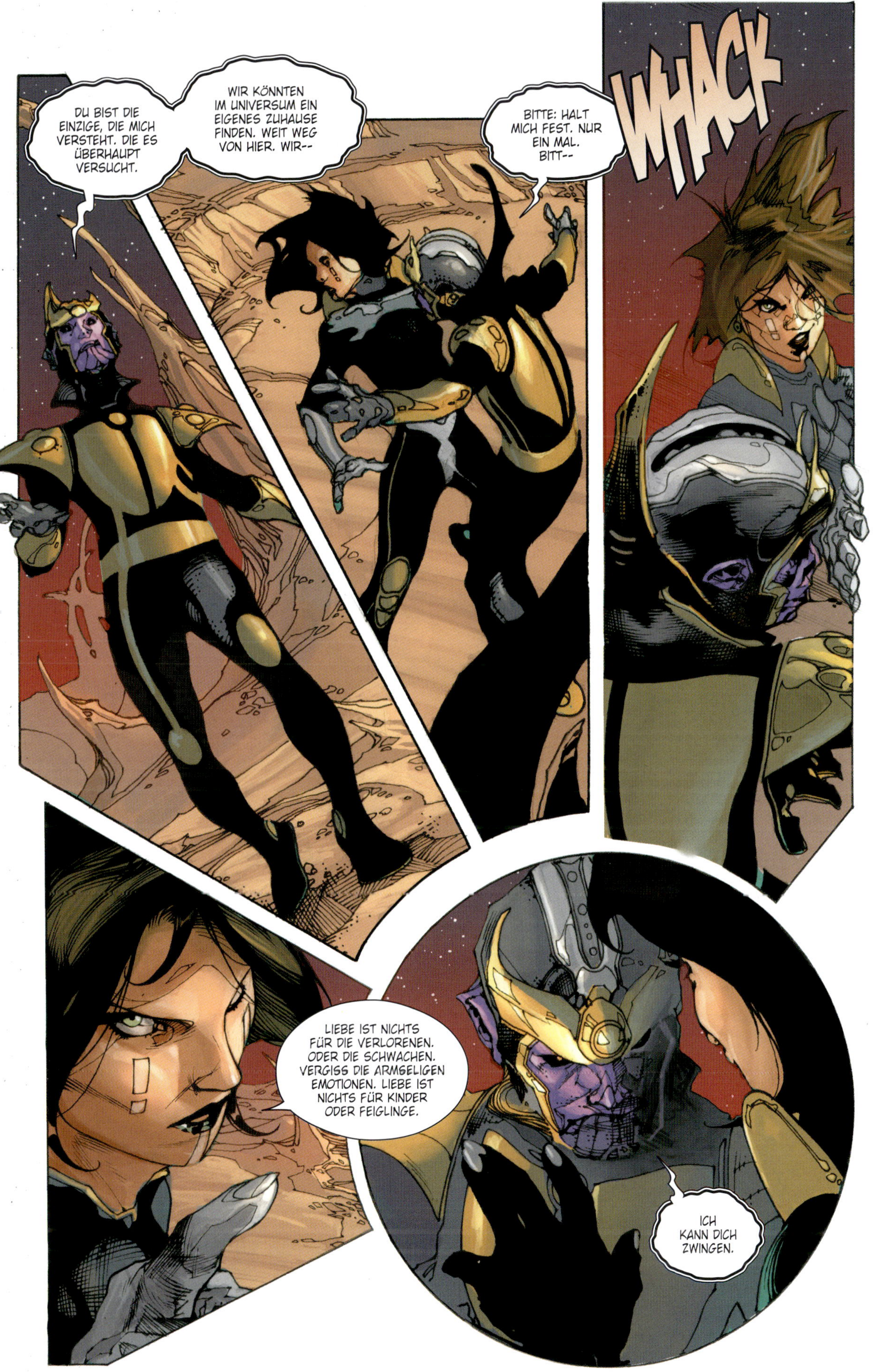
DU BIST DIE EINZIGE, DIE MICH VERSTEHT. DIE ES ÜBERHAUPT VERSUCHT.
WIR KÖNNTEN IM UNIVERSUM EIN EIGENES ZUHAUSE FINDEN. WEIT WEG VON HIER. WIR--
BITTE: HALT MICH FEST. NUR EIN MAL. BITT--
WHACK
LIEBE IST NICHTS FÜR DIE VERLORENEN. ODER DIE SCHWACHEN. VERGISS DIE ARMSELIGEN EMOTIONEN. LIEBE IST NICHTS FÜR KINDER ODER FEIGLINGE.
ICH KANN DICH ZWINGEN.

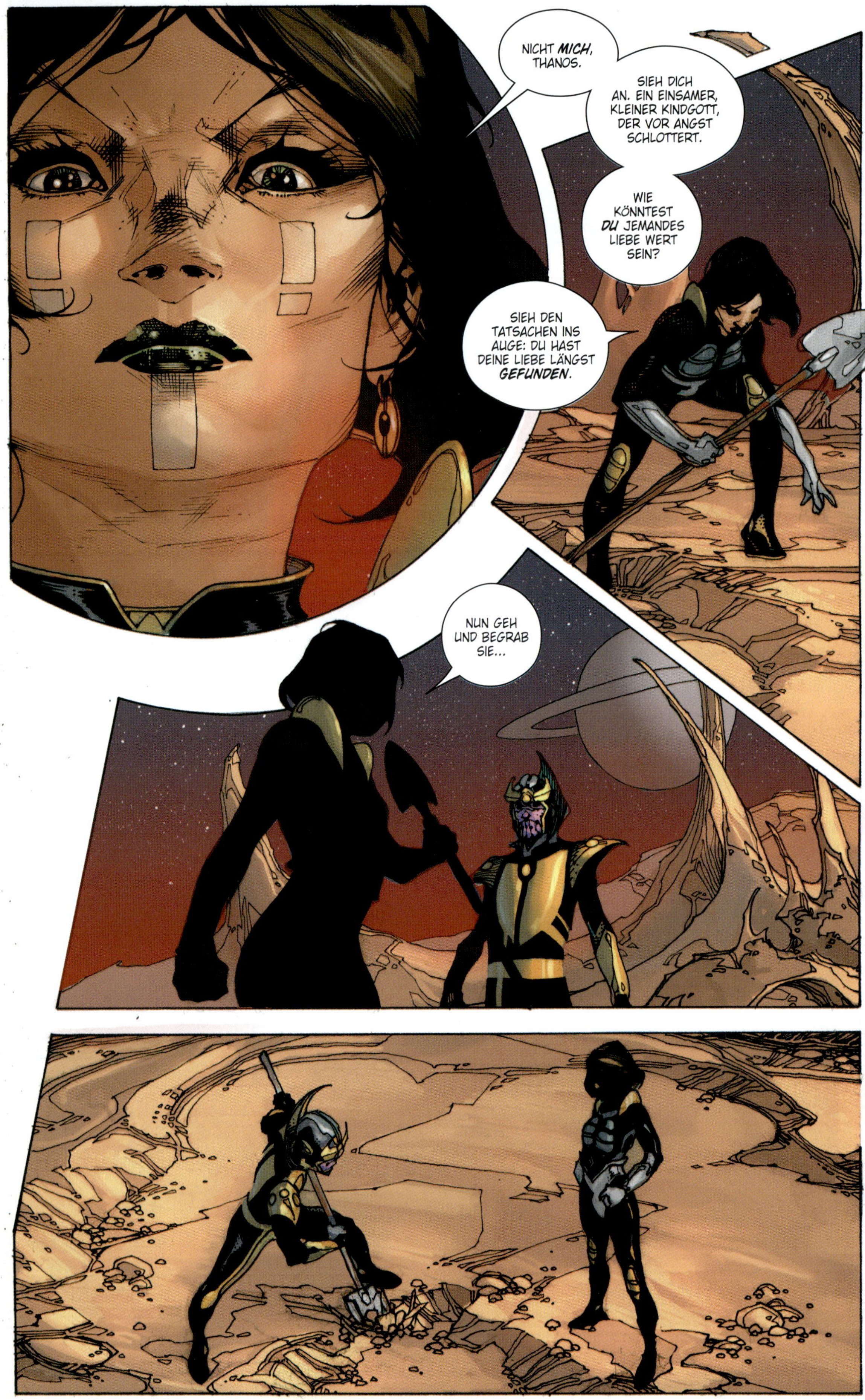

NICHT **MICH**, THANOS.

SIEH DICH AN. EIN EINSAMER, KLEINER KINDGOTT, DER VOR ANGST SCHLOTTERT.

WIE KÖNNTEST **DU** JEMANDES LIEBE WERT SEIN?

SIEH DEN TATSACHEN INS AUGE: DU HAST DEINE LIEBE LÄNGST **GEFUNDEN**.

NUN GEH UND BEGRAB SIE...

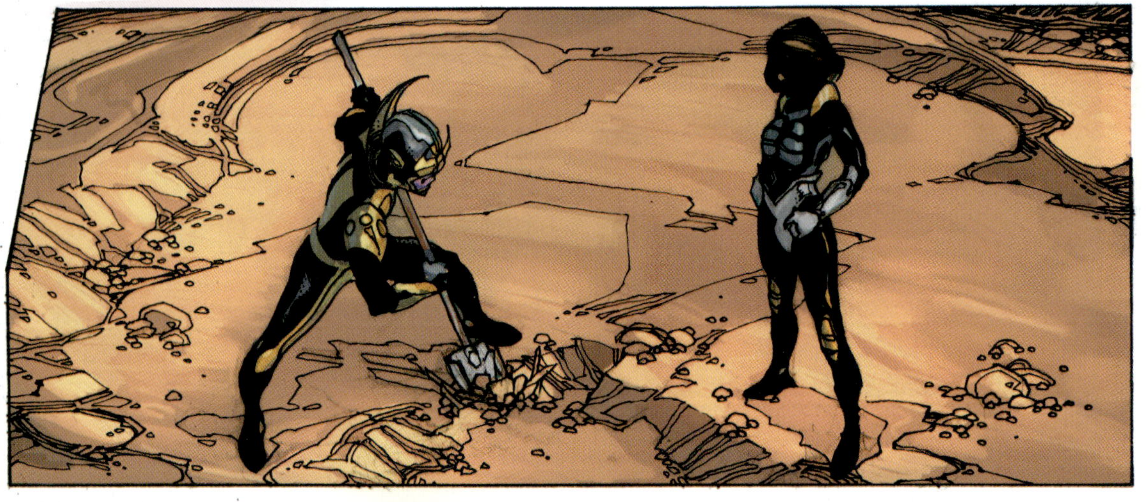

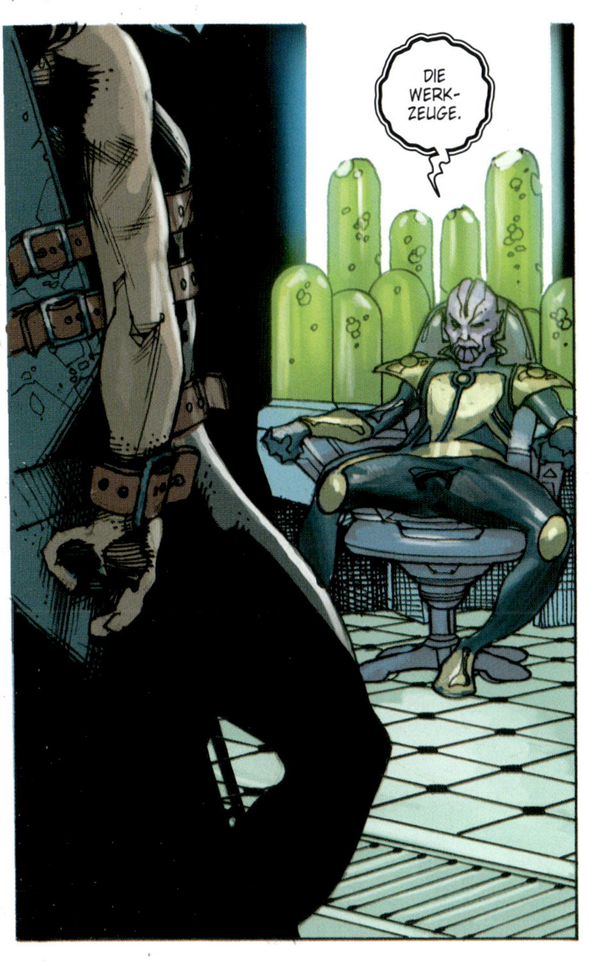
DIE WERK-ZEUGE.

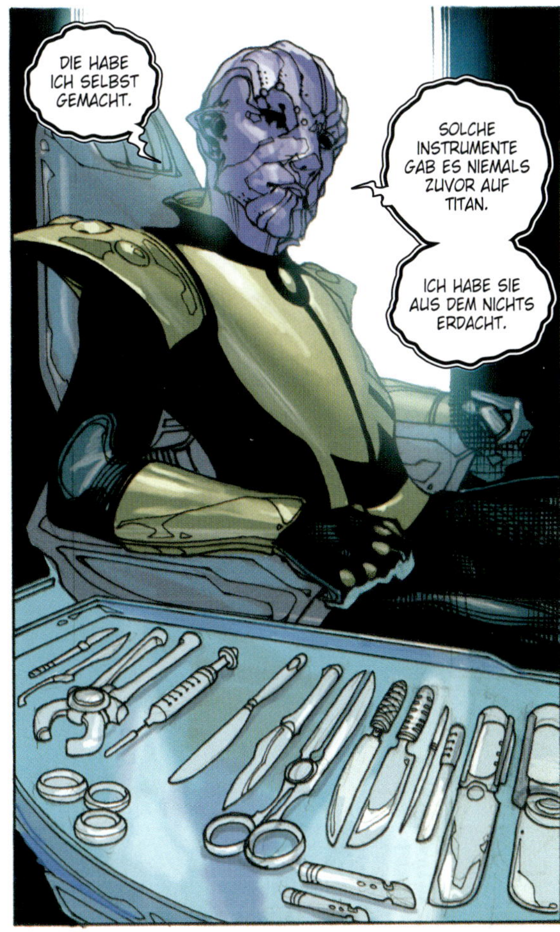
DIE HABE ICH SELBST GEMACHT.
SOLCHE INSTRUMENTE GAB ES NIEMALS ZUVOR AUF TITAN.
ICH HABE SIE AUS DEM NICHTS ERDACHT.

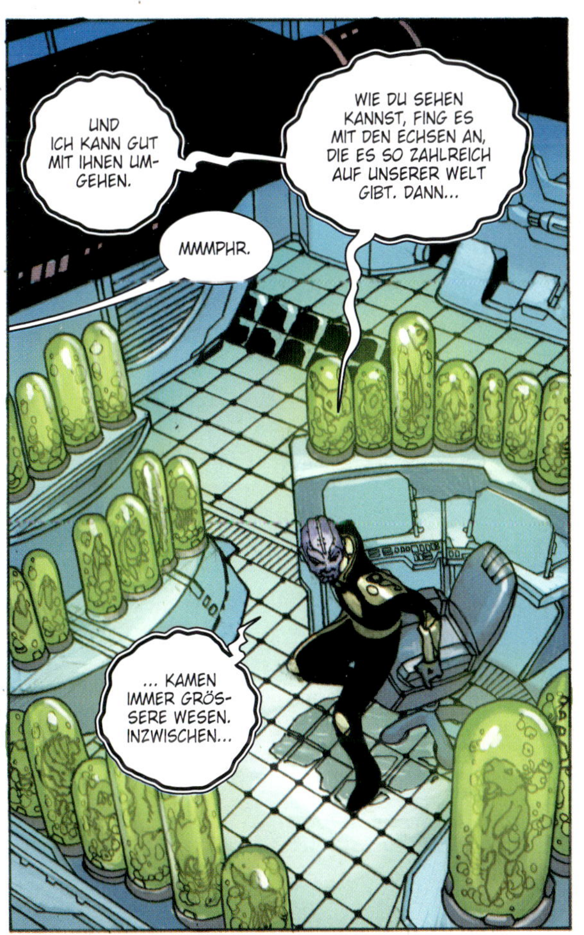
WIE DU SEHEN KANNST, FING ES MIT DEN ECHSEN AN, DIE ES SO ZAHLREICH AUF UNSERER WELT GIBT. DANN...
UND ICH KANN GUT MIT IHNEN UM-GEHEN.
MMMPHR.
... KAMEN IMMER GRÖS-SERE WESEN. INZWISCHEN...

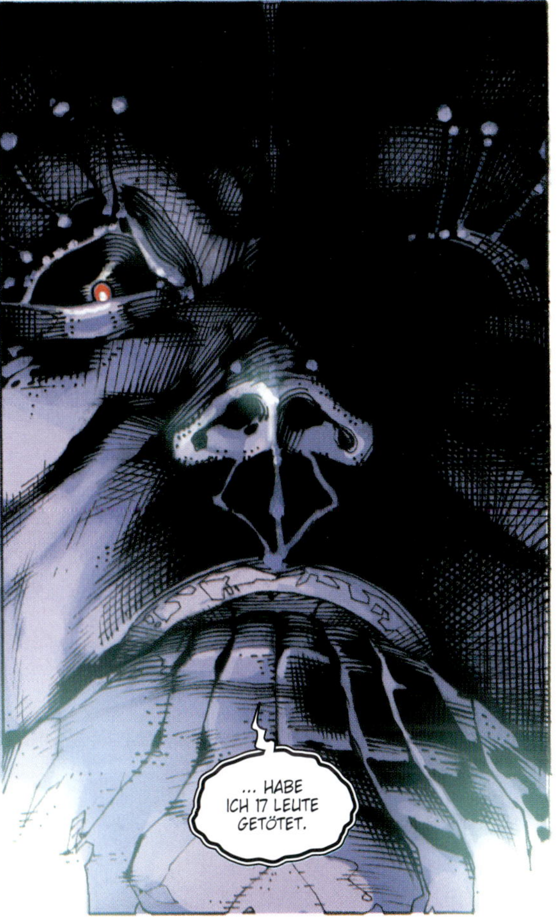
... HABE ICH 17 LEUTE GETÖTET.

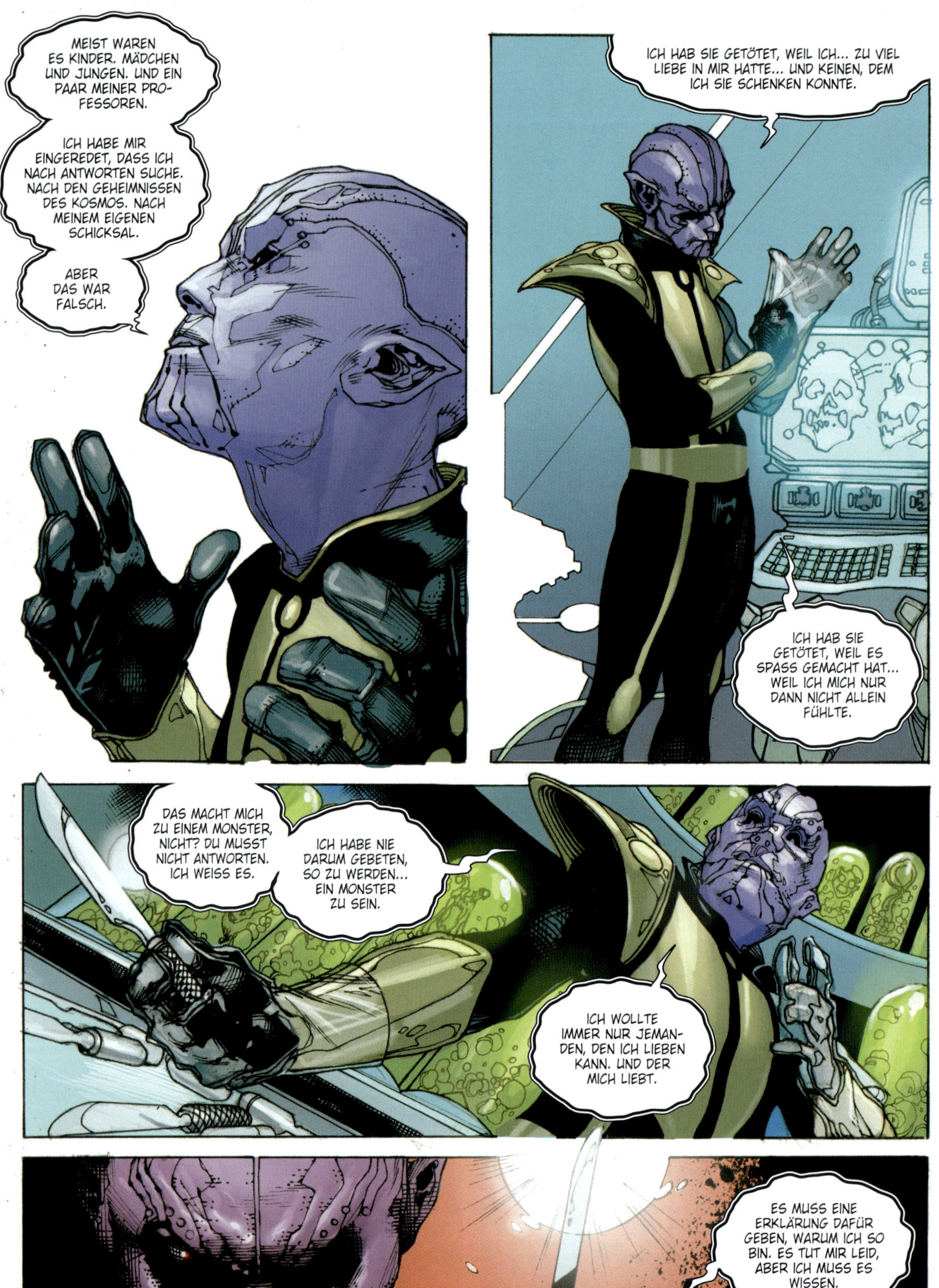
MEIST WAREN ES KINDER. MÄDCHEN UND JUNGEN. UND EIN PAAR MEINER PRO-FESSOREN.
ICH HABE MIR EINGEREDET, DASS ICH NACH ANTWORTEN SUCHE. NACH DEN GEHEIMNISSEN DES KOSMOS. NACH MEINEM EIGENEN SCHICKSAL.
ABER DAS WAR FALSCH.
ICH HAB SIE GETÖTET, WEIL ICH... ZU VIEL LIEBE IN MIR HATTE... UND KEINEN, DEM ICH SIE SCHENKEN KONNTE.
ICH HAB SIE GETÖTET, WEIL ES SPASS GEMACHT HAT... WEIL ICH MICH NUR DANN NICHT ALLEIN FÜHLTE.
DAS MACHT MICH ZU EINEM MONSTER, NICHT? DU MUSST NICHT ANTWORTEN. ICH WEISS ES.
ICH HABE NIE DARUM GEBETEN, SO ZU WERDEN... EIN MONSTER ZU SEIN.
ICH WOLLTE IMMER NUR JEMAN-DEN, DEN ICH LIEBEN KANN. UND DER MICH LIEBT.
ES MUSS EINE ERKLÄRUNG DAFÜR GEBEN, WARUM ICH SO BIN. ES TUT MIR LEID, ABER ICH MUSS ES WISSEN.
UND WO-ANDERS KANN ICH NICHT MEHR SUCHEN.

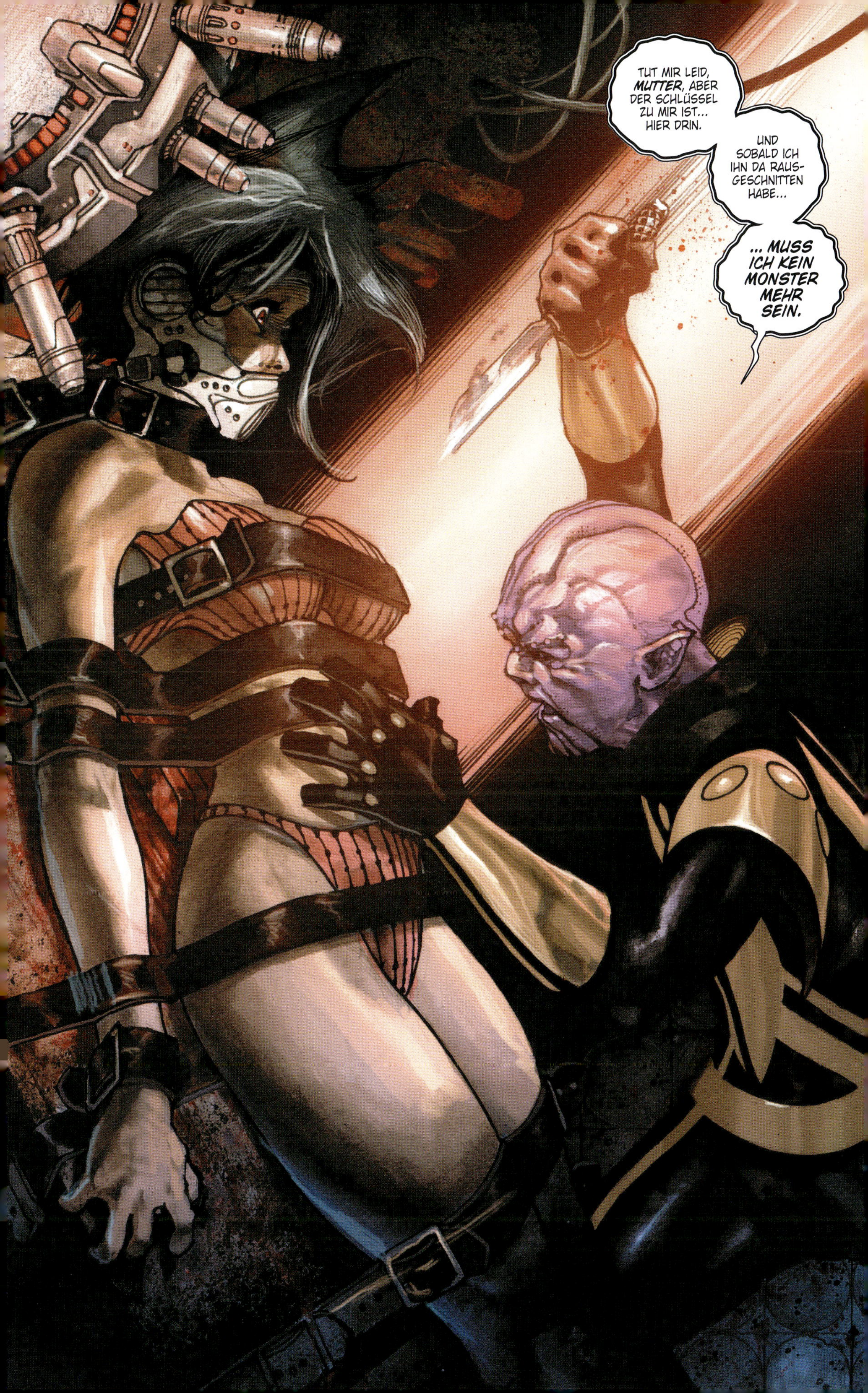
TUT MIR LEID, **MUTTER**, ABER DER SCHLÜSSEL ZU MIR IST... HIER DRIN.
UND SOBALD ICH IHN DA RAUS-GESCHNITTEN HABE...
... MUSS ICH KEIN MONSTER MEHR SEIN.

DIE GEBURT EINES MONSTERS, TEIL 3

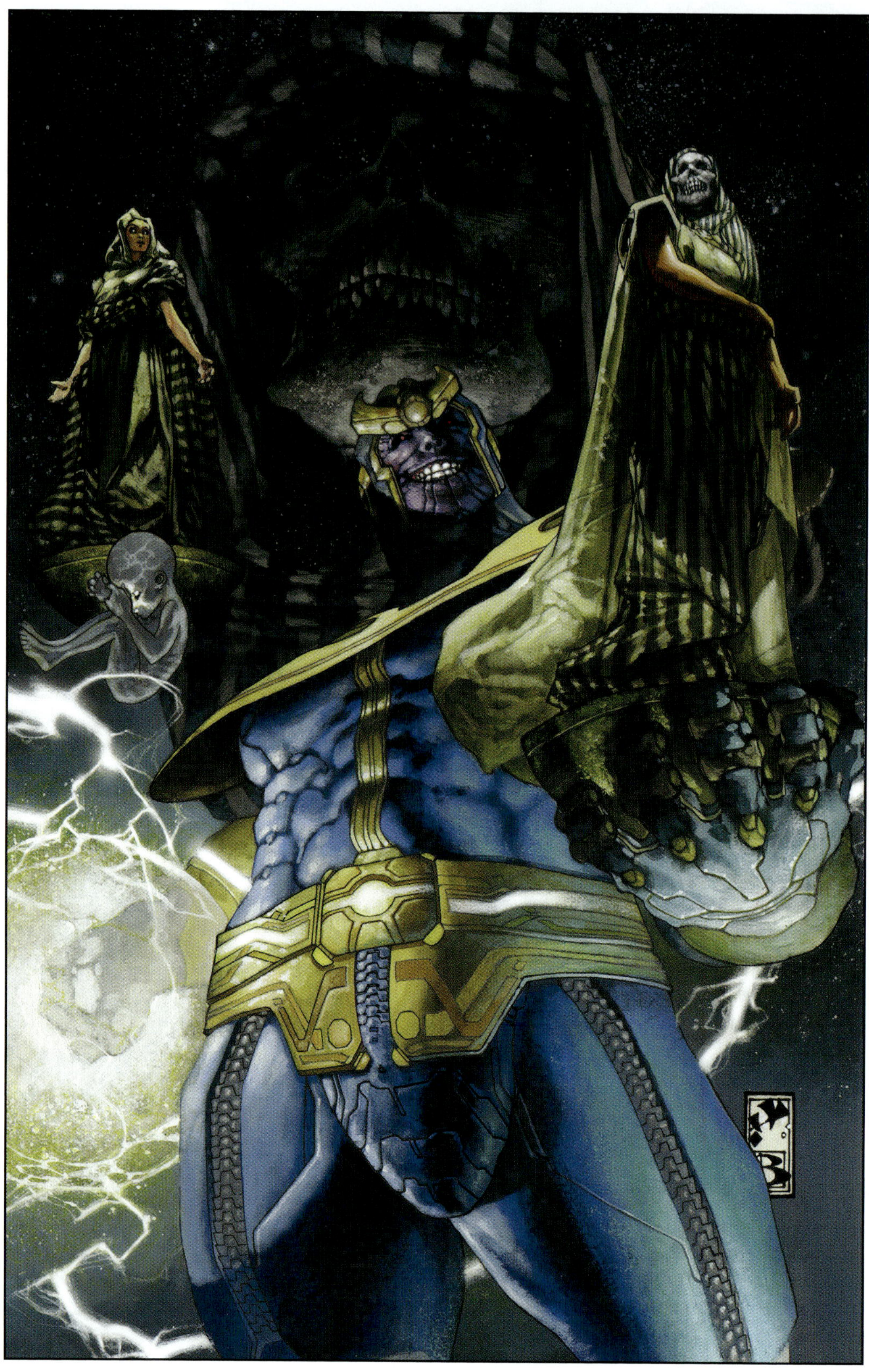

Thanos Rising (2013) 3
Cover von **SIMONE BIANCHI**

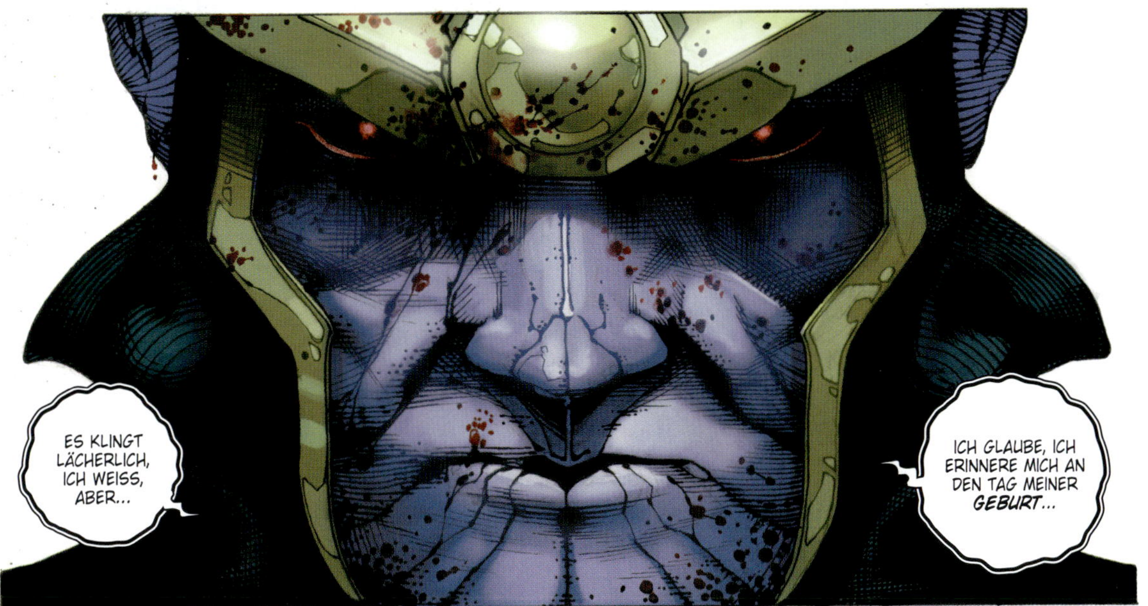
ES KLINGT LÄCHERLICH, ICH WEISS, ABER...
ICH GLAUBE, ICH ERINNERE MICH AN DEN TAG MEINER *GEBURT*...

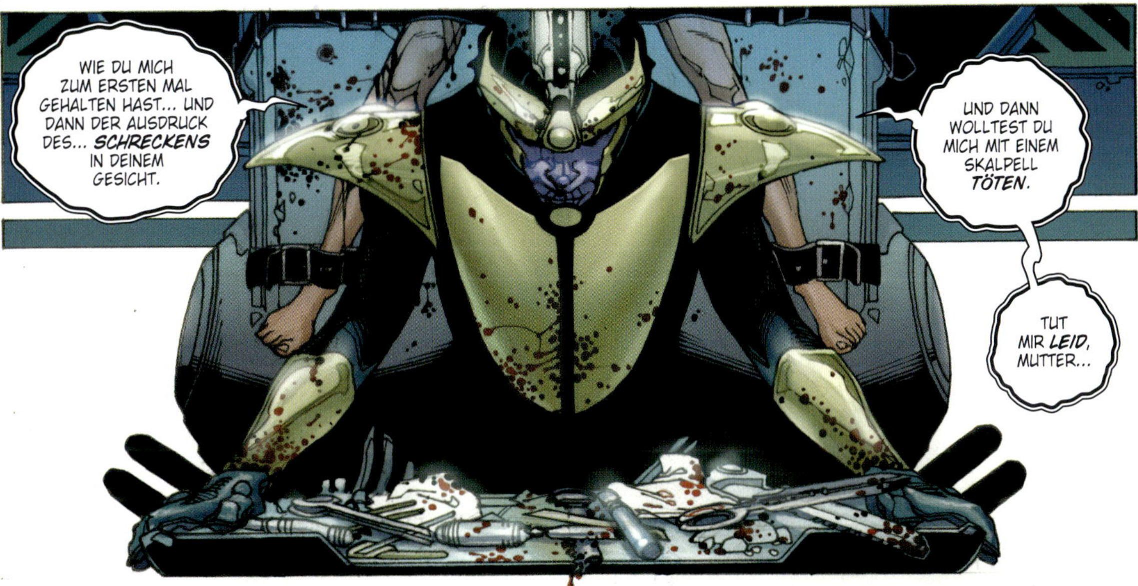
WIE DU MICH ZUM ERSTEN MAL GEHALTEN HAST... UND DANN DER AUSDRUCK DES... *SCHRECKENS* IN DEINEM GESICHT.
UND DANN WOLLTEST DU MICH MIT EINEM SKALPELL *TÖTEN*.
TUT MIR *LEID*, MUTTER...

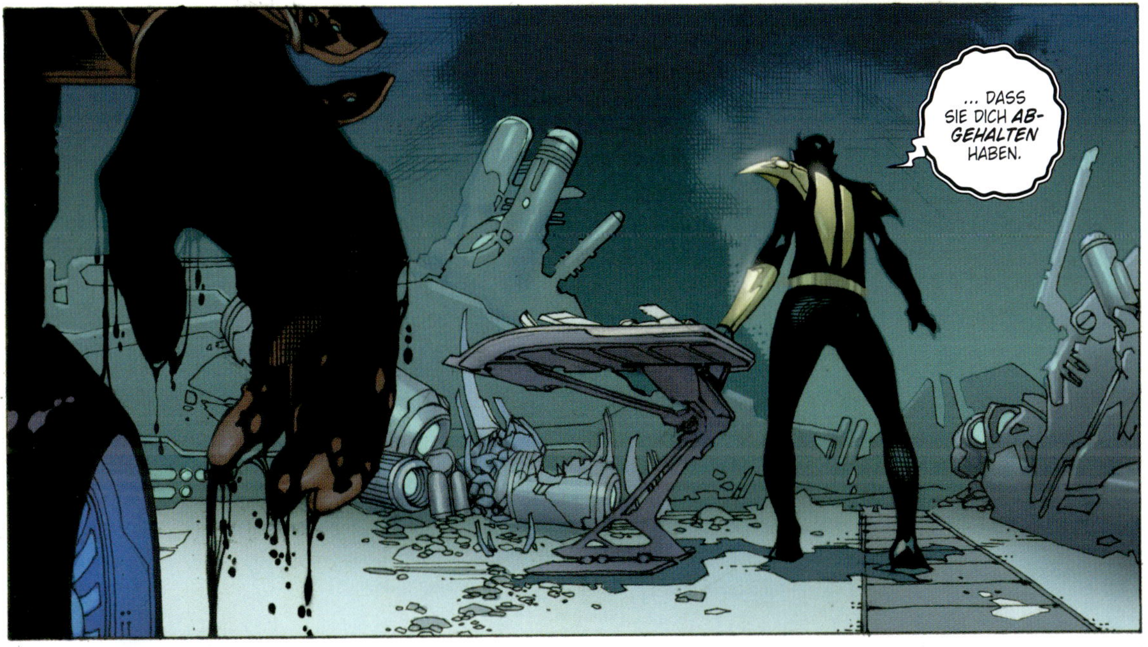
... DASS SIE DICH *AB-GEHALTEN* HABEN.

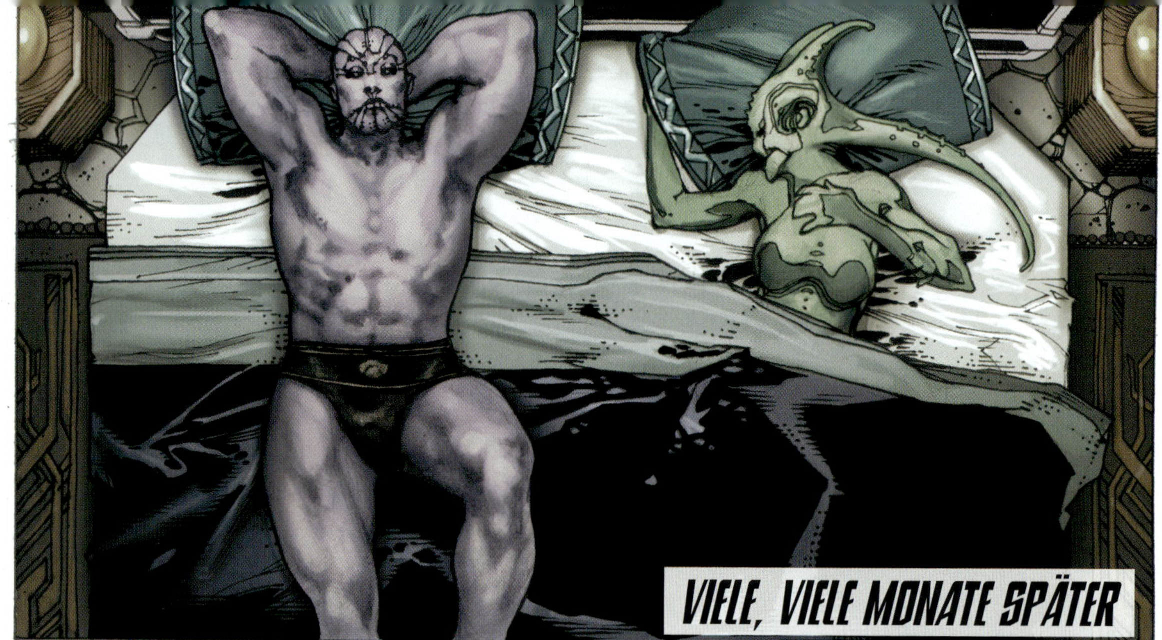
VIELE, VIELE MONATE SPÄTER

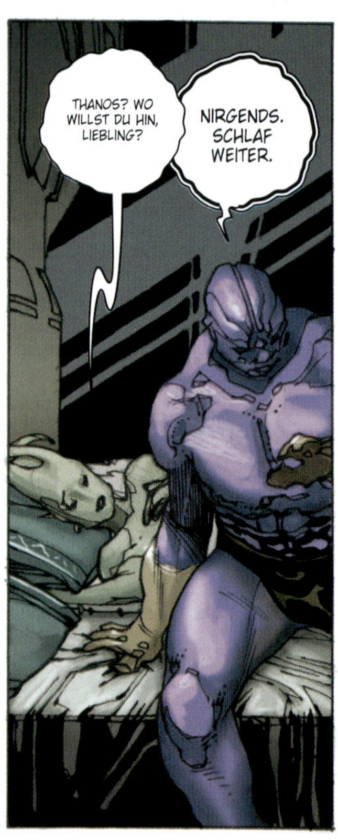
THANOS? WO WILLST DU HIN, LIEBLING?
NIRGENDS. SCHLAF WEITER.

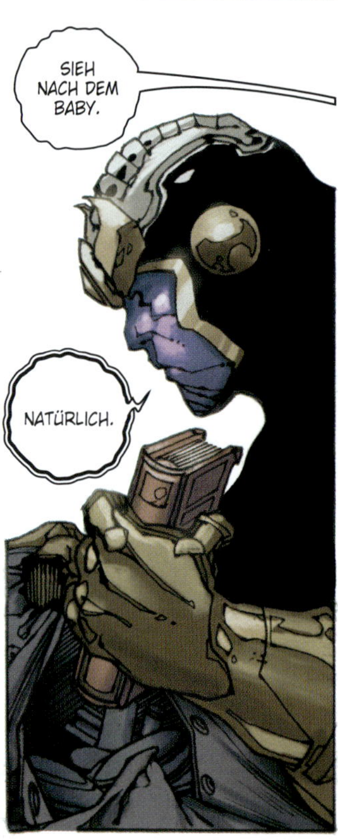
SIEH NACH DEM BABY.
NATÜRLICH.

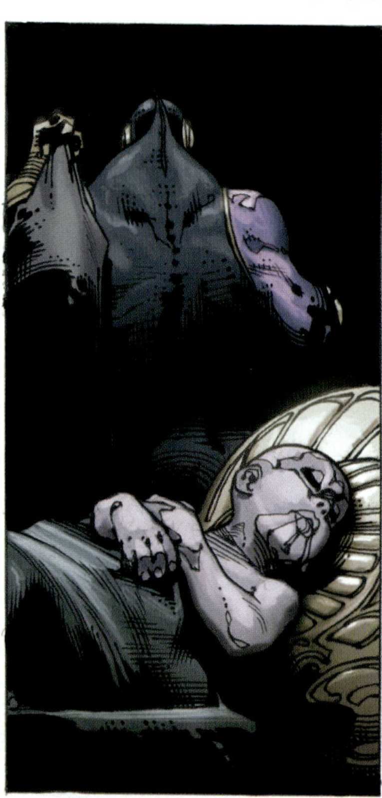

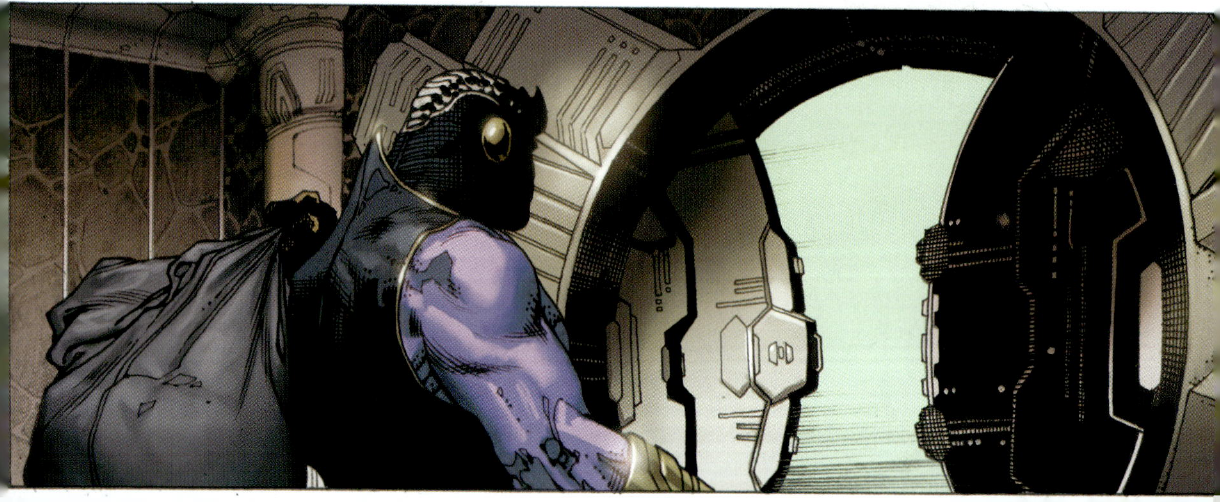

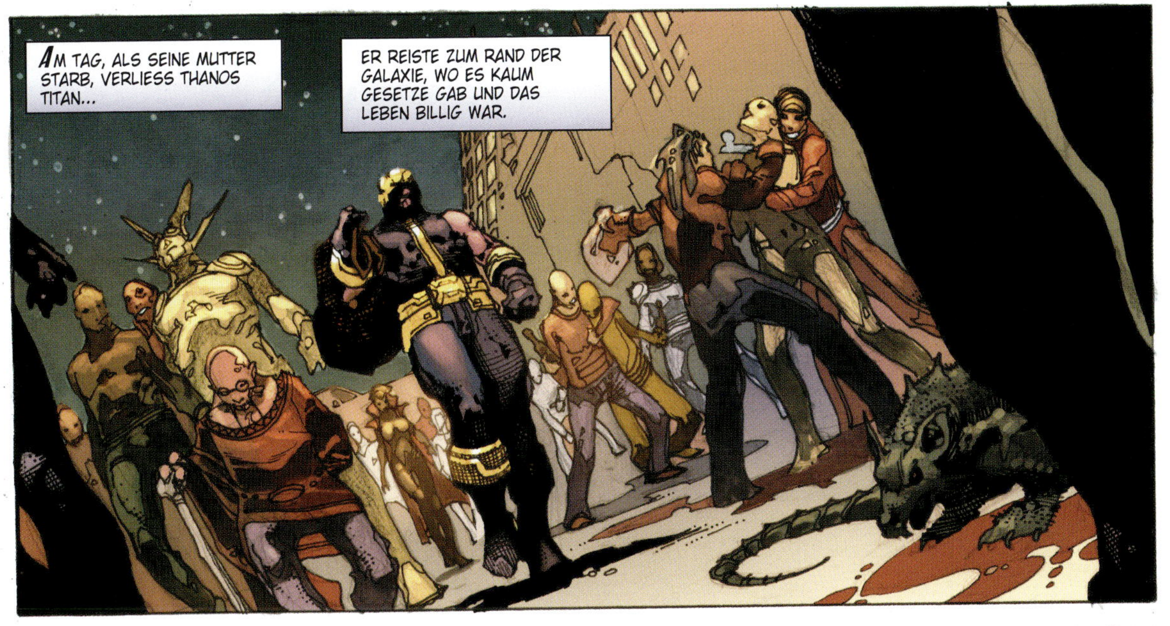
AM TAG, ALS SEINE MUTTER STARB, VERLIESS THANOS TITAN...
ER REISTE ZUM RAND DER GALAXIE, WO ES KAUM GESETZE GAB UND DAS LEBEN BILLIG WAR.

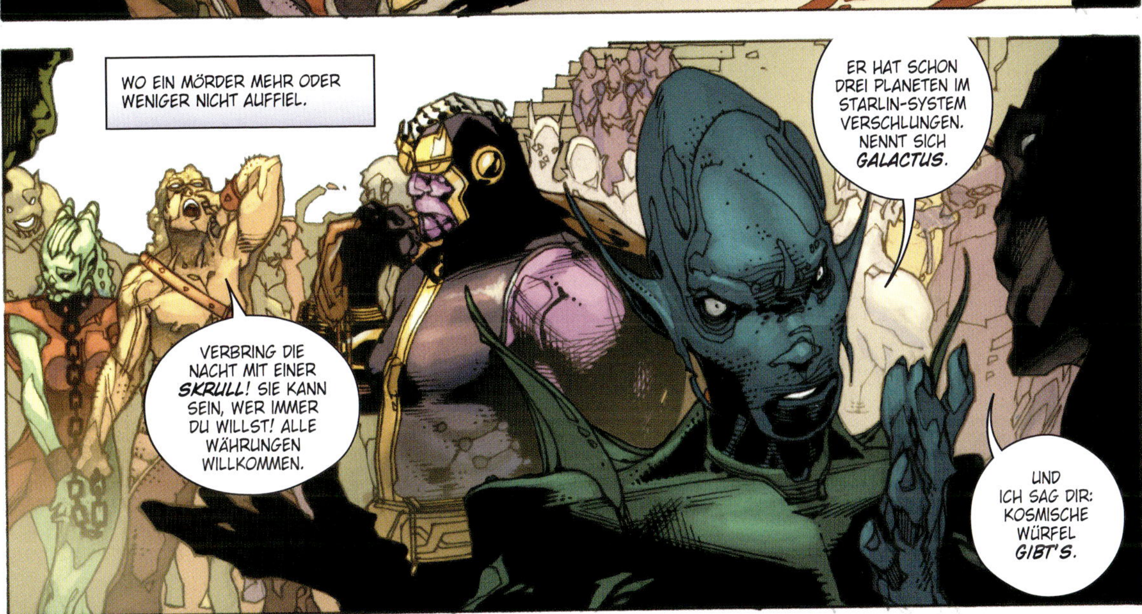
WO EIN MÖRDER MEHR ODER WENIGER NICHT AUFFIEL.
VERBRING DIE NACHT MIT EINER SKRULL! SIE KANN SEIN, WER IMMER DU WILLST! ALLE WÄHRUNGEN WILLKOMMEN.
ER HAT SCHON DREI PLANETEN IM STARLIN-SYSTEM VERSCHLUNGEN. NENNT SICH GALACTUS.
UND ICH SAG DIR: KOSMISCHE WÜRFEL GIBT'S.

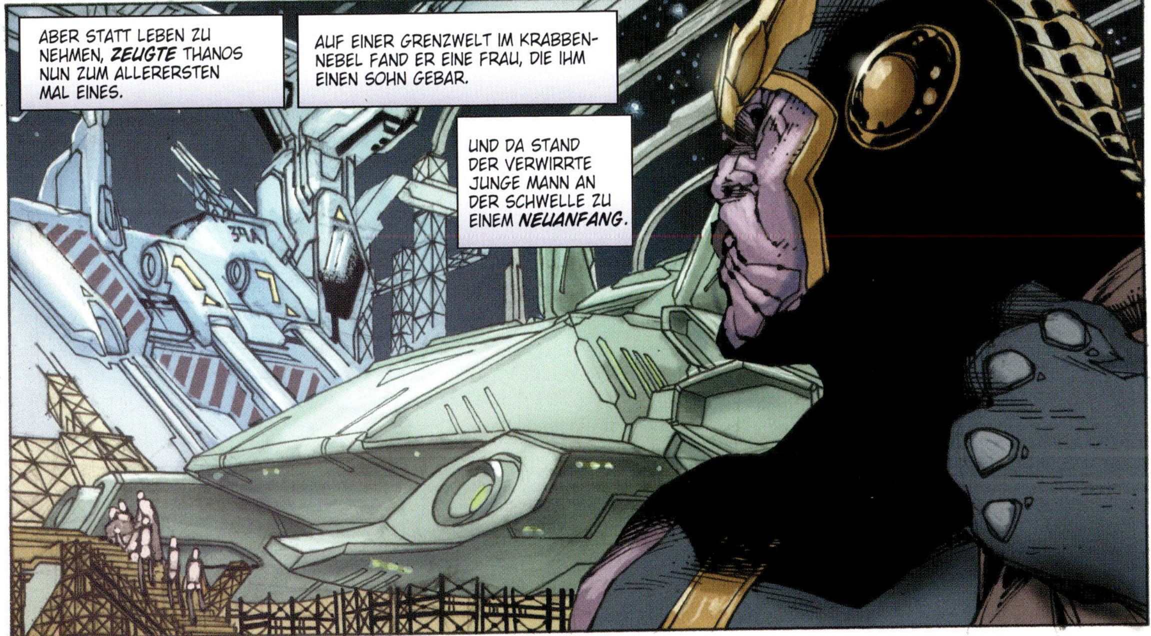
ABER STATT LEBEN ZU NEHMEN, ZEUGTE THANOS NUN ZUM ALLERERSTEN MAL EINES.
AUF EINER GRENZWELT IM KRABBEN-NEBEL FAND ER EINE FRAU, DIE IHM EINEN SOHN GEBAR.
UND DA STAND DER VERWIRRTE JUNGE MANN AN DER SCHWELLE ZU EINEM NEUANFANG.

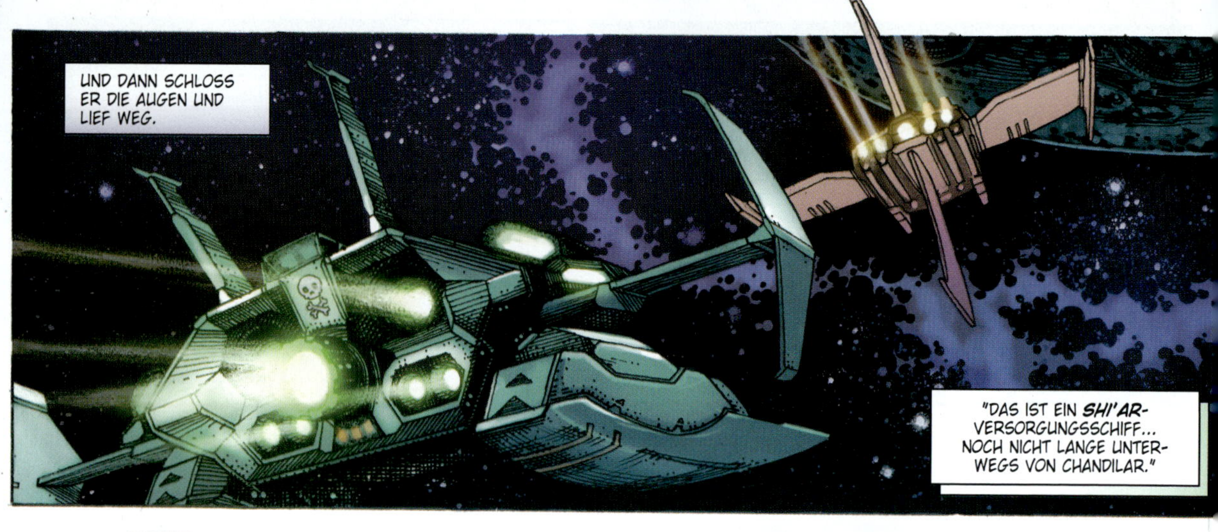
UND DANN SCHLOSS ER DIE AUGEN UND LIEF WEG.
"DAS IST EIN **SHI'AR**-VERSORGUNGSSCHIFF... NOCH NICHT LANGE UNTERWEGS VON CHANDILAR."

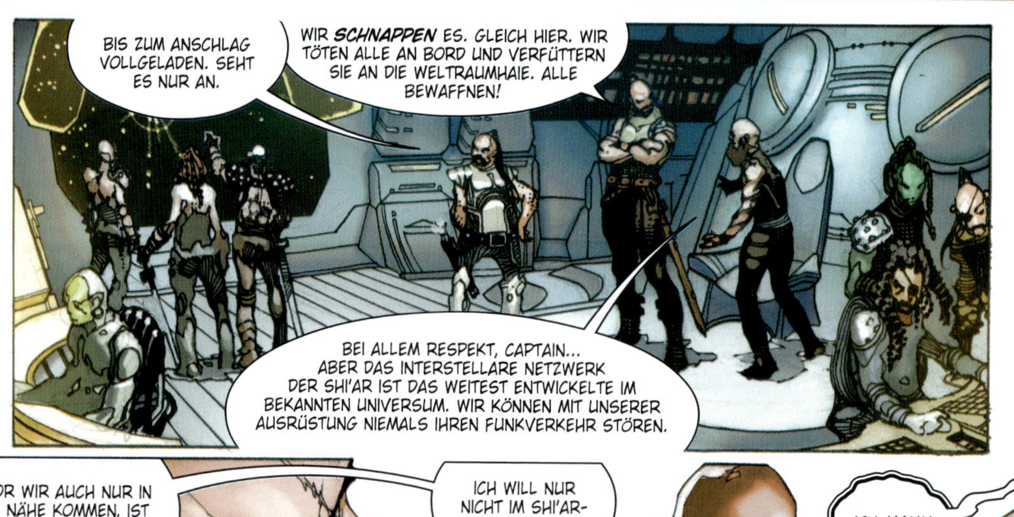
BIS ZUM ANSCHLAG VOLLGELADEN. SEHT ES NUR AN.
WIR **SCHNAPPEN** ES. GLEICH HIER. WIR TÖTEN ALLE AN BORD UND VERFÜTTERN SIE AN DIE WELTRAUMHAIE. ALLE BEWAFFNEN!
BEI ALLEM RESPEKT, CAPTAIN... ABER DAS INTERSTELLARE NETZWERK DER SHI'AR IST DAS WEITEST ENTWICKELTE IM BEKANNTEN UNIVERSUM. WIR KÖNNEN MIT UNSERER AUSRÜSTUNG NIEMALS IHREN FUNKVERKEHR STÖREN.

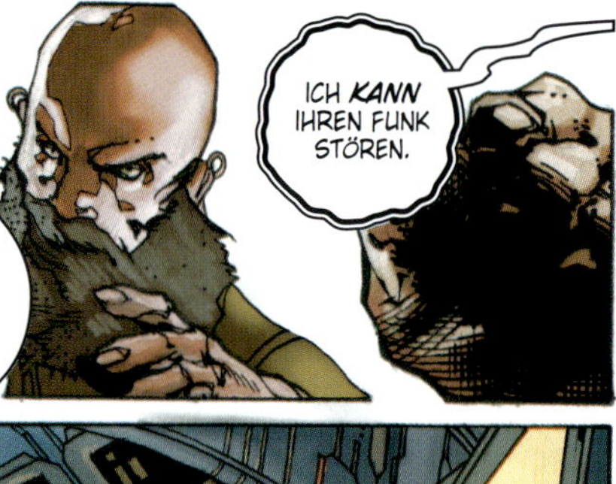
BEVOR WIR AUCH NUR IN IHRE NÄHE KOMMEN, IST JEDES SHI'AR-KRIEGSSCHIFF IM QUADRANTEN HINTER UNS HER.
ICH WILL NUR NICHT IM SHI'AR-KNAST ENDEN, SIR.
DIE FETTESTE BEUTE SEIT EWIGKEITEN, UND DU WILLST SIE SAUSEN LASSEN?
SAG MIR NICHT, WAS ICH ZU TUN HABE! DAS IST IMMER NOCH **MEIN** SCHIFF! ICH WAR HIER SCHON, ALS DU NOCH EIN BABY WARST! UND ICH--
ICH **KANN** IHREN FUNK STÖREN.

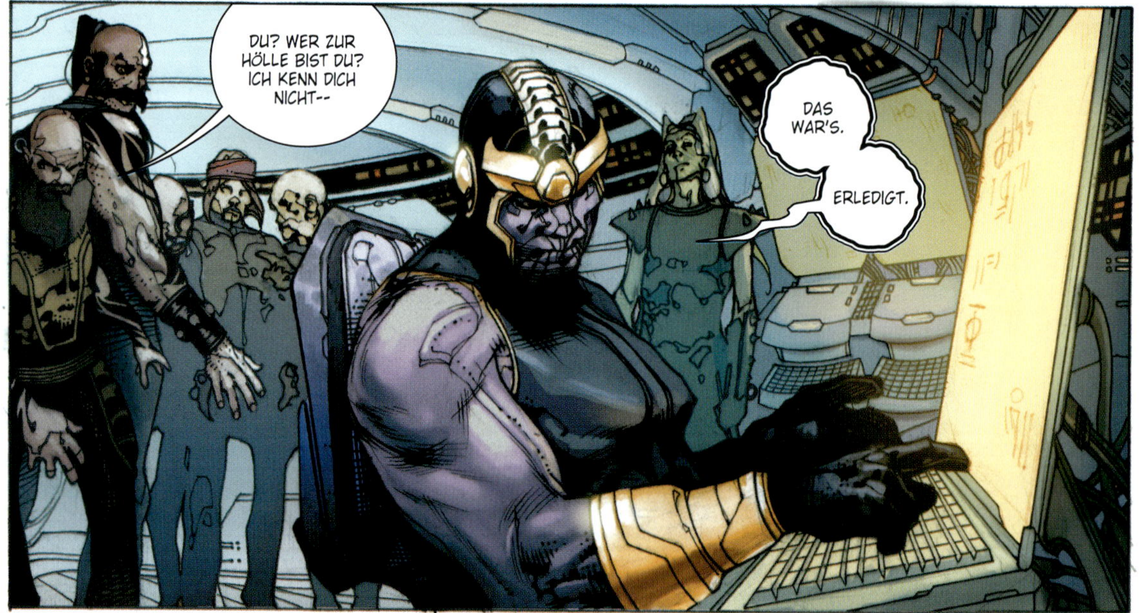
DU? WER ZUR HÖLLE BIST DU? ICH KENN DICH NICHT--
DAS WAR'S.
ERLEDIGT.

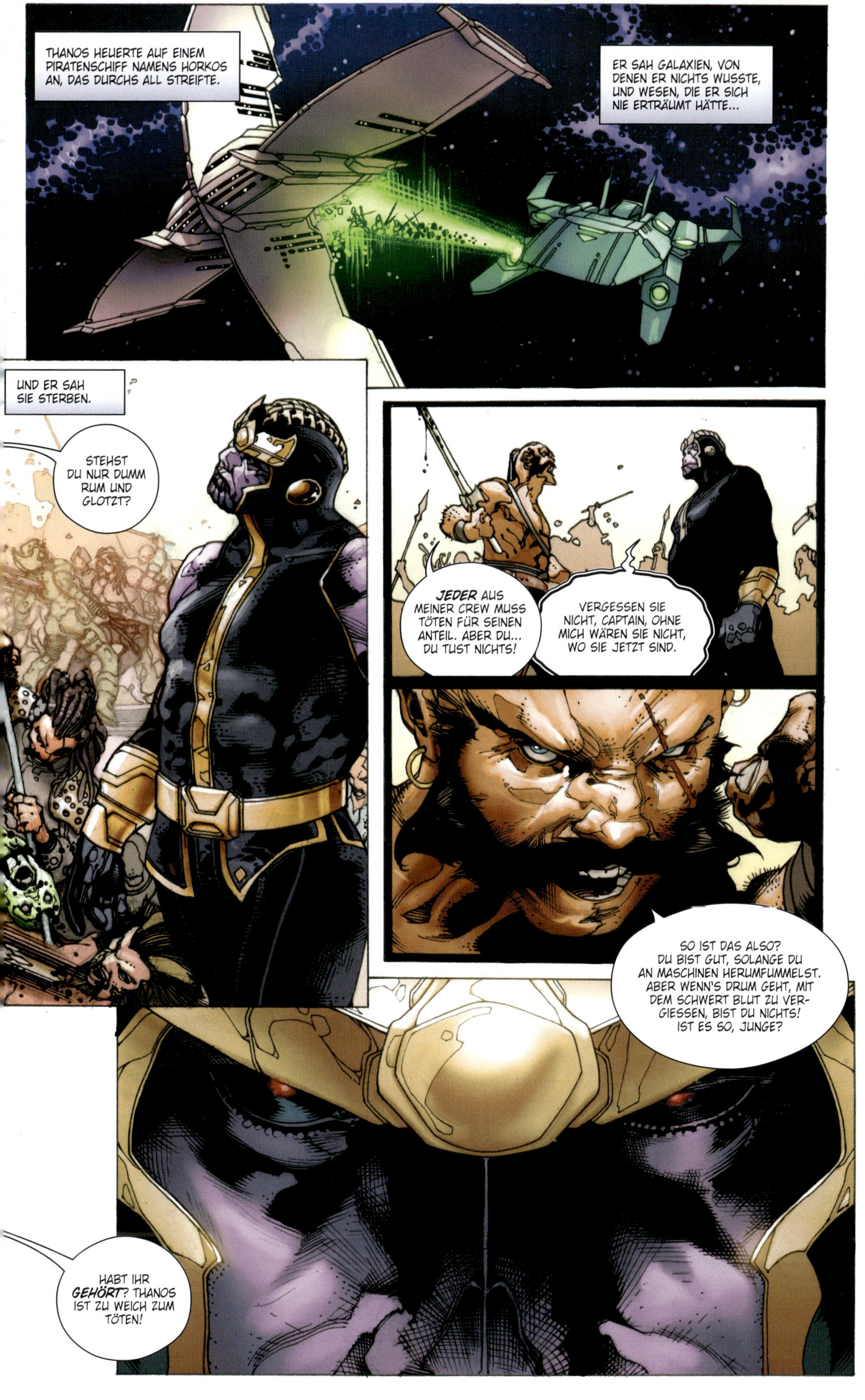
THANOS HEUERTE AUF EINEM PIRATENSCHIFF NAMENS HORKOS AN, DAS DURCHS ALL STREIFTE.
ER SAH GALAXIEN, VON DENEN ER NICHTS WUSSTE, UND WESEN, DIE ER SICH NIE ERTRÄUMT HÄTTE...
UND ER SAH SIE STERBEN.
STEHST DU NUR DUMM RUM UND GLOTZT?
JEDER AUS MEINER CREW MUSS TÖTEN FÜR SEINEN ANTEIL. ABER DU... DU TUST NICHTS!
VERGESSEN SIE NICHT, CAPTAIN, OHNE MICH WÄREN SIE NICHT, WO SIE JETZT SIND.
SO IST DAS ALSO? DU BIST GUT, SOLANGE DU AN MASCHINEN HERUMFUMMELST. ABER WENN'S DRUM GEHT, MIT DEM SCHWERT BLUT ZU VERGIESSEN, BIST DU NICHTS! IST ES SO, JUNGE?
HABT IHR GEHÖRT? THANOS IST ZU WEICH ZUM TÖTEN!

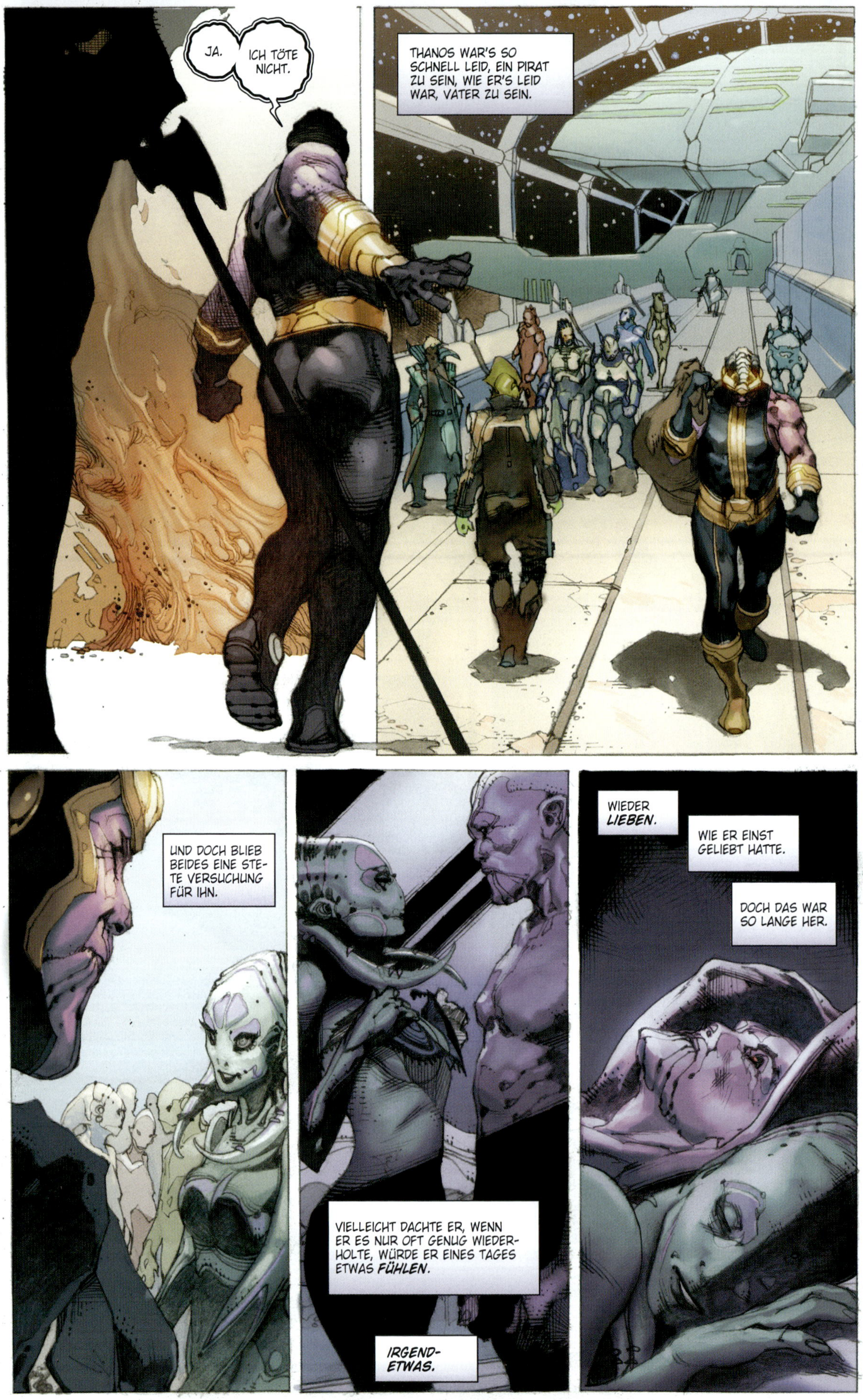

JA.
ICH TÖTE NICHT.

THANOS WAR'S SO SCHNELL LEID, EIN PIRAT ZU SEIN, WIE ER'S LEID WAR, VATER ZU SEIN.

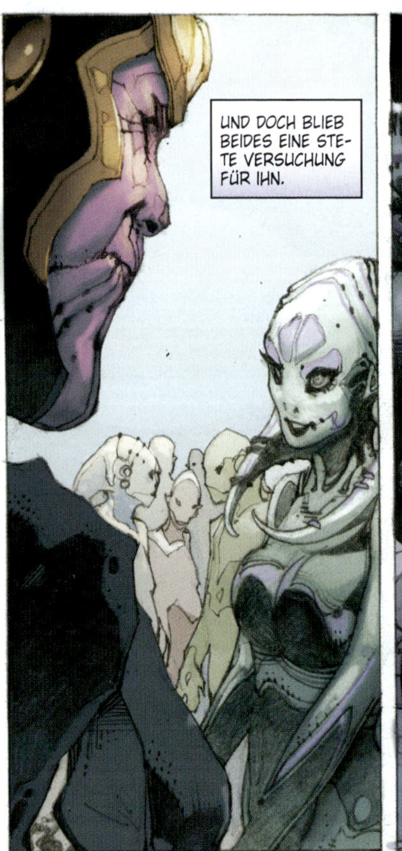

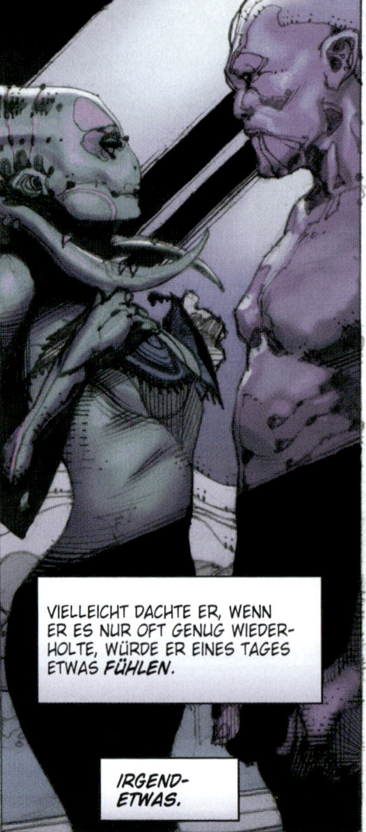

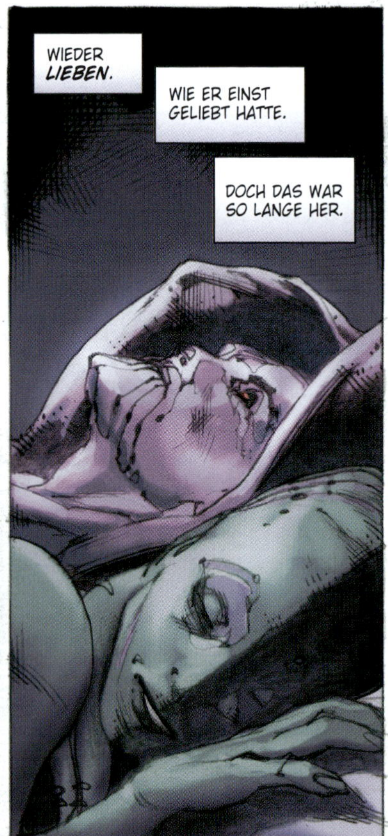

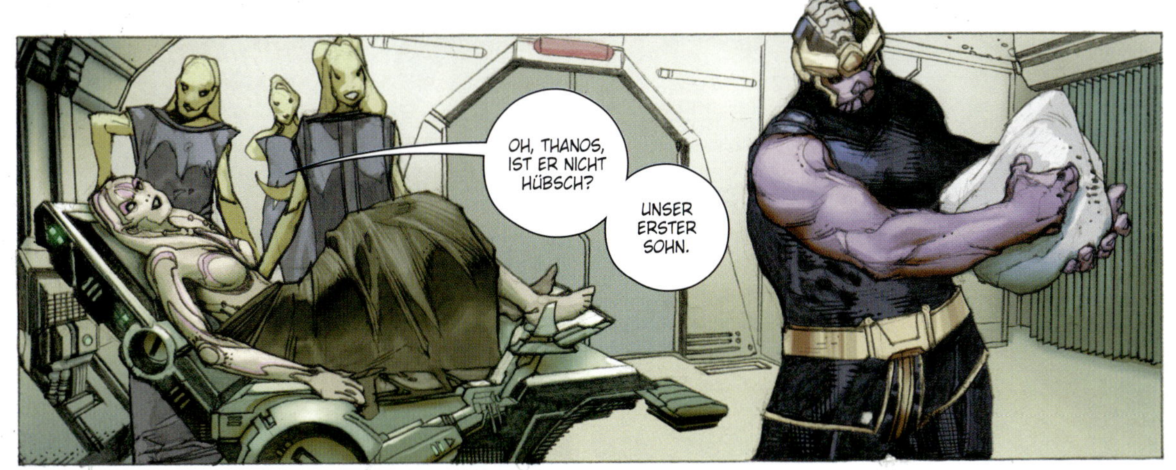
OH, THANOS, IST ER NICHT HÜBSCH?
UNSER ERSTER SOHN.

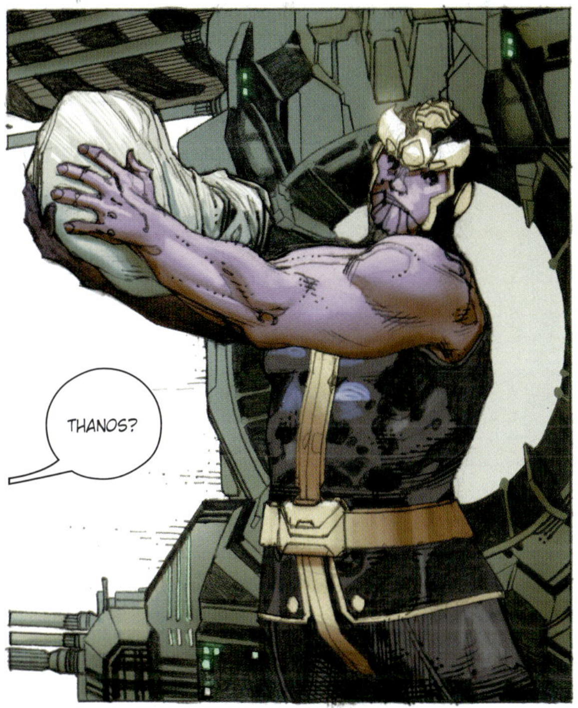
THANOS?

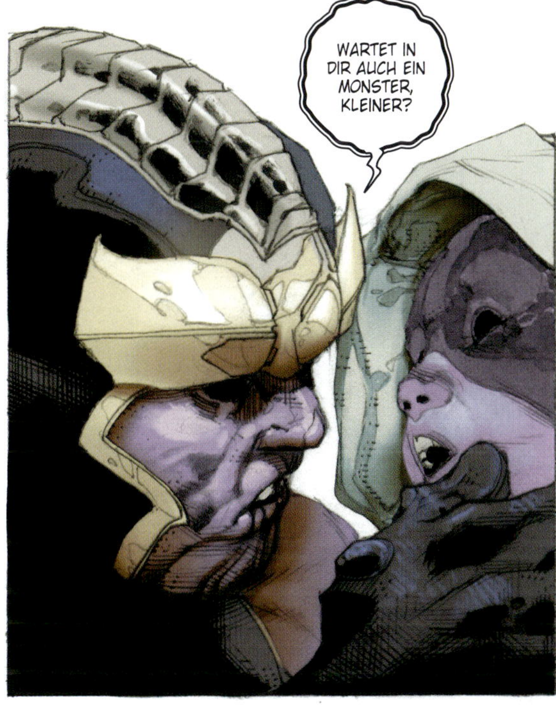
WARTET IN DIR AUCH EIN MONSTER, KLEINER?

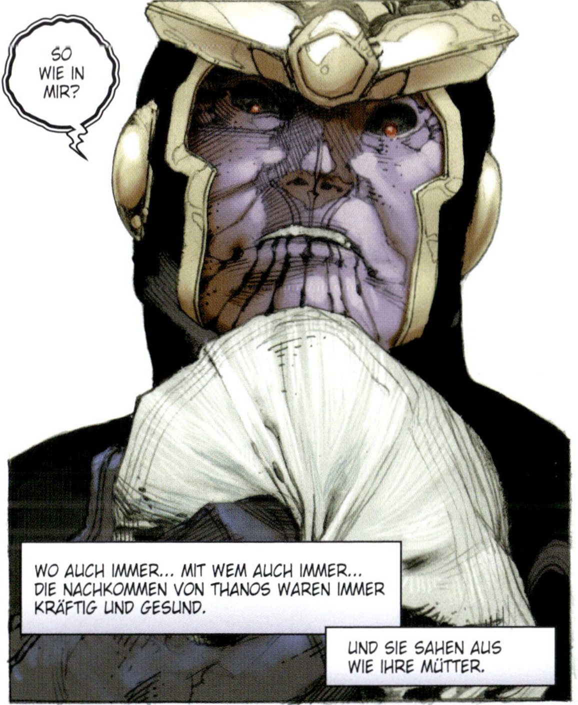
SO WIE IN MIR?
WO AUCH IMMER... MIT WEM AUCH IMMER... DIE NACHKOMMEN VON THANOS WAREN IMMER KRÄFTIG UND GESUND.
UND SIE SAHEN AUS WIE IHRE MÜTTER.

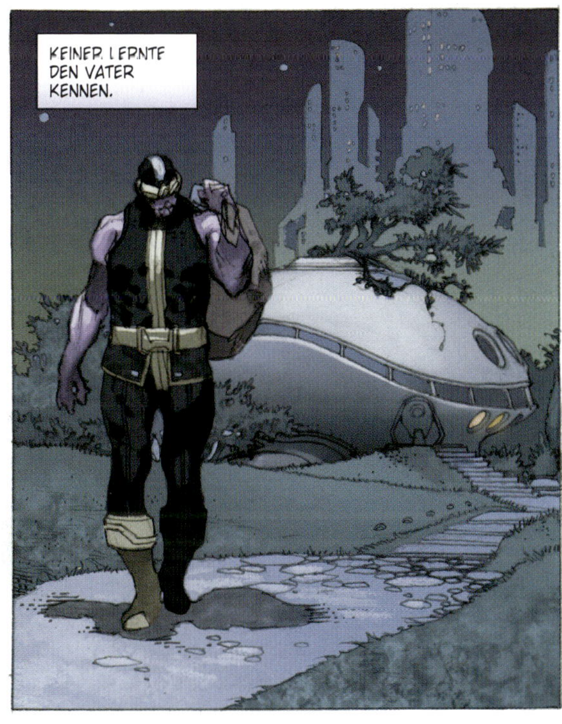
KEINER LERNTE DEN VATER KENNEN.

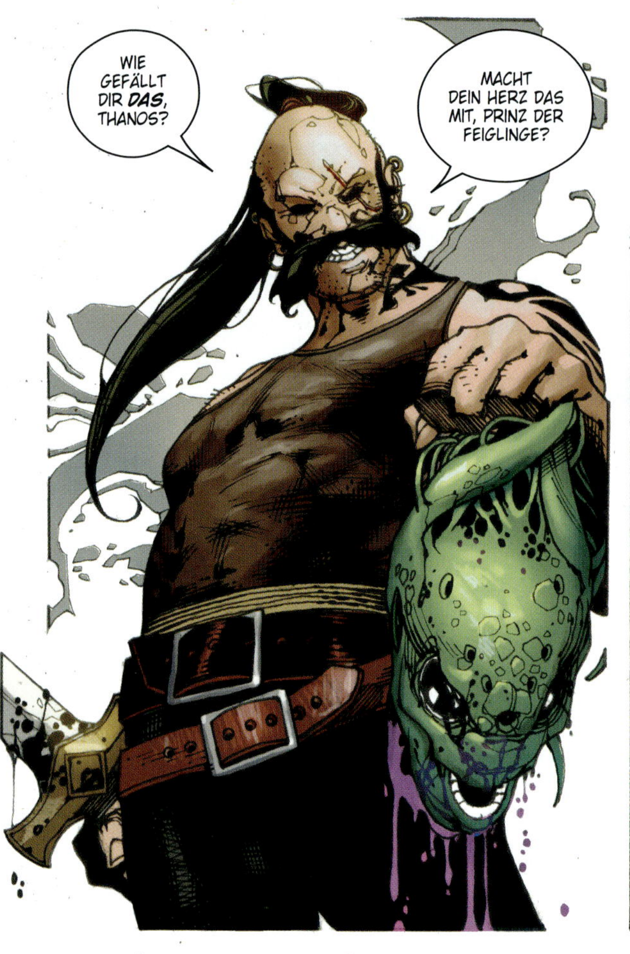
WIE GEFÄLLT DIR DAS, THANOS?
MACHT DEIN HERZ DAS MIT, PRINZ DER FEIGLINGE?

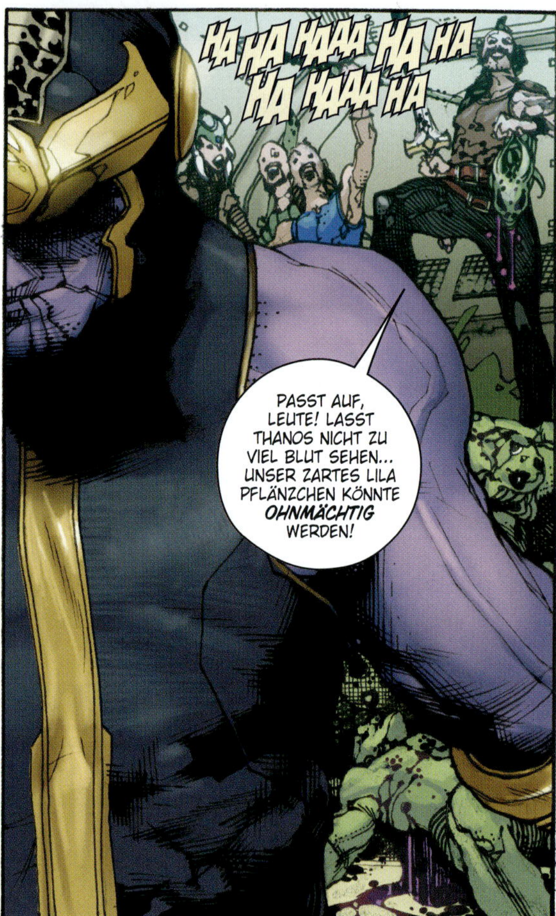
HA HA HAAA HA HA
HA HAAA HA
PASST AUF, LEUTE! LASST THANOS NICHT ZU VIEL BLUT SEHEN... UNSER ZARTES LILA PFLÄNZCHEN KÖNNTE OHNMÄCHTIG WERDEN!

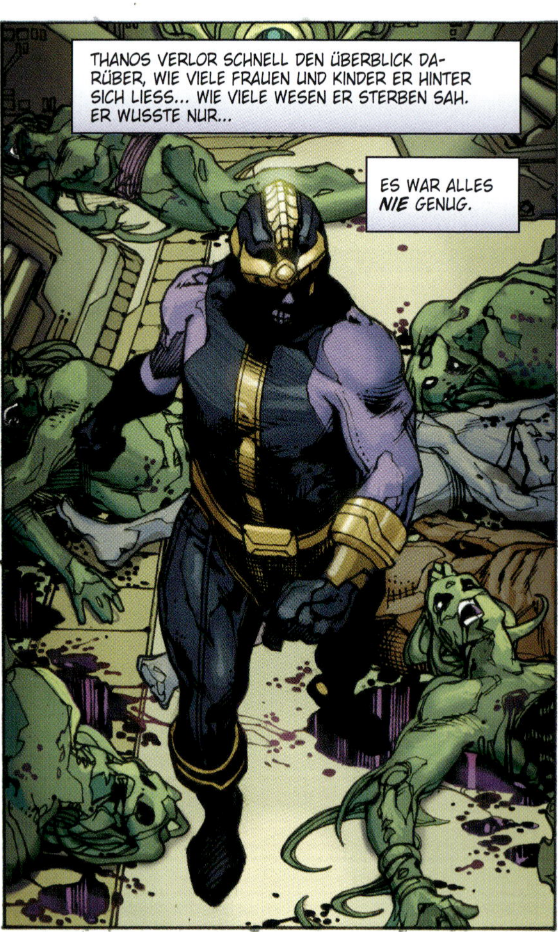
THANOS VERLOR SCHNELL DEN ÜBERBLICK DARÜBER, WIE VIELE FRAUEN UND KINDER ER HINTER SICH LIESS... WIE VIELE WESEN ER STERBEN SAH. ER WUSSTE NUR...
ES WAR ALLES NIE GENUG.

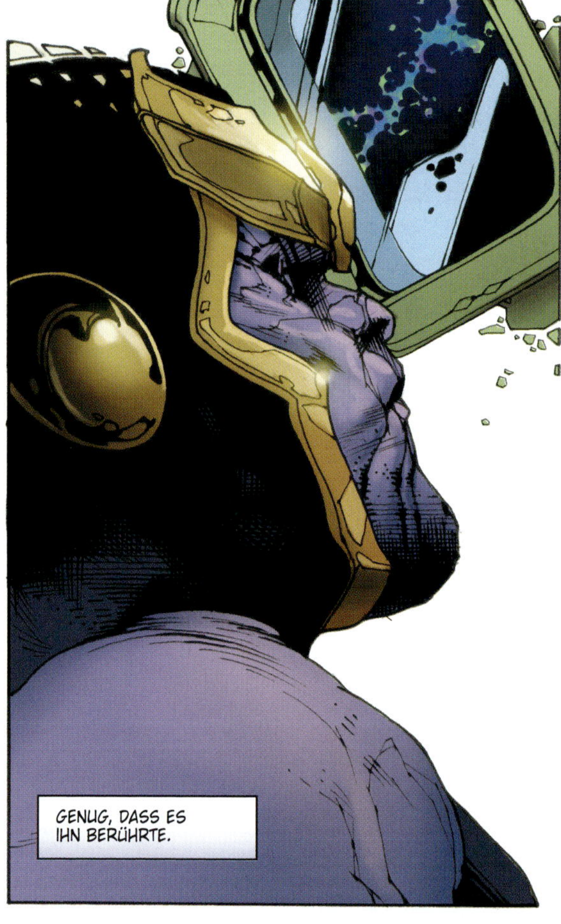
GENUG, DASS ES IHN BERÜHRTE.

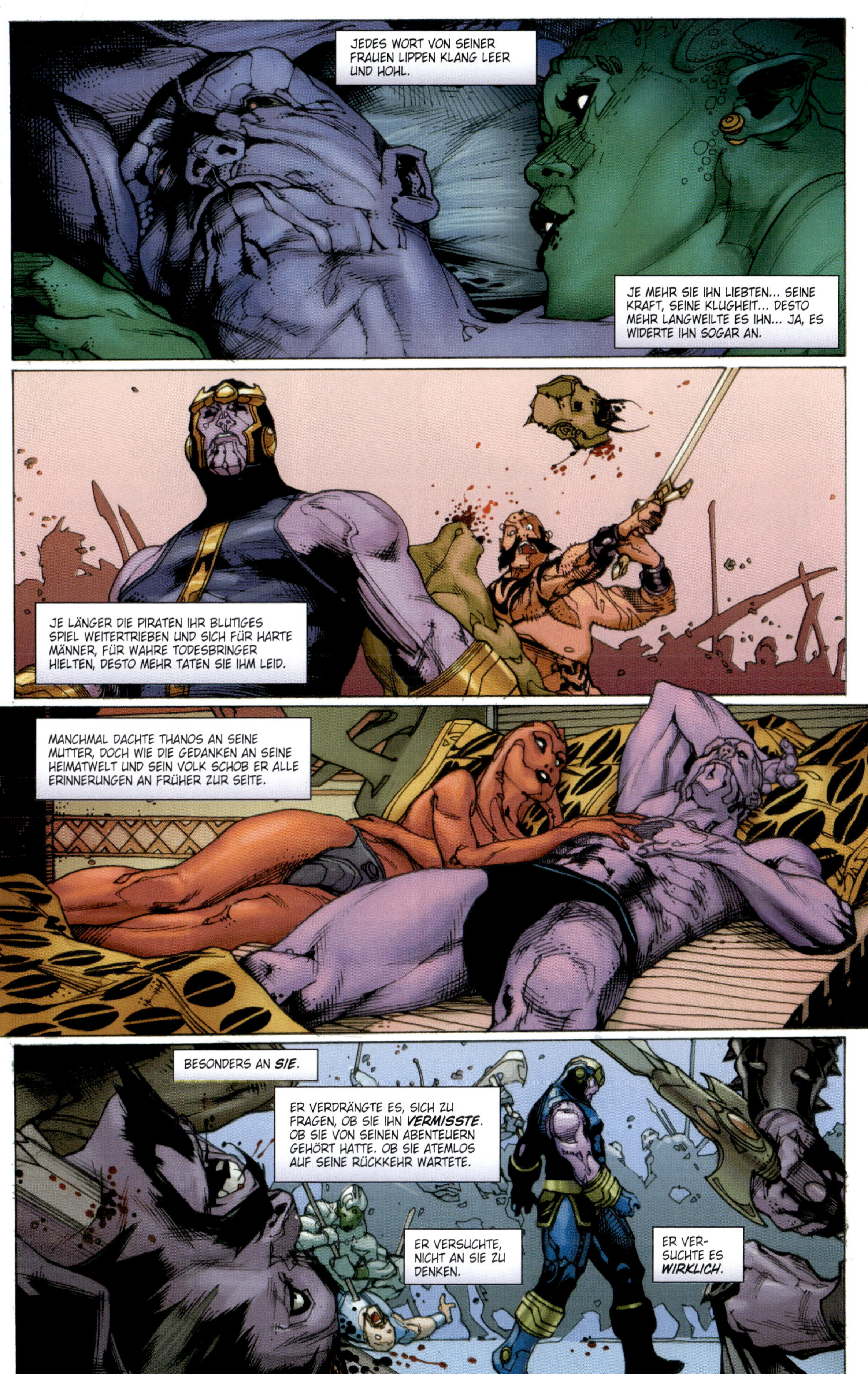
JEDES WORT VON SEINER FRAUEN LIPPEN KLANG LEER UND HOHL.
JE MEHR SIE IHN LIEBTEN... SEINE KRAFT, SEINE KLUGHEIT... DESTO MEHR LANGWEILTE ES IHN... JA, ES WIDERTE IHN SOGAR AN.
JE LÄNGER DIE PIRATEN IHR BLUTIGES SPIEL WEITERTRIEBEN UND SICH FÜR HARTE MÄNNER, FÜR WAHRE TODESBRINGER HIELTEN, DESTO MEHR TATEN SIE IHM LEID.
MANCHMAL DACHTE THANOS AN SEINE MUTTER, DOCH WIE DIE GEDANKEN AN SEINE HEIMATWELT UND SEIN VOLK SCHOB ER ALLE ERINNERUNGEN AN FRÜHER ZUR SEITE.
BESONDERS AN ***SIE***.
ER VERDRÄNGTE ES, SICH ZU FRAGEN, OB SIE IHN ***VERMISSTE***. OB SIE VON SEINEN ABENTEUERN GEHÖRT HATTE. OB SIE ATEMLOS AUF SEINE RÜCKKEHR WARTETE.
ER VERSUCHTE, NICHT AN SIE ZU DENKEN.
ER VER-SUCHTE ES ***WIRKLICH***.

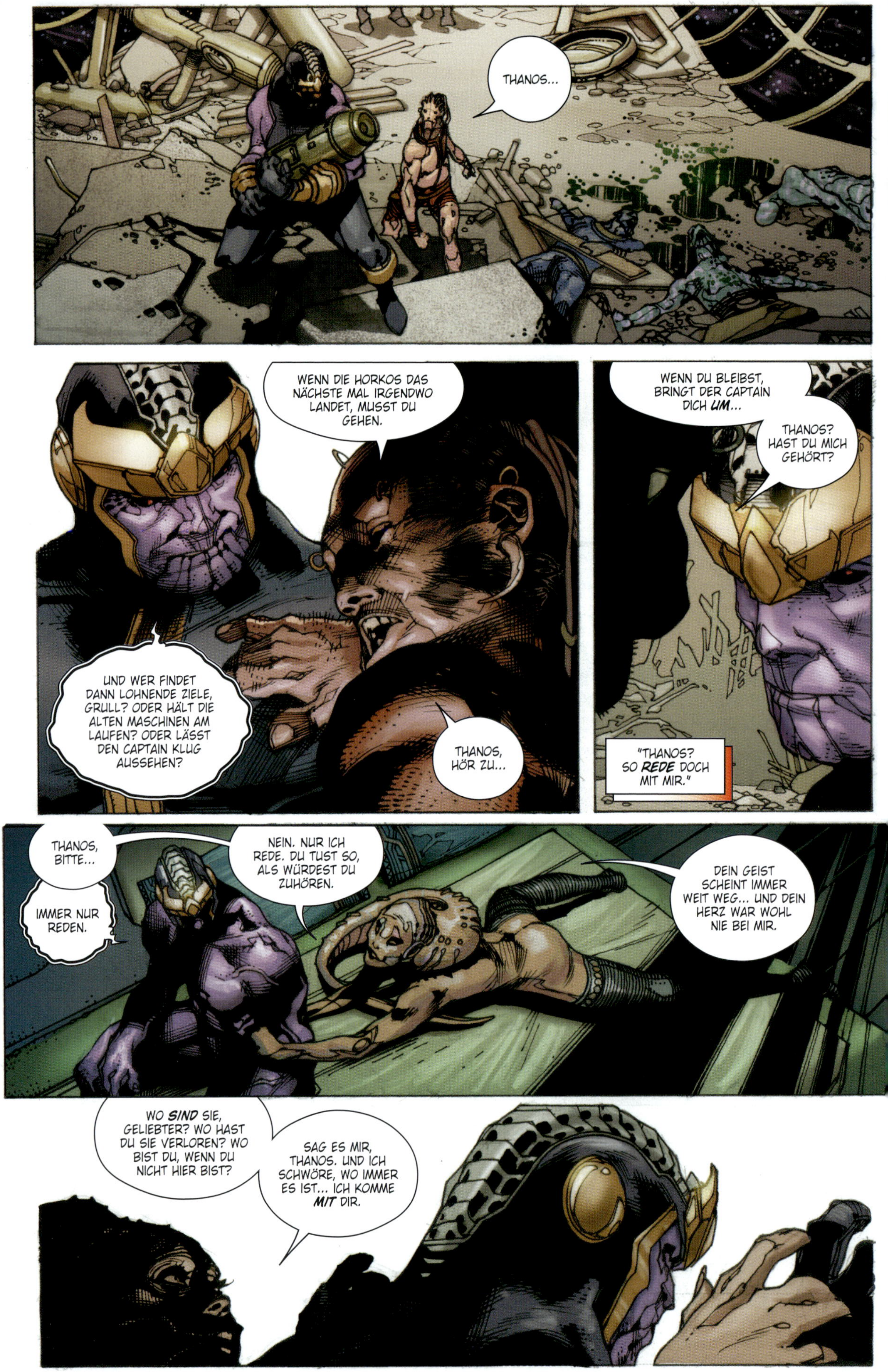

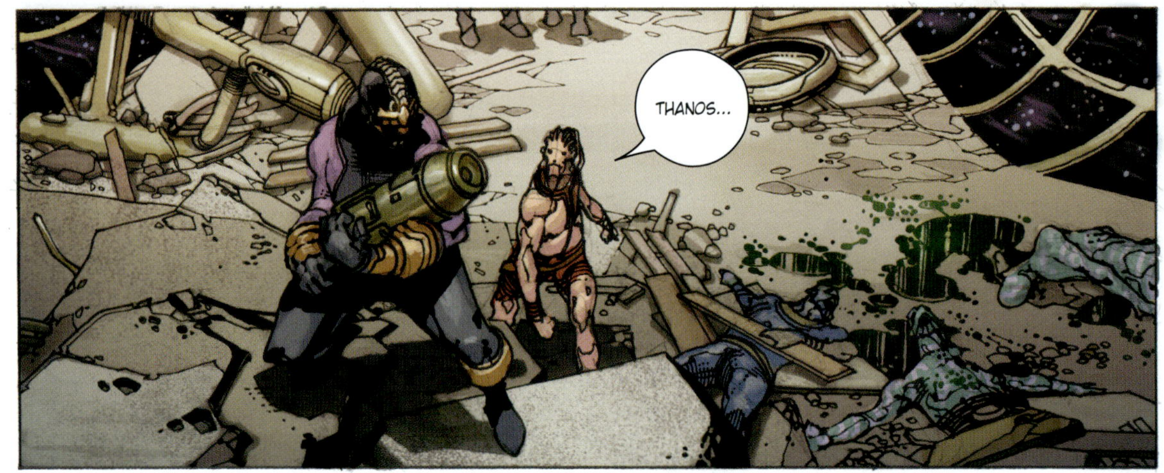
THANOS...

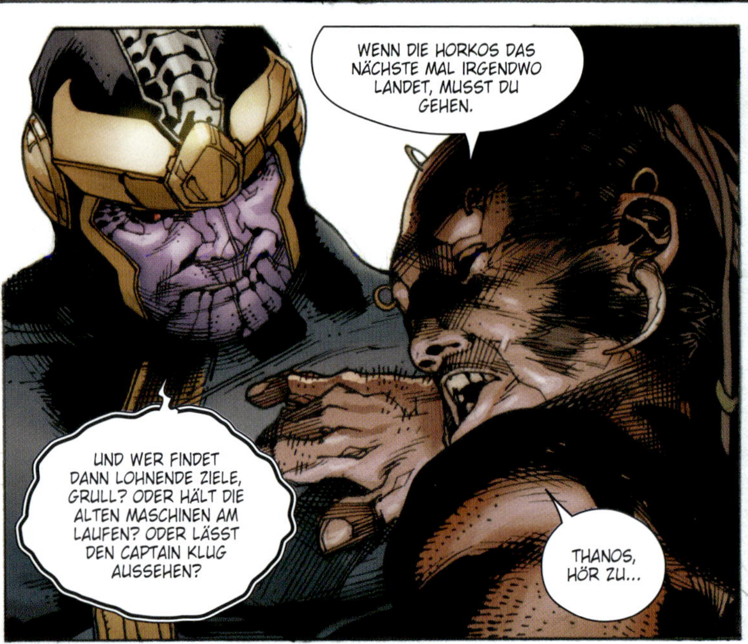
WENN DIE HORKOS DAS NÄCHSTE MAL IRGENDWO LANDET, MUSST DU GEHEN.
UND WER FINDET DANN LOHNENDE ZIELE, GRULL? ODER HÄLT DIE ALTEN MASCHINEN AM LAUFEN? ODER LÄSST DEN CAPTAIN KLUG AUSSEHEN?
THANOS, HÖR ZU...

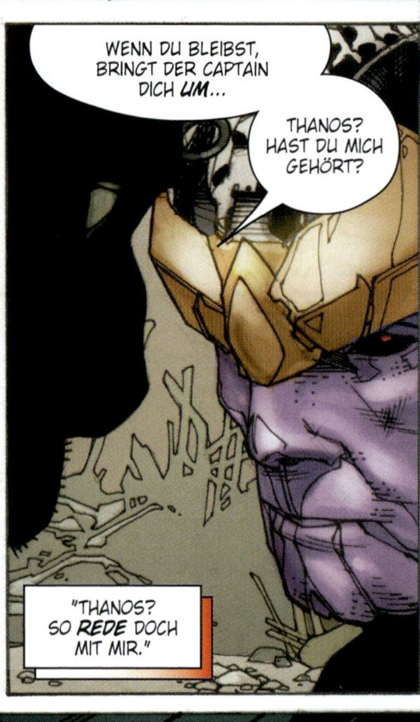
WENN DU BLEIBST, BRINGT DER CAPTAIN DICH **UM**...
THANOS? HAST DU MICH GEHÖRT?
"THANOS? SO **REDE** DOCH MIT MIR."
THANOS, BITTE...
IMMER NUR REDEN.
NEIN. NUR ICH REDE. DU TUST SO, ALS WÜRDEST DU ZUHÖREN.
DEIN GEIST SCHEINT IMMER WEIT WEG... UND DEIN HERZ WAR WOHL NIE BEI MIR.
WO **SIND** SIE, GELIEBTER? WO HAST DU SIE VERLOREN? WO BIST DU, WENN DU NICHT HIER BIST?
SAG ES MIR, THANOS. UND ICH SCHWÖRE, WO IMMER ES IST... ICH KOMME **MIT** DIR.

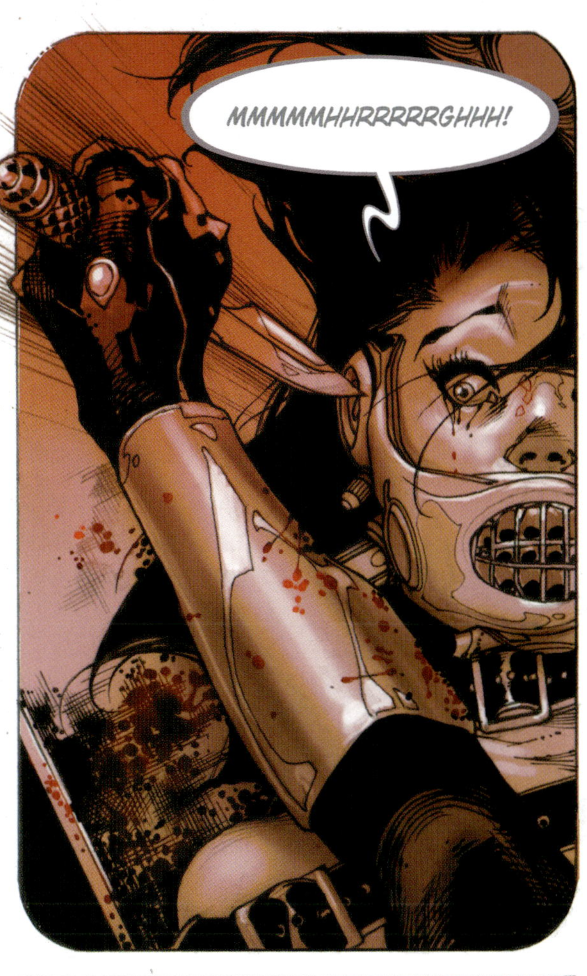
MMMMMHHRRRRRGHHH!

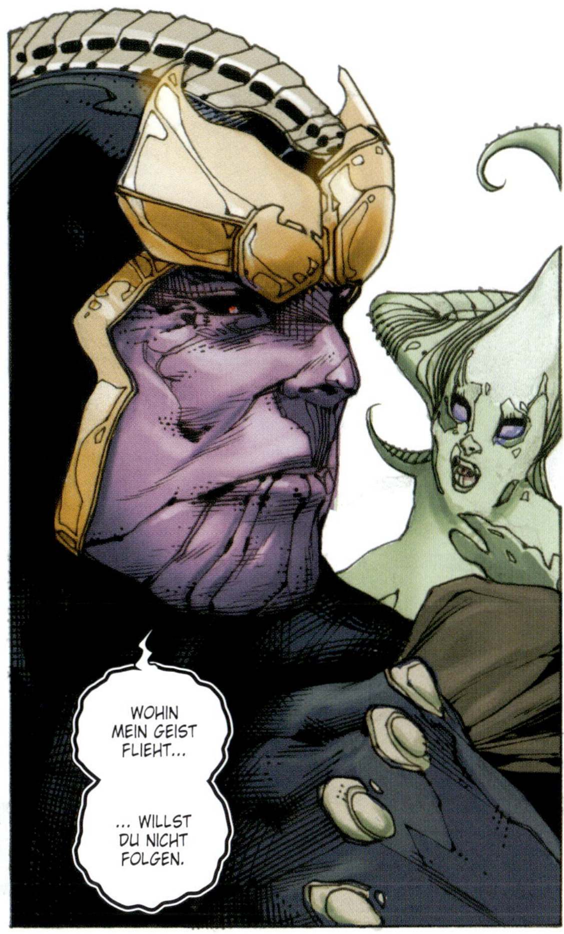
WOHIN MEIN GEIST FLIEHT...
... WILLST DU NICHT FOLGEN.

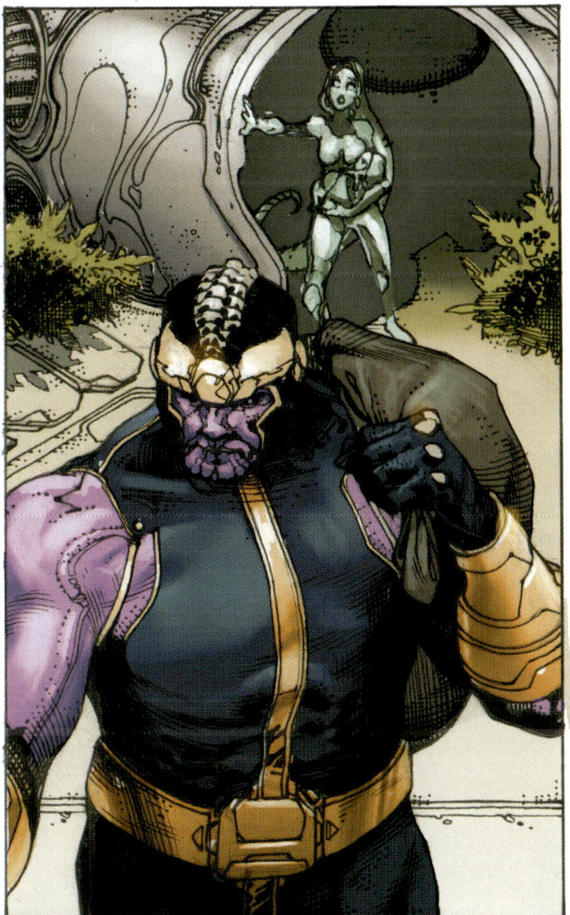

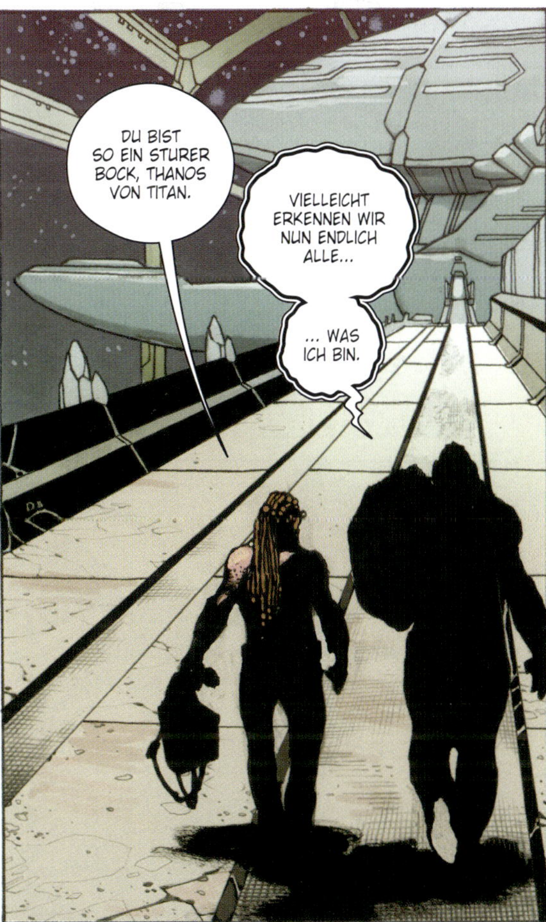
DU BIST SO EIN STURER BOCK, THANOS VON TITAN.
VIELLEICHT ERKENNEN WIR NUN ENDLICH ALLE...
... WAS ICH BIN.

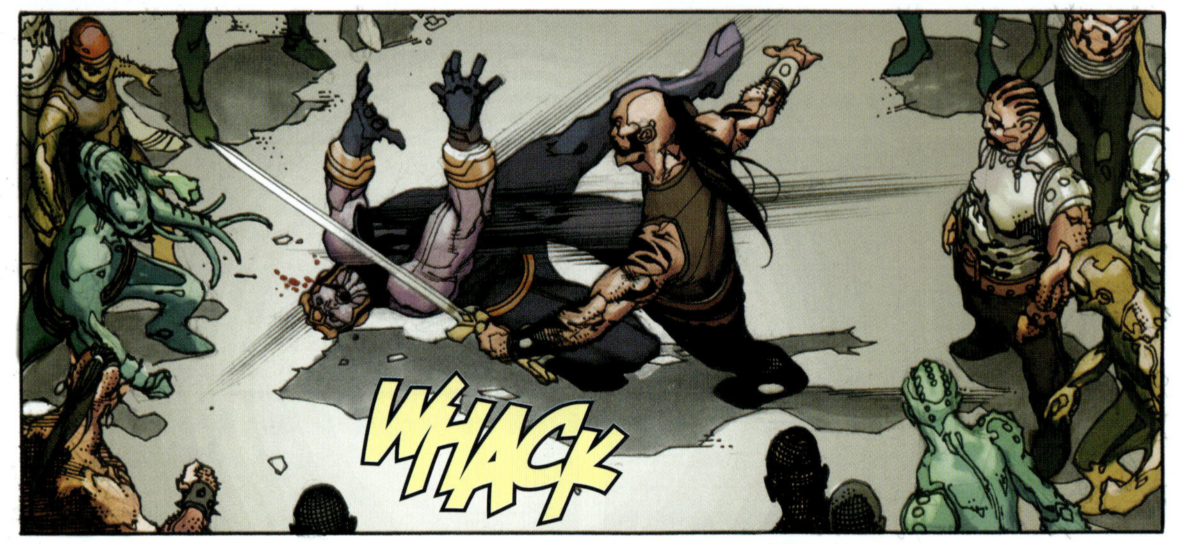
WHACK

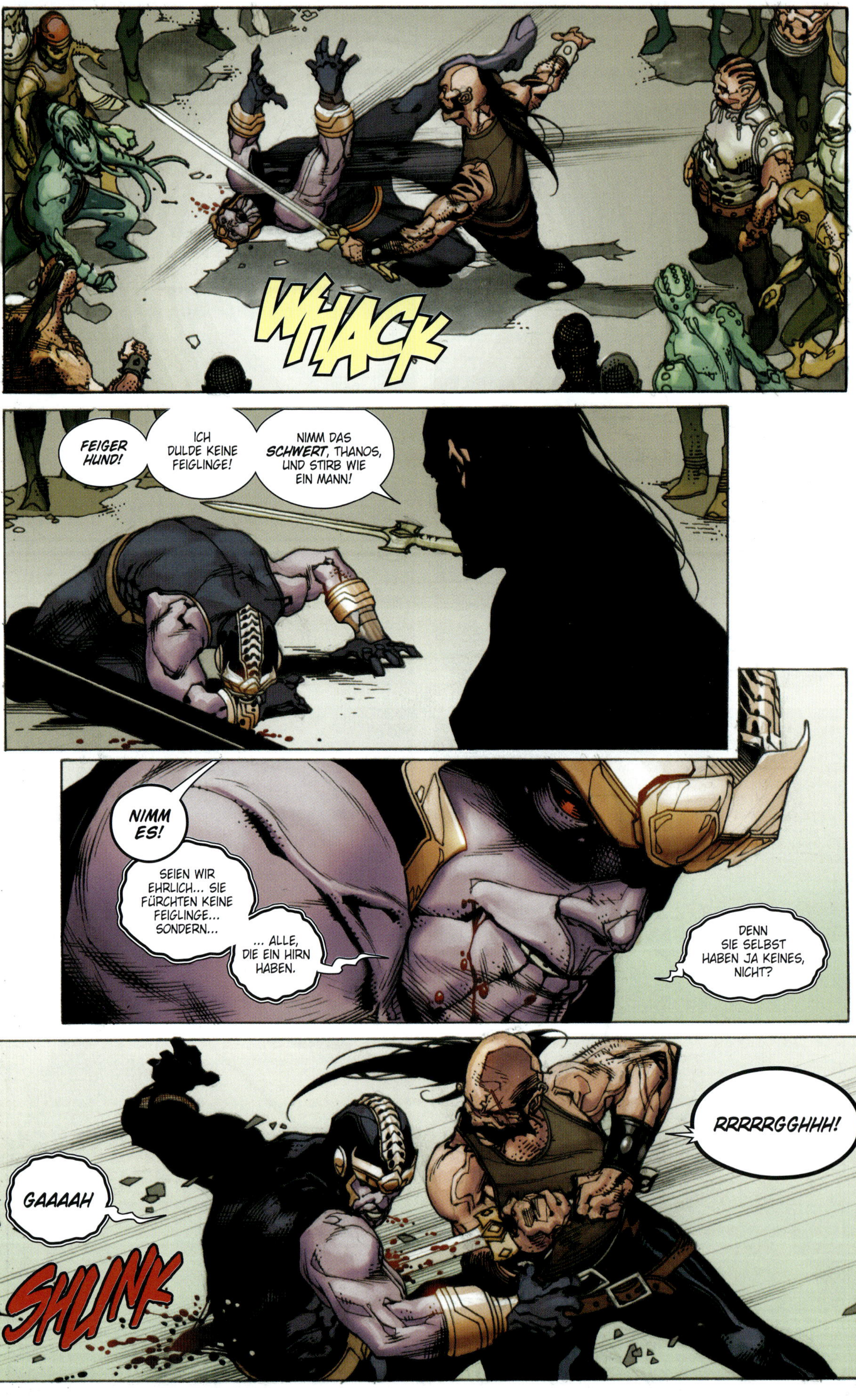

FEIGER HUND!
ICH DULDE KEINE FEIGLINGE!
NIMM DAS SCHWERT, THANOS, UND STIRB WIE EIN MANN!
NIMM ES!
SEIEN WIR EHRLICH... SIE FÜRCHTEN KEINE FEIGLINGE... SONDERN...
... ALLE, DIE EIN HIRN HABEN.
DENN SIE SELBST HABEN JA KEINES, NICHT?

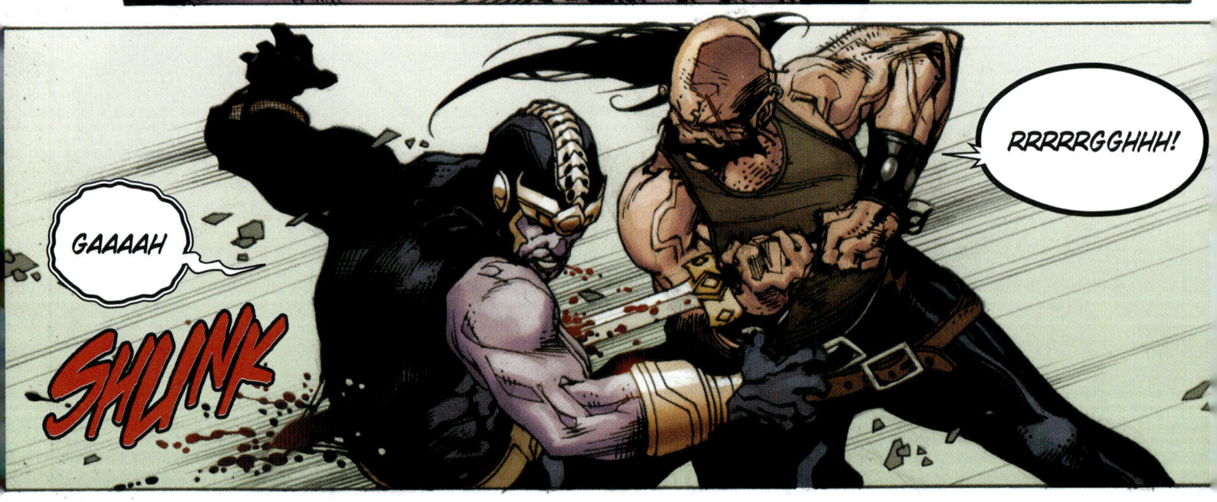
RRRRRGGHHH!
GAAAAH
SHUNK

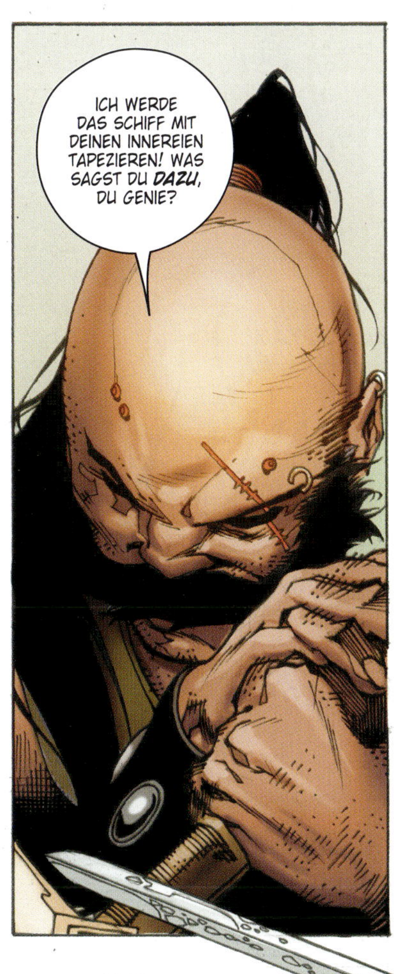
ICH WERDE DAS SCHIFF MIT DEINEN INNEREIEN TAPEZIEREN! WAS SAGST DU *DAZU*, DU GENIE?

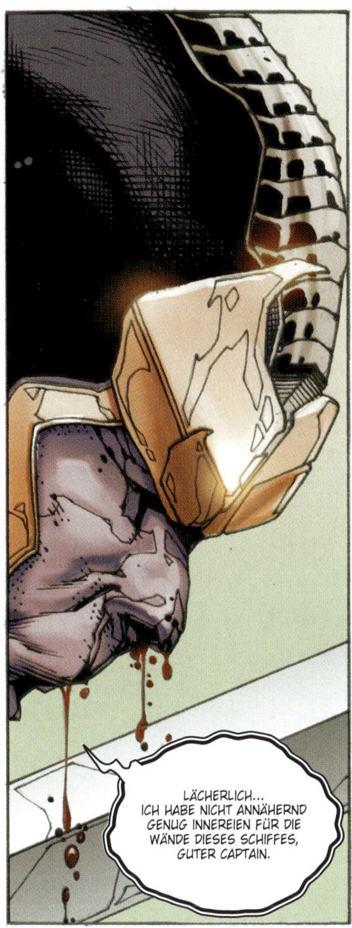
LÄCHERLICH... ICH HABE NICHT ANNÄHERND GENUG INNEREIEN FÜR DIE WÄNDE DIESES SCHIFFES, GUTER CAPTAIN.

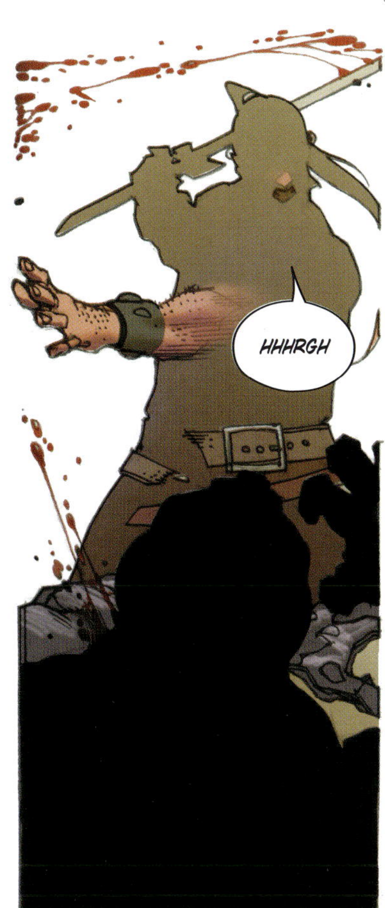
HHHRGH

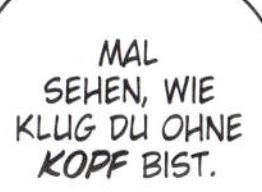
MAL SEHEN, WIE KLUG DU OHNE *KOPF* BIST.

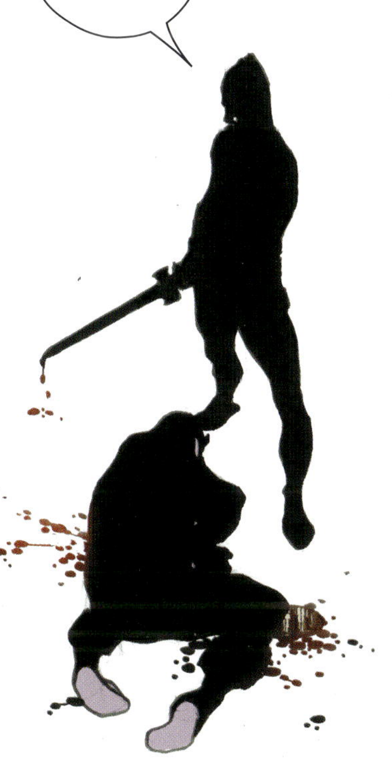

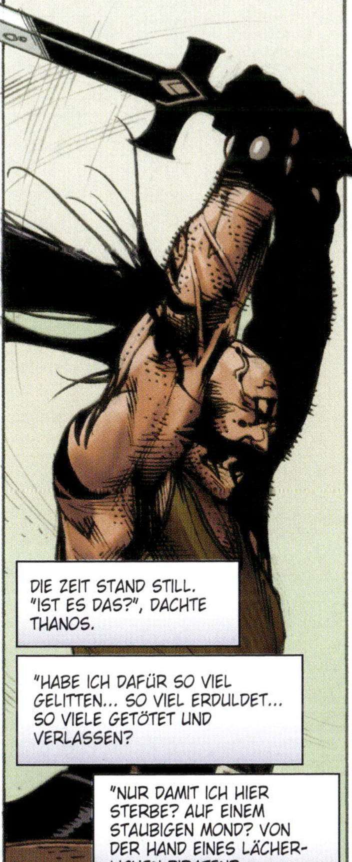
DIE ZEIT STAND STILL. "IST ES DAS?", DACHTE THANOS.
"HABE ICH DAFÜR SO VIEL GELITTEN... SO VIEL ERDULDET... SO VIELE GETÖTET UND VERLASSEN?
"NUR DAMIT ICH HIER STERBE? AUF EINEM STAUBIGEN MOND? VON DER HAND EINES LÄCHER-LICHEN PIRATEN?

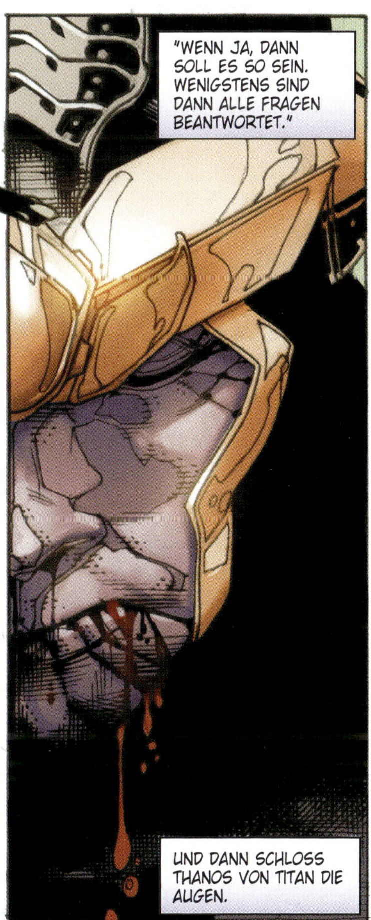
"WENN JA, DANN SOLL ES SO SEIN. WENIGSTENS SIND DANN ALLE FRAGEN BEANTWORTET."
UND DANN SCHLOSS THANOS VON TITAN DIE AUGEN.

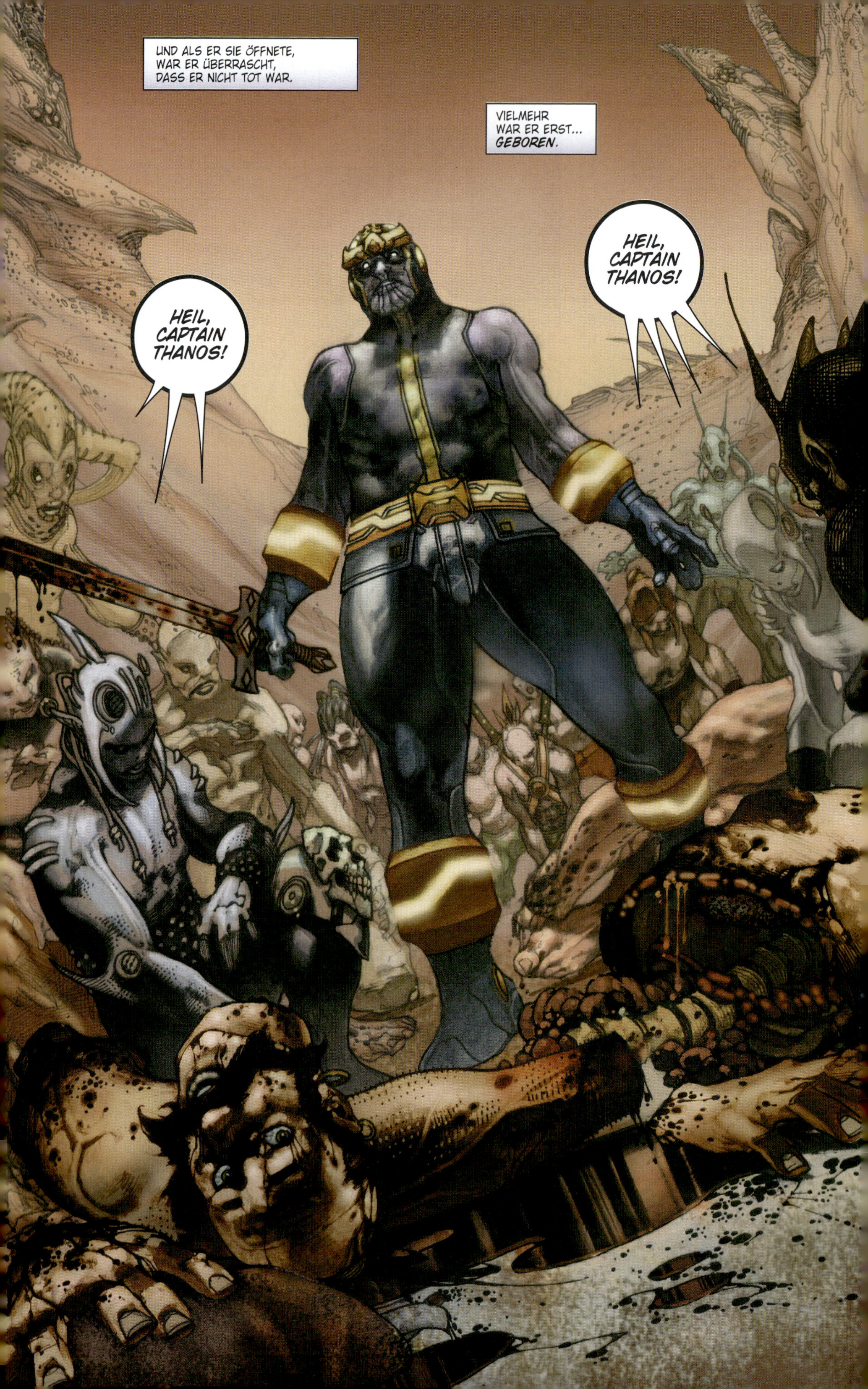
UND ALS ER SIE ÖFFNETE, WAR ER ÜBERRASCHT, DASS ER NICHT TOT WAR.
VIELMEHR WAR ER ERST... GEBOREN.
HEIL, CAPTAIN THANOS!
HEIL, CAPTAIN THANOS!

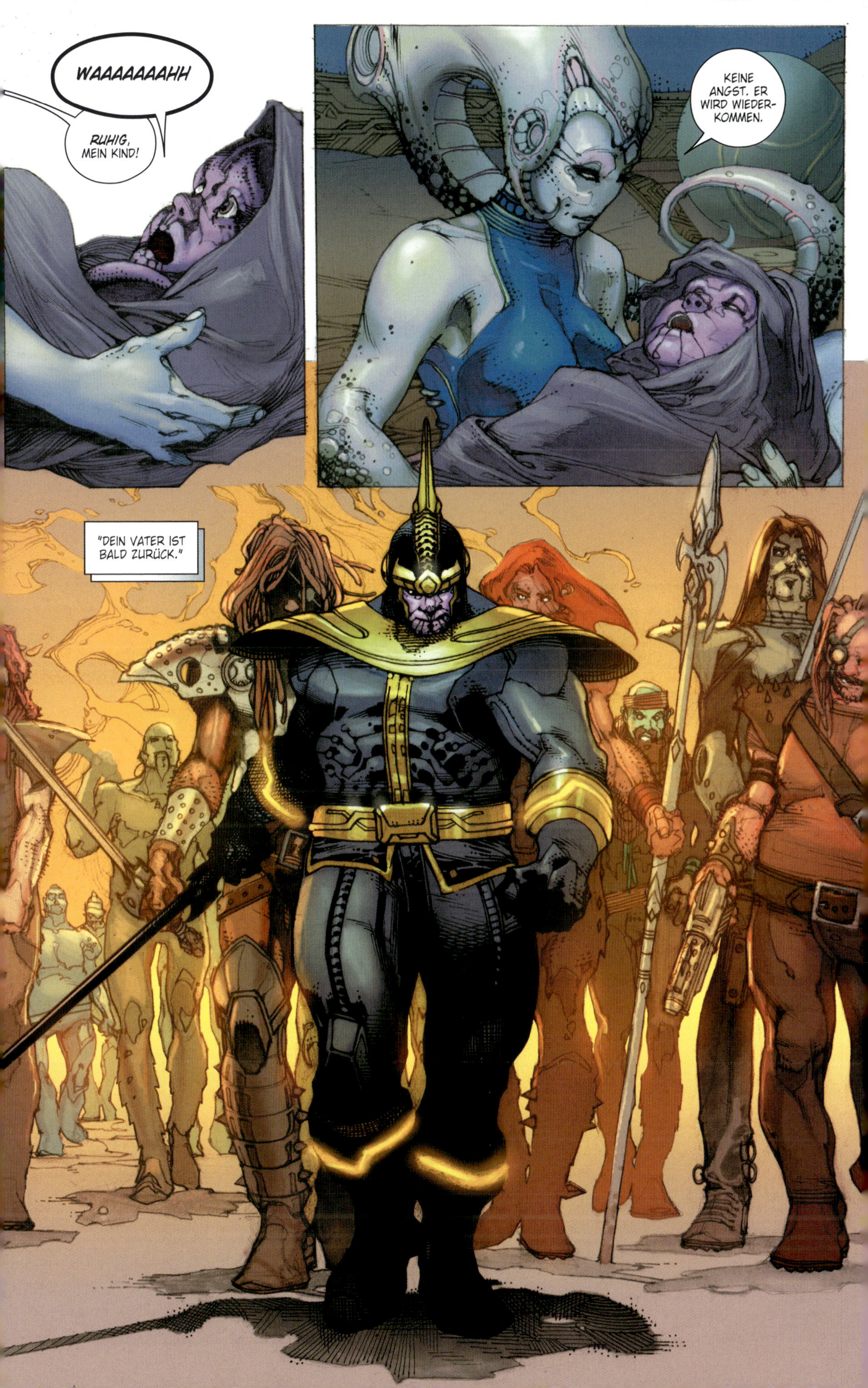
WAAAAAAAHH
RUHIG, MEIN KIND!
KEINE ANGST. ER WIRD WIEDER-KOMMEN.
"DEIN VATER IST BALD ZURÜCK."

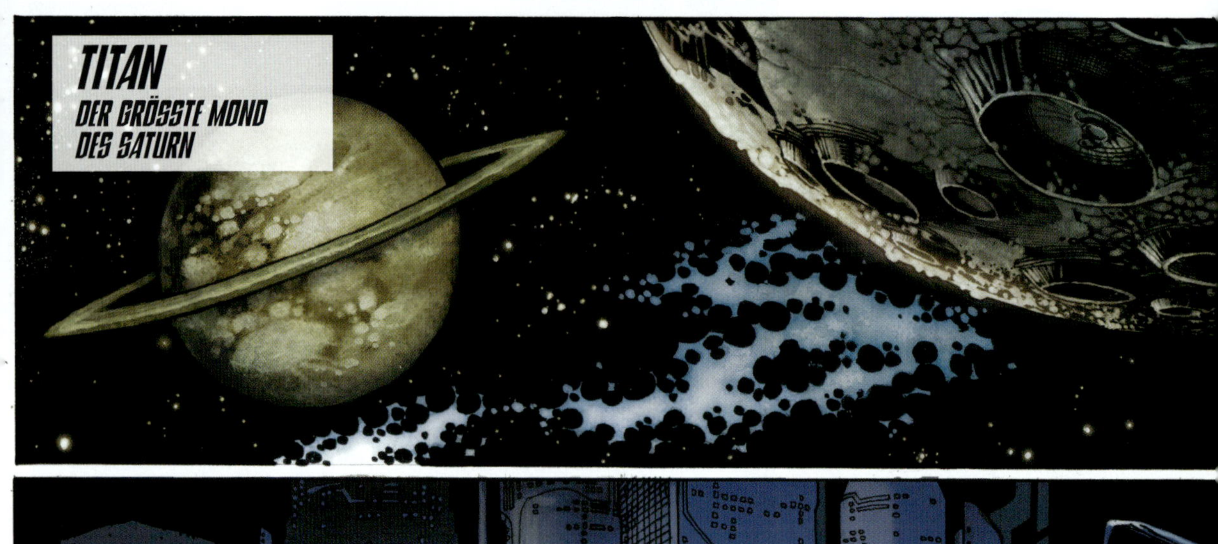
TITAN
DER GRÖSSTE MOND DES SATURN

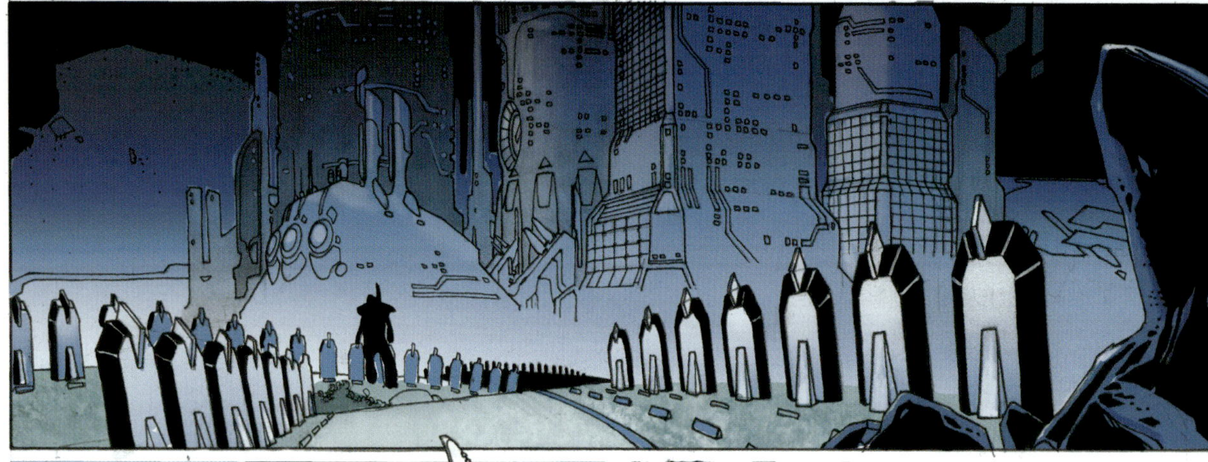

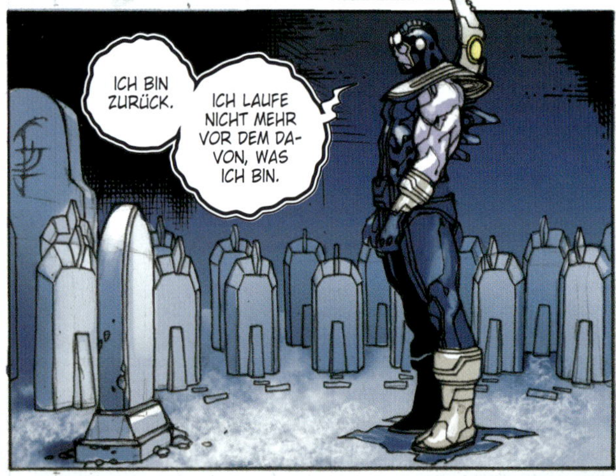
ICH BIN ZURÜCK.
ICH LAUFE NICHT MEHR VOR DEM DAVON, WAS ICH BIN.

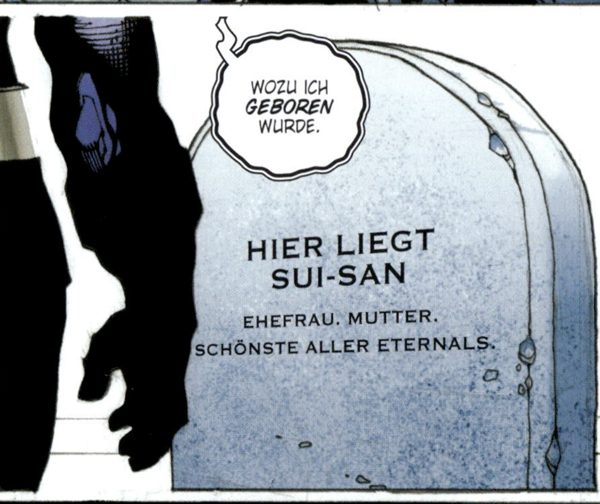
WOZU ICH *GEBOREN* WURDE.
HIER LIEGT SUI-SAN
EHEFRAU. MUTTER.
SCHÖNSTE ALLER ETERNALS.

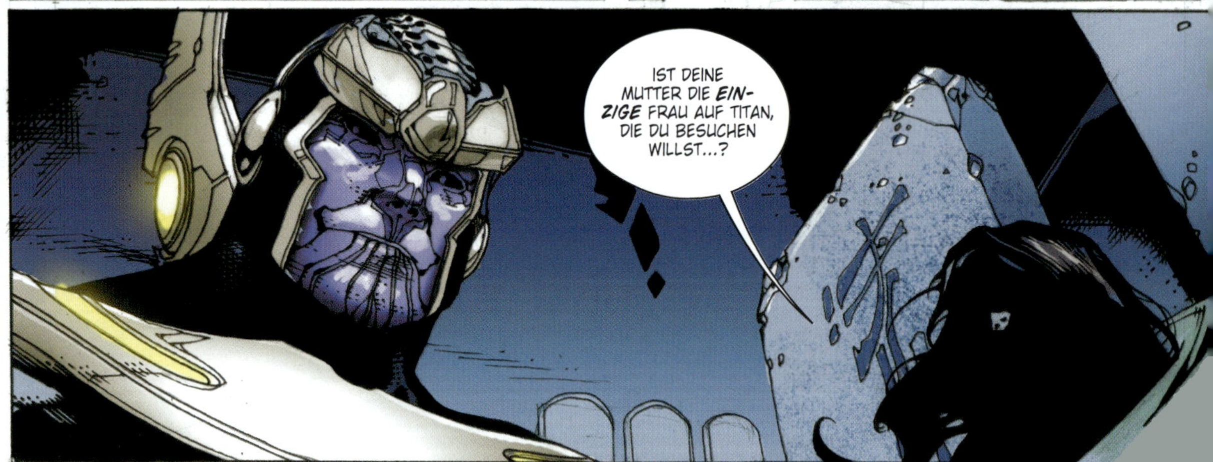
IST DEINE MUTTER DIE *EINZIGE* FRAU AUF TITAN, DIE DU BESUCHEN WILLST...?

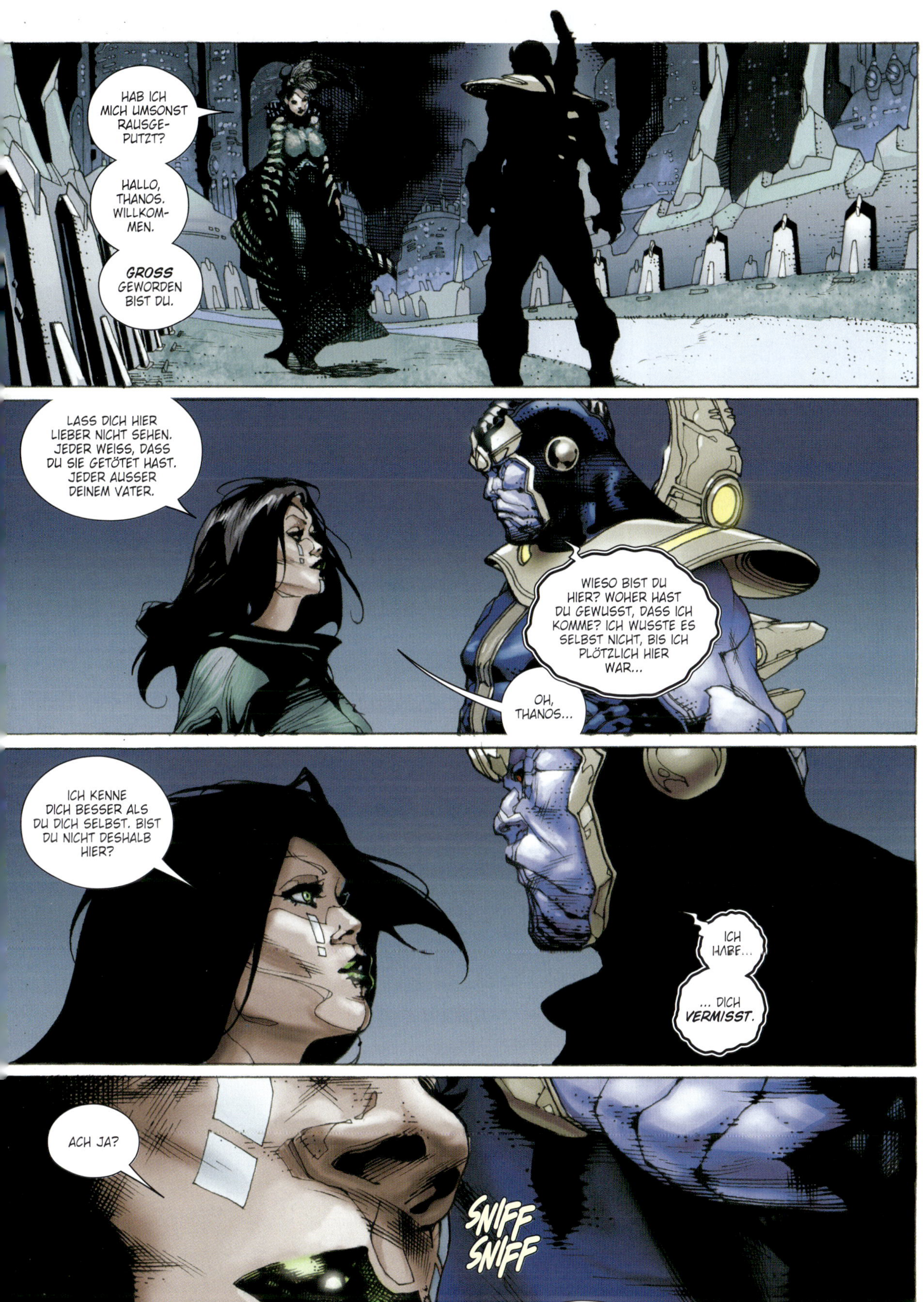
HAB ICH MICH UMSONST RAUSGE-PUTZT?
HALLO, THANOS. WILLKOM-MEN.
GROSS GEWORDEN BIST DU.
LASS DICH HIER LIEBER NICHT SEHEN. JEDER WEISS, DASS DU SIE GETÖTET HAST. JEDER AUSSER DEINEM VATER.
WIESO BIST DU HIER? WOHER HAST DU GEWUSST, DASS ICH KOMME? ICH WUSSTE ES SELBST NICHT, BIS ICH PLÖTZLICH HIER WAR...
OH, THANOS...
ICH KENNE DICH BESSER ALS DU DICH SELBST. BIST DU NICHT DESHALB HIER?
ICH HABE...
... DICH VERMISST.
ACH JA?
SNIFF SNIFF
WIESO STINKST DU DANN NACH ALIEN-HUREN UND BASTARD-KINDERN?

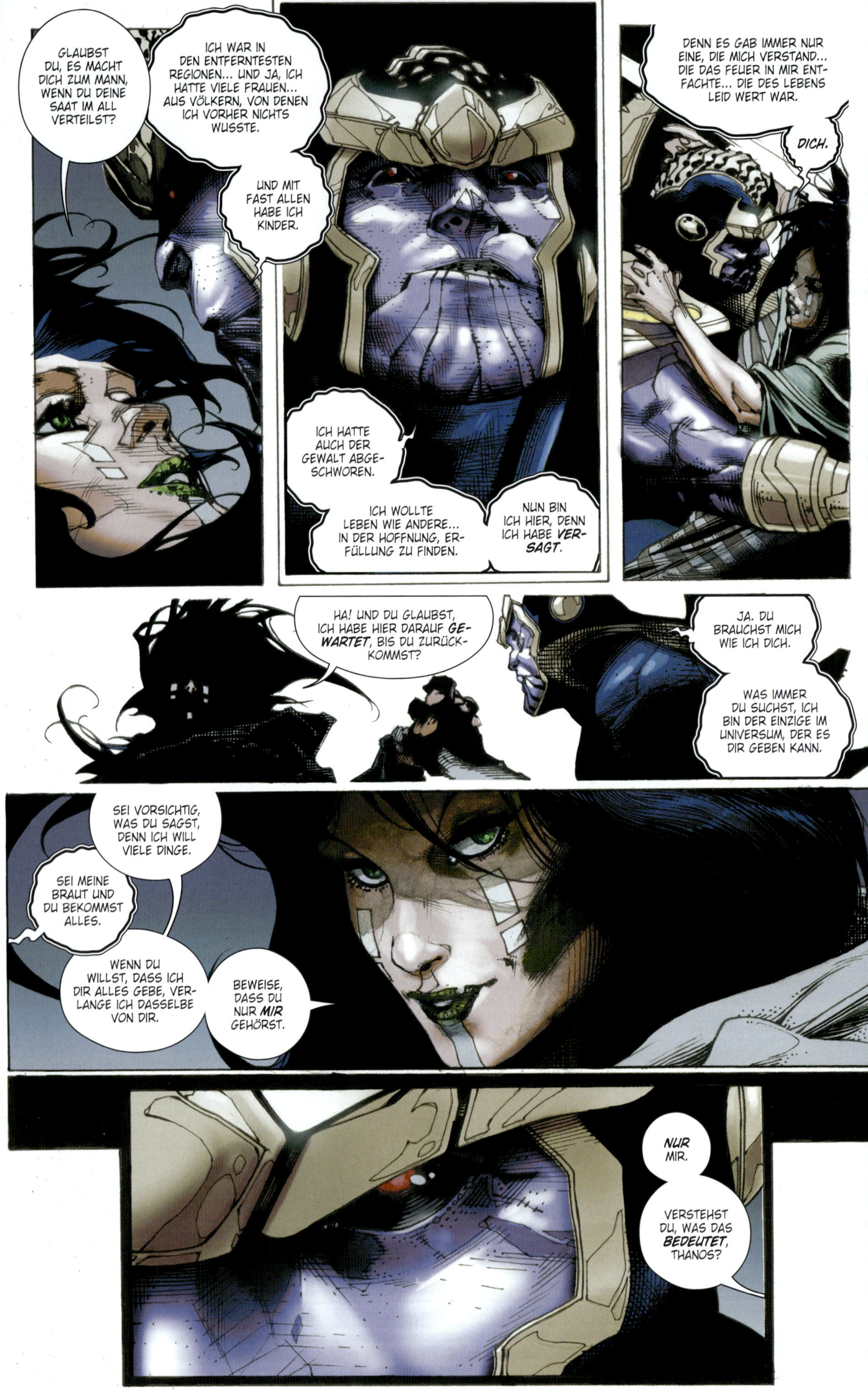
GLAUBST DU, ES MACHT DICH ZUM MANN, WENN DU DEINE SAAT IM ALL VERTEILST?
ICH WAR IN DEN ENTFERNTESTEN REGIONEN... UND JA, ICH HATTE VIELE FRAUEN... AUS VÖLKERN, VON DENEN ICH VORHER NICHTS WUSSTE.
UND MIT FAST ALLEN HABE ICH KINDER.
ICH HATTE AUCH DER GEWALT ABGE-SCHWOREN.
ICH WOLLTE LEBEN WIE ANDERE... IN DER HOFFNUNG, ER-FÜLLUNG ZU FINDEN.
NUN BIN ICH HIER, DENN ICH HABE VER-SAGT.
DENN ES GAB IMMER NUR EINE, DIE MICH VERSTAND... DIE DAS FEUER IN MIR ENT-FACHTE... DIE DES LEBENS LEID WERT WAR.
DICH.
HA! UND DU GLAUBST, ICH HABE HIER DARAUF GE-WARTET, BIS DU ZURÜCK-KOMMST?
JA. DU BRAUCHST MICH WIE ICH DICH.
WAS IMMER DU SUCHST, ICH BIN DER EINZIGE IM UNIVERSUM, DER ES DIR GEBEN KANN.
SEI VORSICHTIG, WAS DU SAGST, DENN ICH WILL VIELE DINGE.
SEI MEINE BRAUT UND DU BEKOMMST ALLES.
WENN DU WILLST, DASS ICH DIR ALLES GEBE, VER-LANGE ICH DASSELBE VON DIR.
BEWEISE, DASS DU NUR MIR GEHÖRST.
NUR MIR.
VERSTEHST DU, WAS DAS BEDEUTET, THANOS?

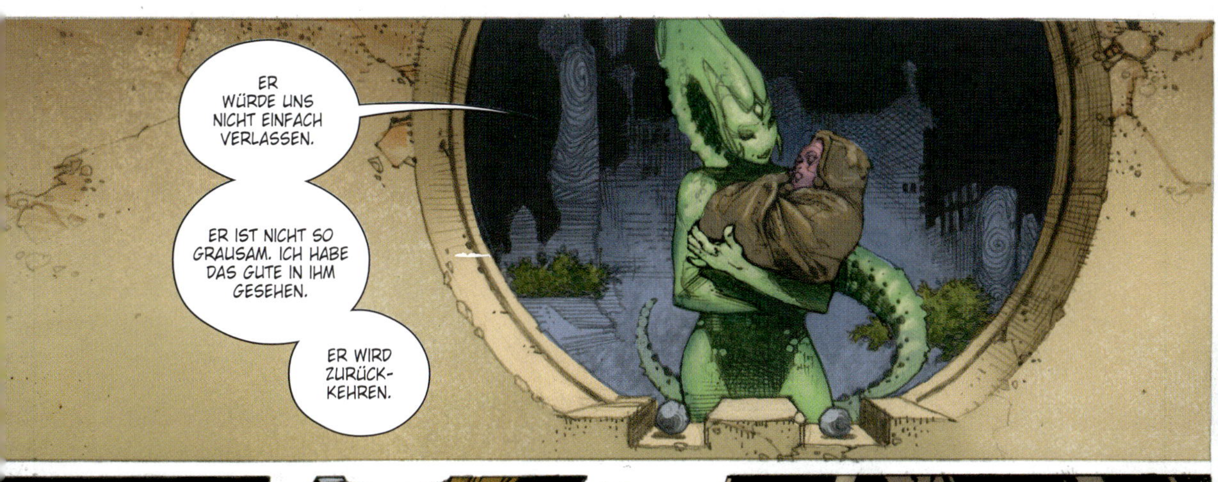
ER WÜRDE UNS NICHT EINFACH VERLASSEN.
ER IST NICHT SO GRAUSAM. ICH HABE DAS GUTE IN IHM GESEHEN.
ER WIRD ZURÜCK-KEHREN.

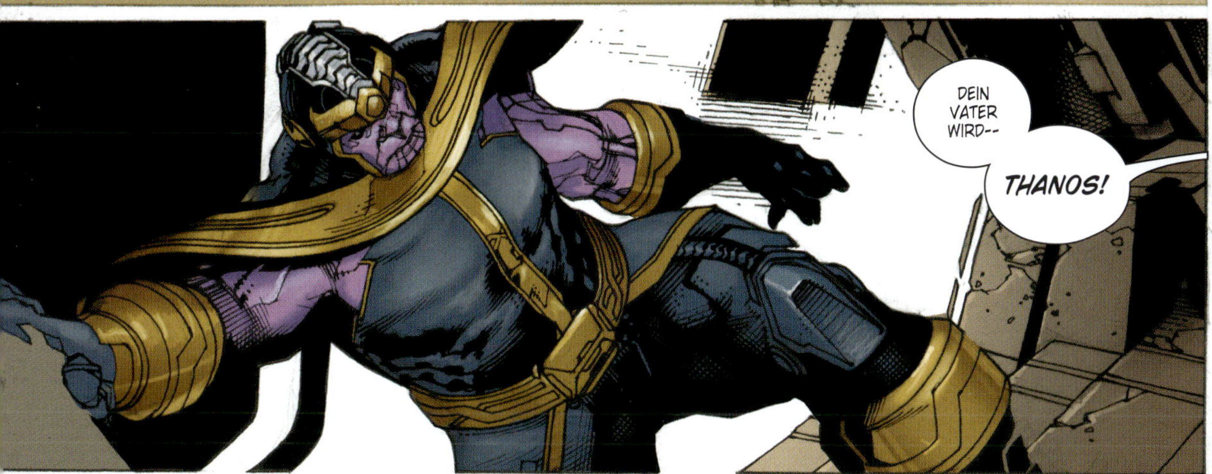
DEIN VATER WIRD--
THANOS!

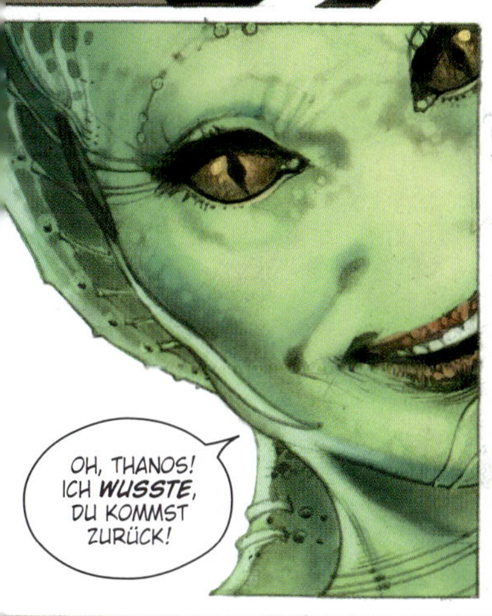
OH, THANOS! ICH *WUSSTE*, DU KOMMST ZURÜCK!

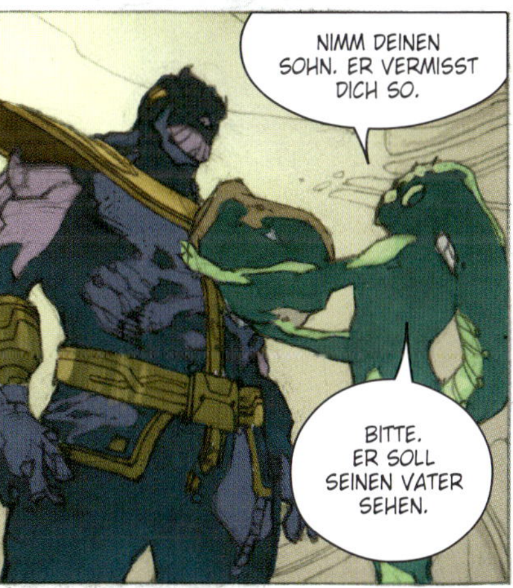
NIMM DEINEN SOHN. ER VERMISST DICH SO.
BITTE. ER SOLL SEINEN VATER SEHEN.

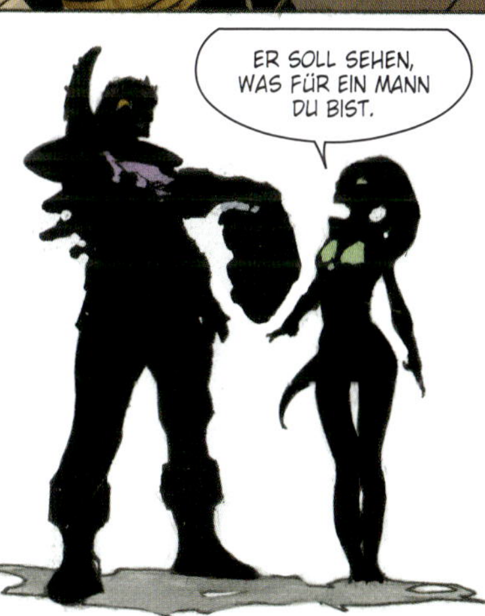
ER SOLL SEHEN, WAS FÜR EIN MANN DU BIST.

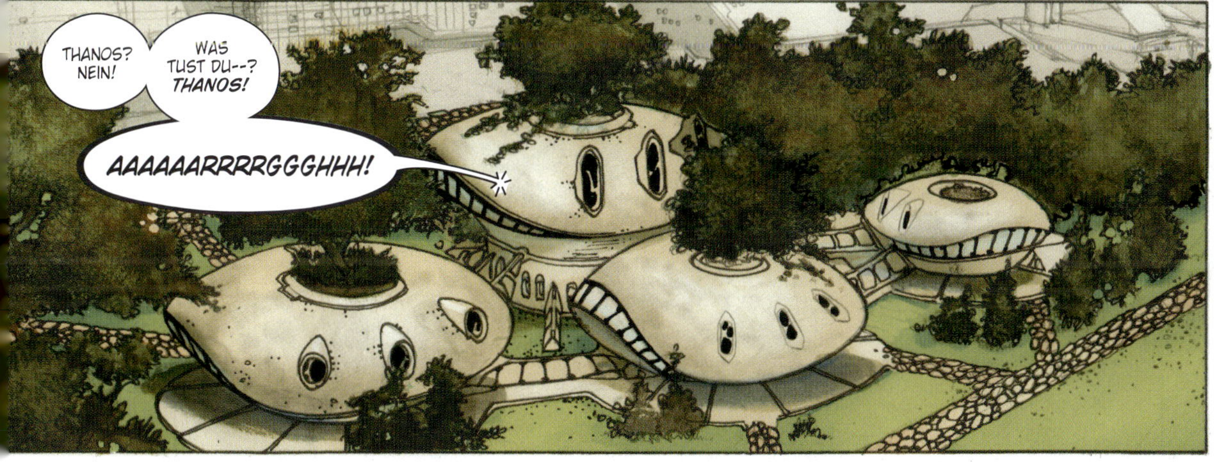
THANOS? NEIN!
WAS TUST DU--? *THANOS!*
AAAAAARRRRGGGHHH!

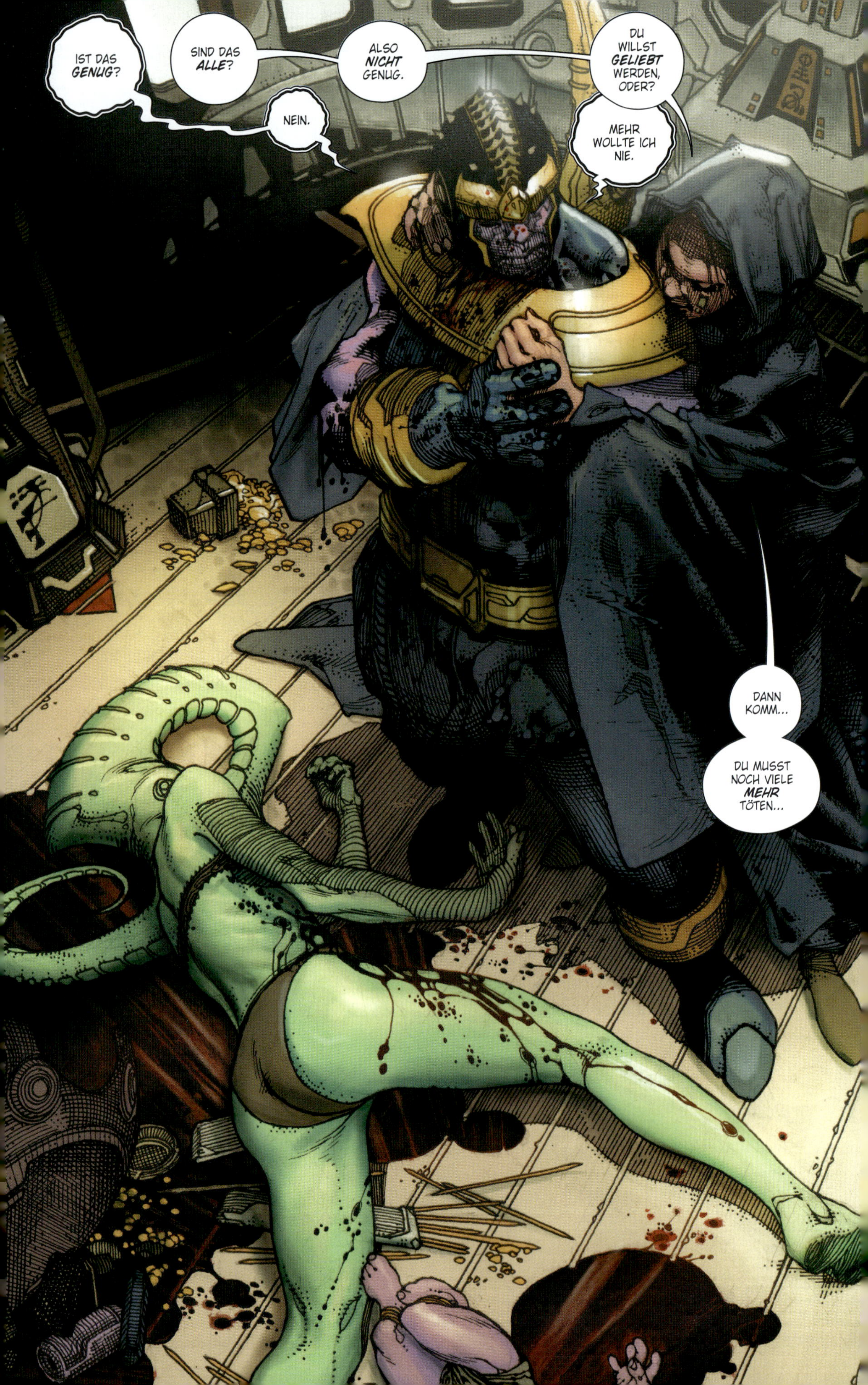
IST DAS GENUG?
SIND DAS ALLE?
ALSO NICHT GENUG.
DU WILLST GELIEBT WERDEN, ODER?
NEIN.
MEHR WOLLTE ICH NIE.
DANN KOMM...
DU MUSST NOCH VIELE MEHR TÖTEN...

DIE GEBURT EINES MONSTERS, TEIL 4

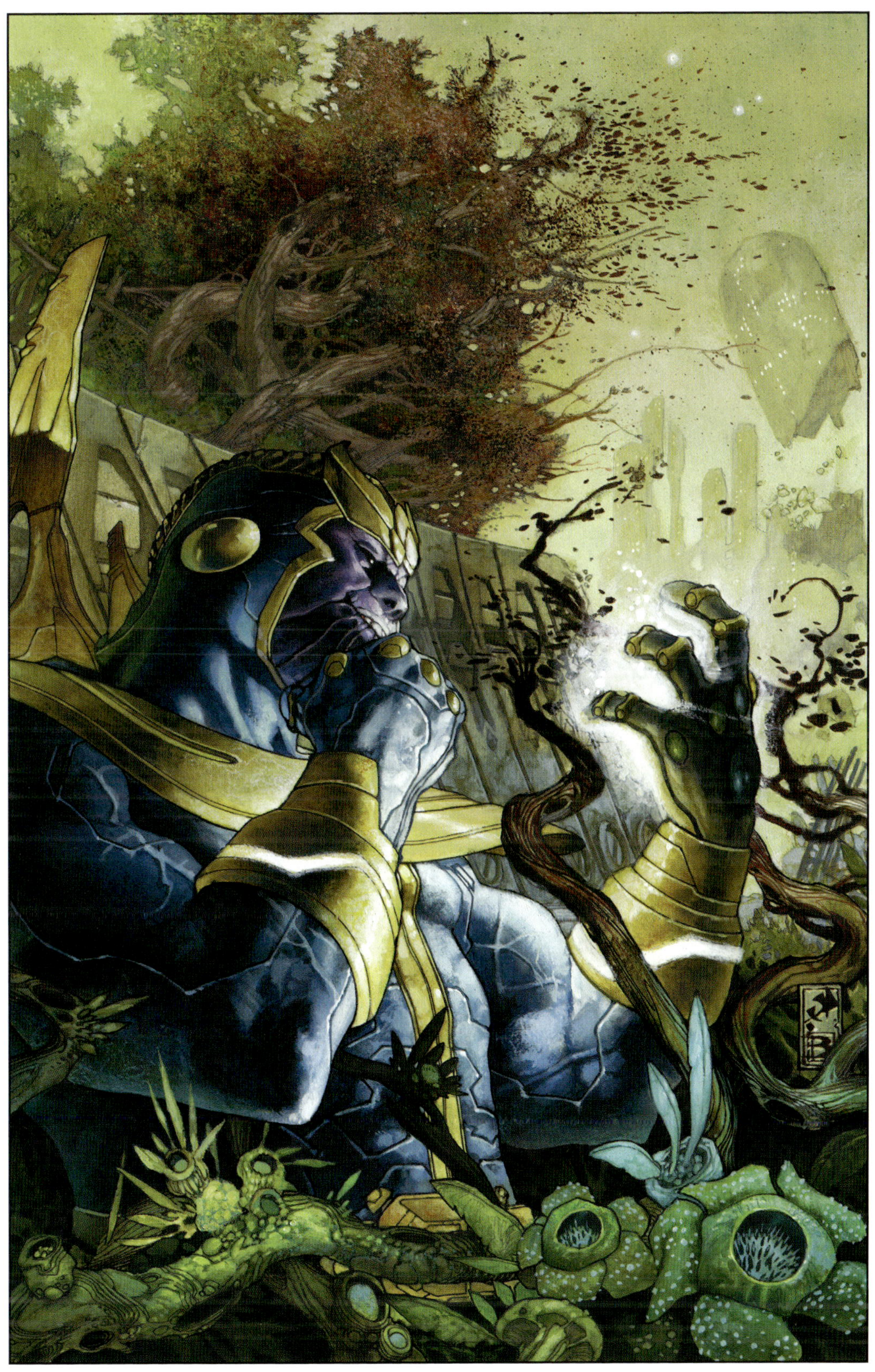

Thanos Rising (2013) 4
Cover von **SIMONE BIANCHI**

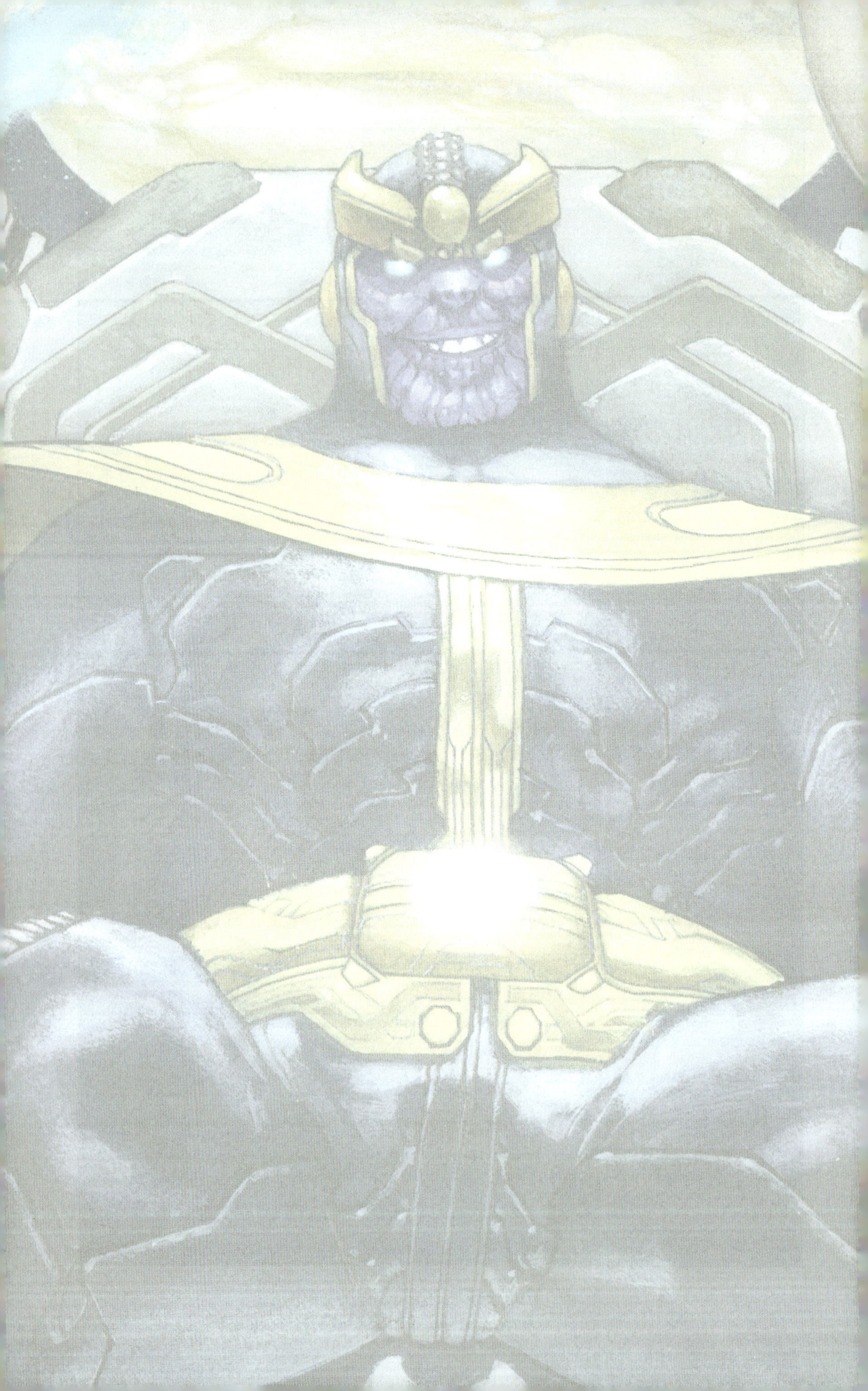

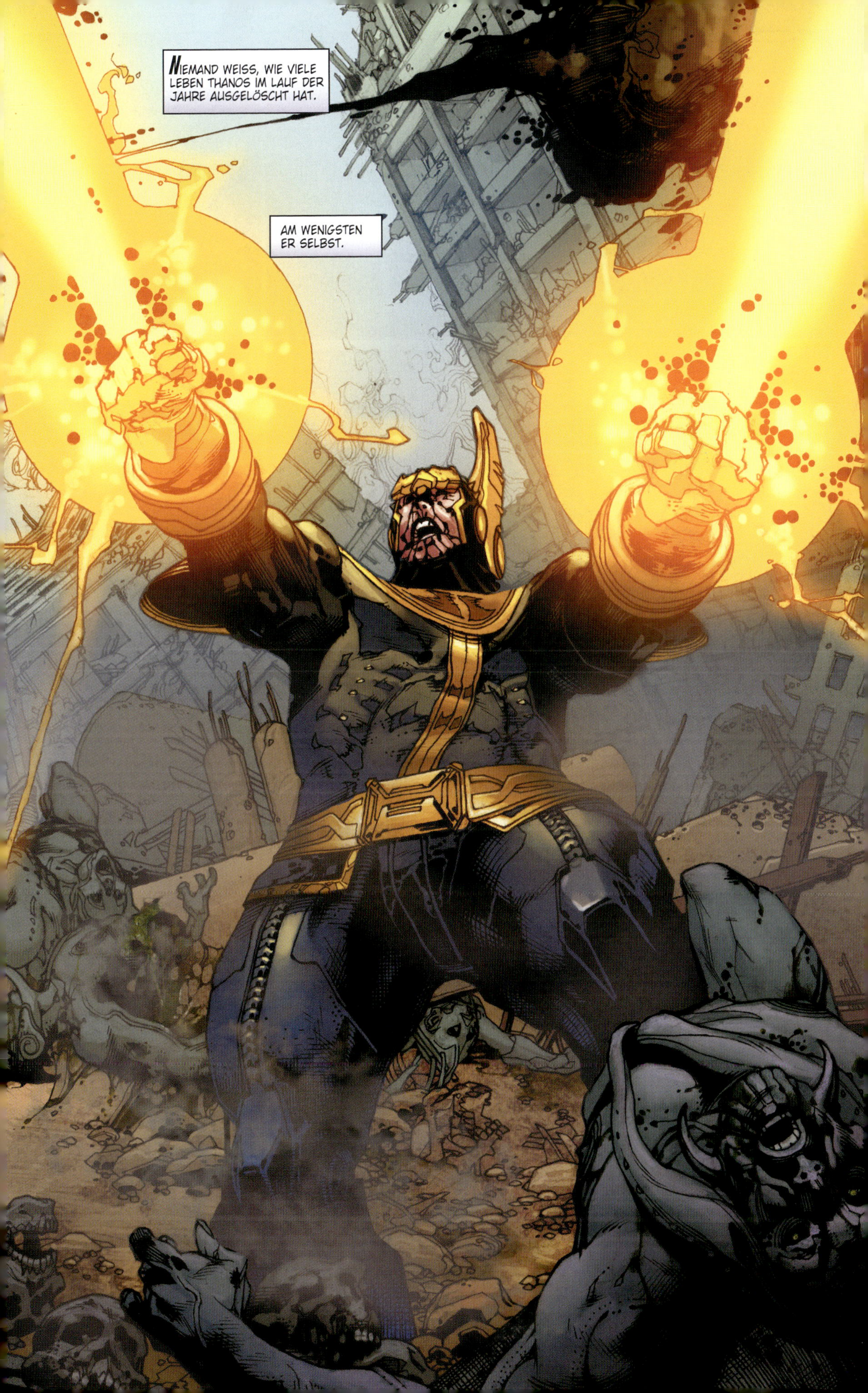
NIEMAND WEISS, WIE VIELE LEBEN THANOS IM LAUF DER JAHRE AUSGELÖSCHT HAT.
AM WENIGSTEN ER SELBST.

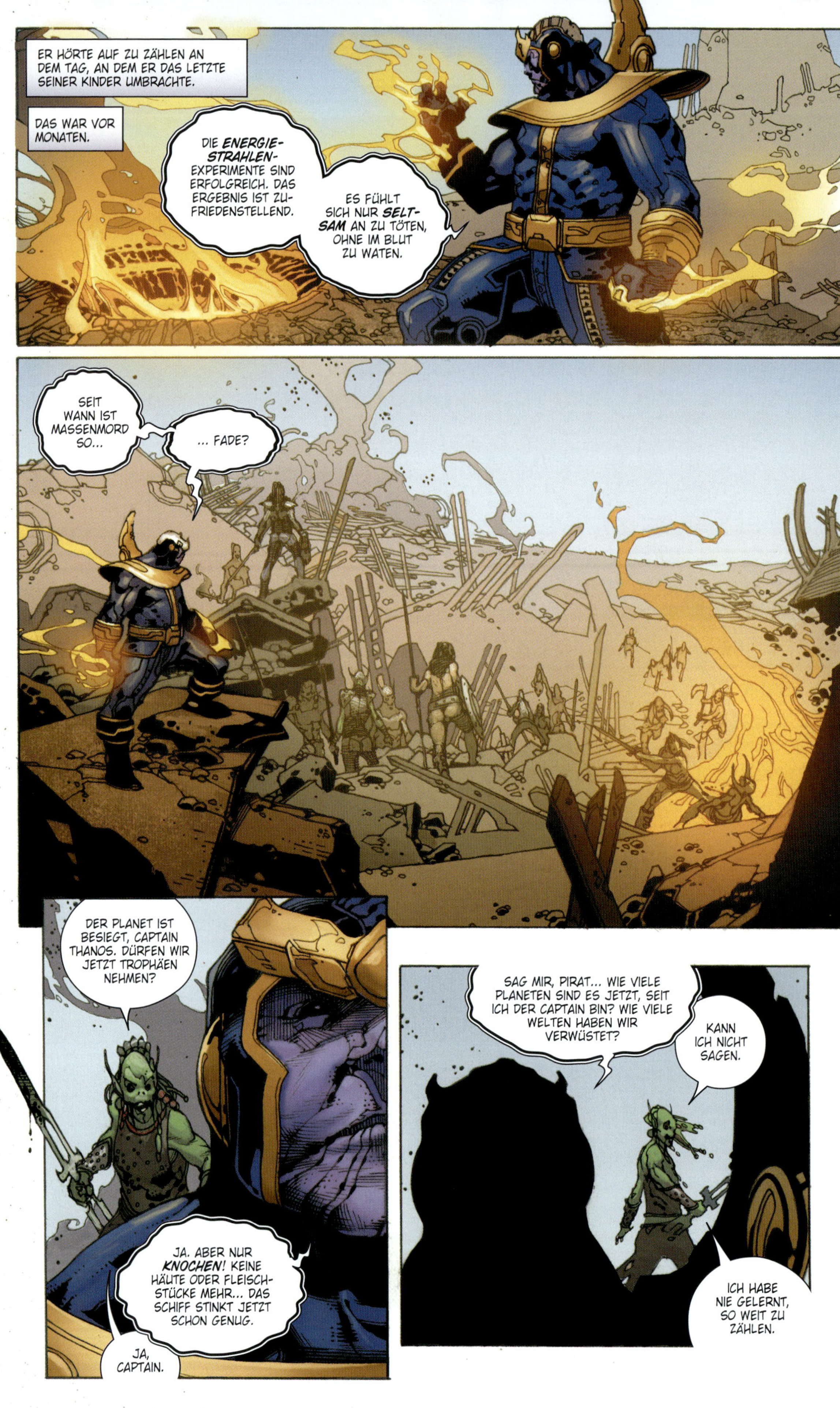
ER HÖRTE AUF ZU ZÄHLEN AN DEM TAG, AN DEM ER DAS LETZTE SEINER KINDER UMBRACHTE.
DAS WAR VOR MONATEN.
DIE ENERGIE-STRAHLEN-EXPERIMENTE SIND ERFOLGREICH. DAS ERGEBNIS IST ZU-FRIEDENSTELLEND.
ES FÜHLT SICH NUR SELTSAM AN ZU TÖTEN, OHNE IM BLUT ZU WATEN.
SEIT WANN IST MASSENMORD SO...
... FADE?
DER PLANET IST BESIEGT, CAPTAIN THANOS. DÜRFEN WIR JETZT TROPHÄEN NEHMEN?
JA. ABER NUR KNOCHEN! KEINE HÄUTE ODER FLEISCH-STÜCKE MEHR... DAS SCHIFF STINKT JETZT SCHON GENUG.
JA, CAPTAIN.
SAG MIR, PIRAT... WIE VIELE PLANETEN SIND ES JETZT, SEIT ICH DER CAPTAIN BIN? WIE VIELE WELTEN HABEN WIR VERWÜSTET?
KANN ICH NICHT SAGEN.
ICH HABE NIE GELERNT, SO WEIT ZU ZÄHLEN.

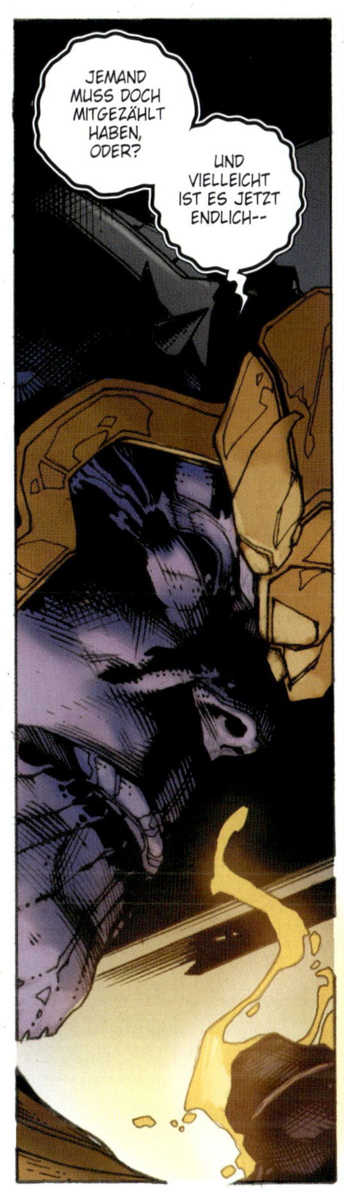
JEMAND MUSS DOCH MITGEZÄHLT HABEN, ODER?
UND VIELLEICHT IST ES JETZT ENDLICH--

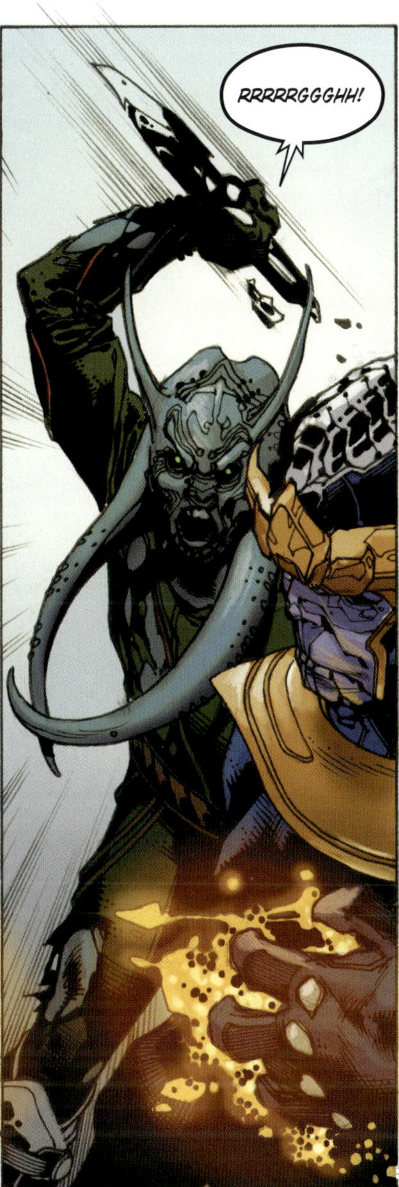
RRRRRGGGHH!

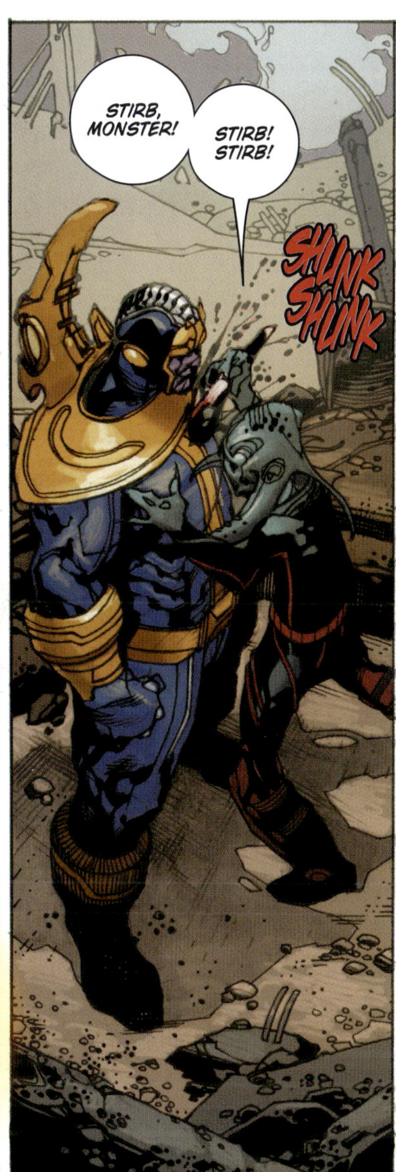
STIRB, MONSTER!
STIRB! STIRB!
SHUNK SHUNK

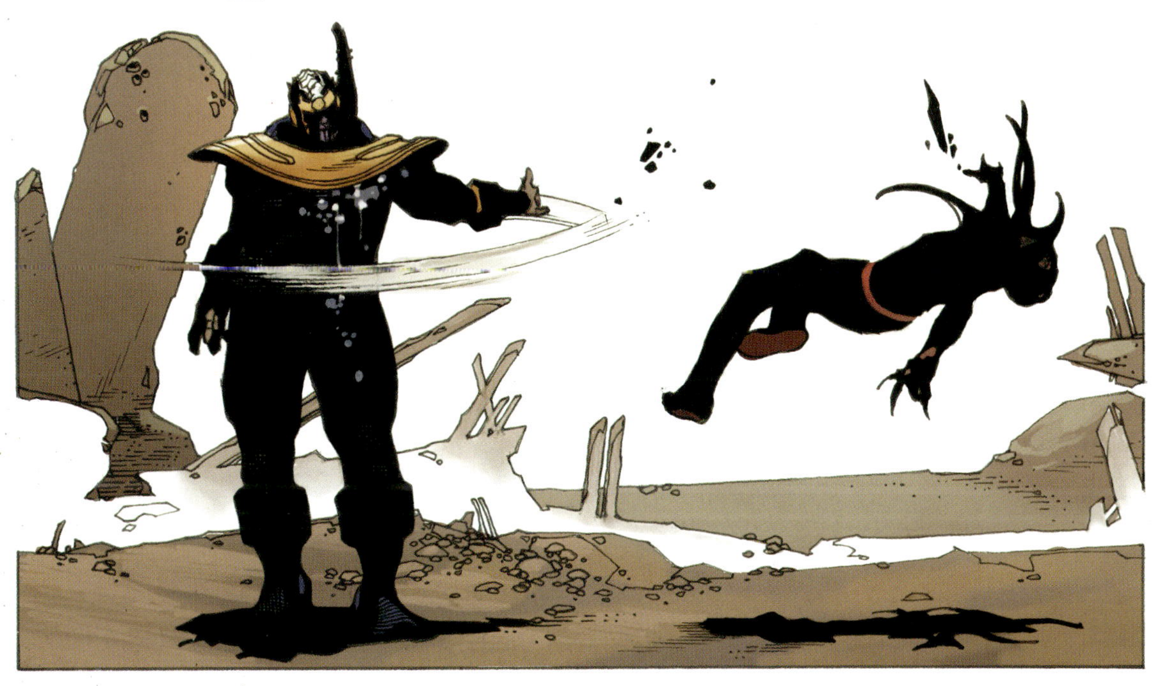

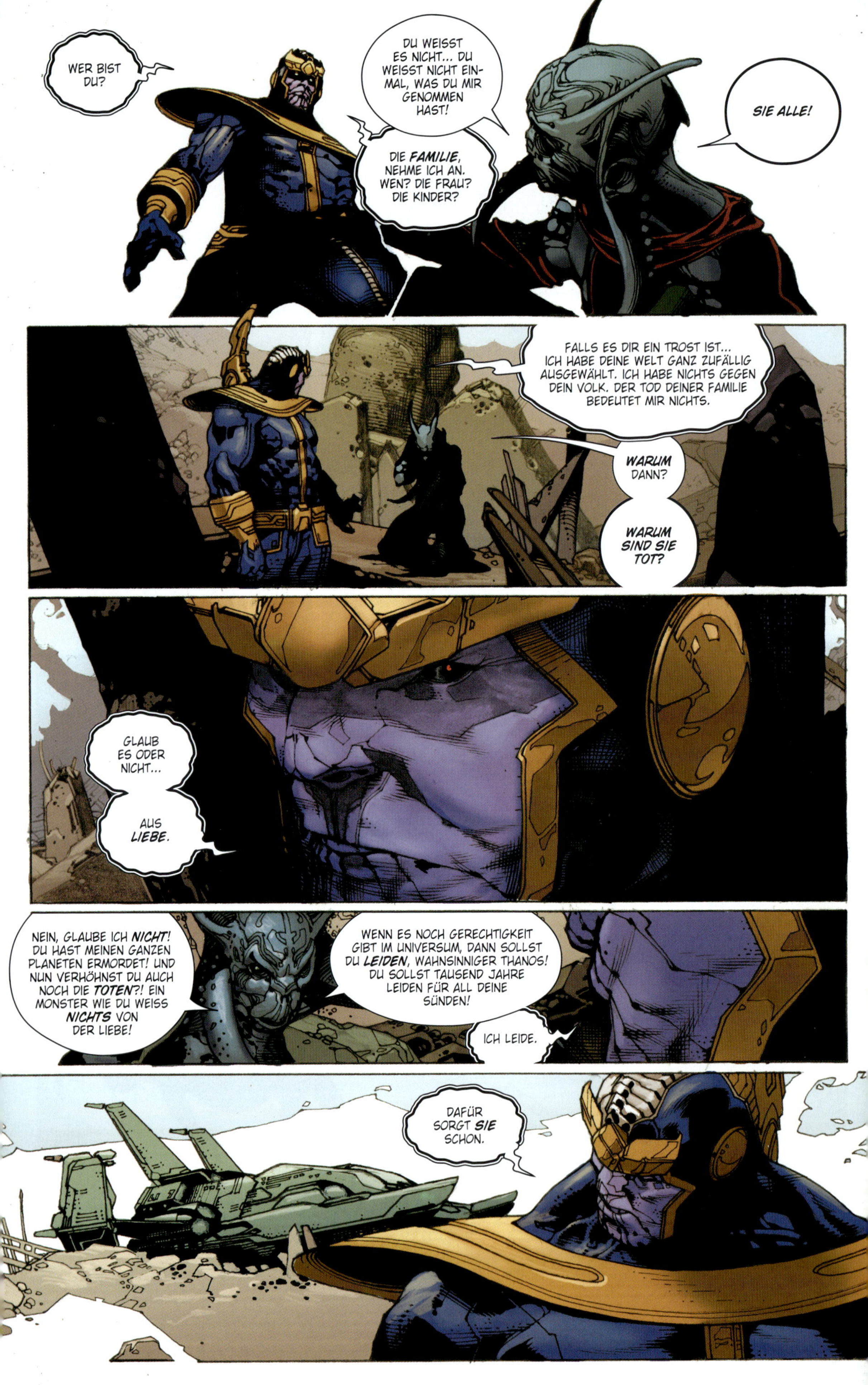
WER BIST DU?
DU WEISST ES NICHT... DU WEISST NICHT EINMAL, WAS DU MIR GENOMMEN HAST!
DIE FAMILIE, NEHME ICH AN. WEN? DIE FRAU? DIE KINDER?
SIE ALLE!
FALLS ES DIR EIN TROST IST... ICH HABE DEINE WELT GANZ ZUFÄLLIG AUSGEWÄHLT. ICH HABE NICHTS GEGEN DEIN VOLK. DER TOD DEINER FAMILIE BEDEUTET MIR NICHTS.
WARUM DANN?
WARUM SIND SIE TOT?
GLAUB ES ODER NICHT...
AUS LIEBE.
NEIN, GLAUBE ICH NICHT! DU HAST MEINEN GANZEN PLANETEN ERMORDET! UND NUN VERHÖHNST DU AUCH NOCH DIE TOTEN?! EIN MONSTER WIE DU WEISS NICHTS VON DER LIEBE!
WENN ES NOCH GERECHTIGKEIT GIBT IM UNIVERSUM, DANN SOLLST DU LEIDEN, WAHNSINNIGER THANOS! DU SOLLST TAUSEND JAHRE LEIDEN FÜR ALL DEINE SÜNDEN!
ICH LEIDE.
DAFÜR SORGT SIE SCHON.

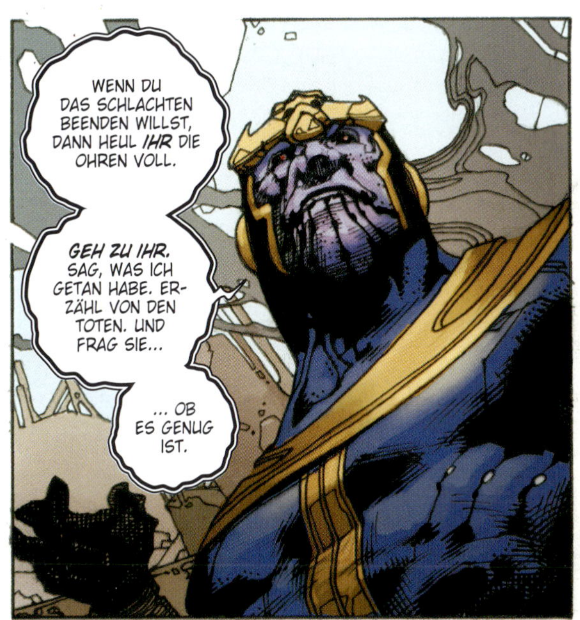
WENN DU DAS SCHLACHTEN BEENDEN WILLST, DANN HEUL *IHR* DIE OHREN VOLL.
GEH ZU IHR. SAG, WAS ICH GETAN HABE. ERZÄHL VON DEN TOTEN. UND FRAG SIE...
... OB ES GENUG IST.

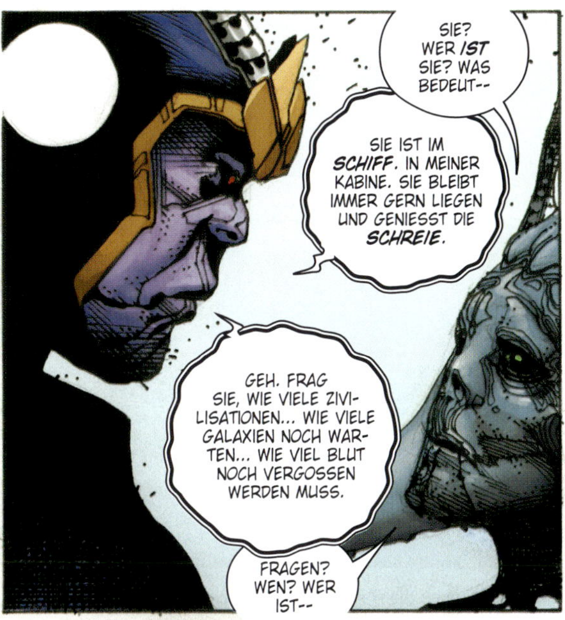
SIE? WER *IST* SIE? WAS BEDEUT--
SIE IST IM *SCHIFF*. IN MEINER KABINE. SIE BLEIBT IMMER GERN LIEGEN UND GENIESST DIE *SCHREIE*.
GEH. FRAG SIE, WIE VIELE ZIVILISATIONEN... WIE VIELE GALAXIEN NOCH WARTEN... WIE VIEL BLUT NOCH VERGOSSEN WERDEN MUSS.
FRAGEN? WEN? WER IST--

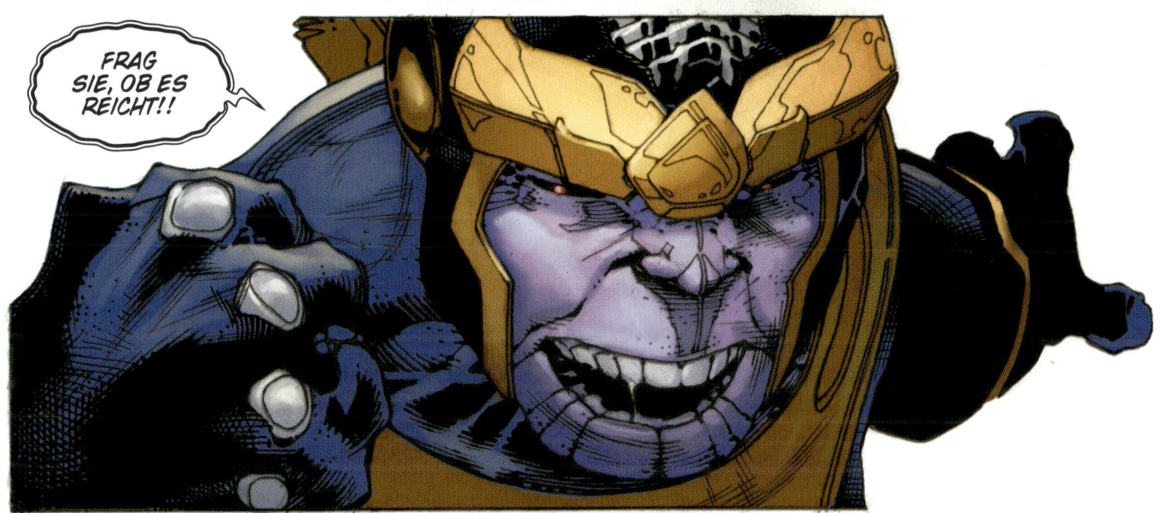
FRAG SIE, OB ES REICHT!!

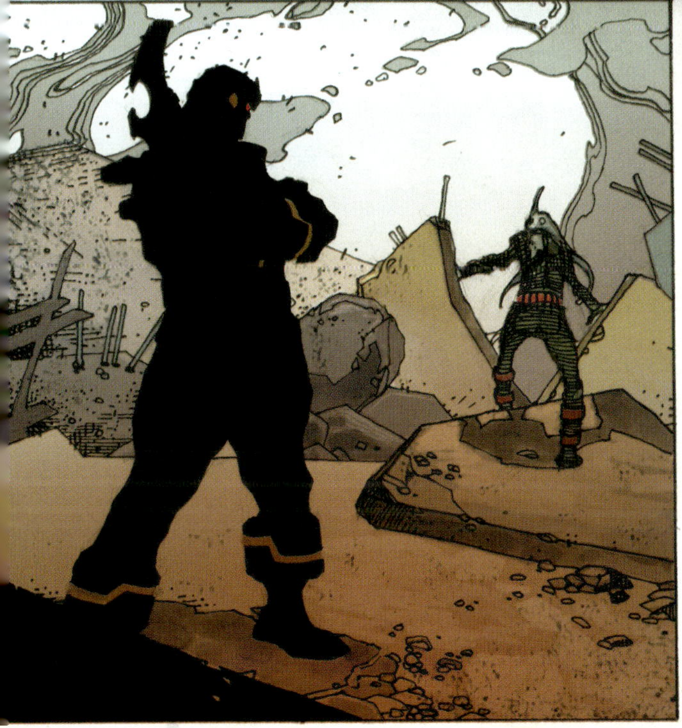

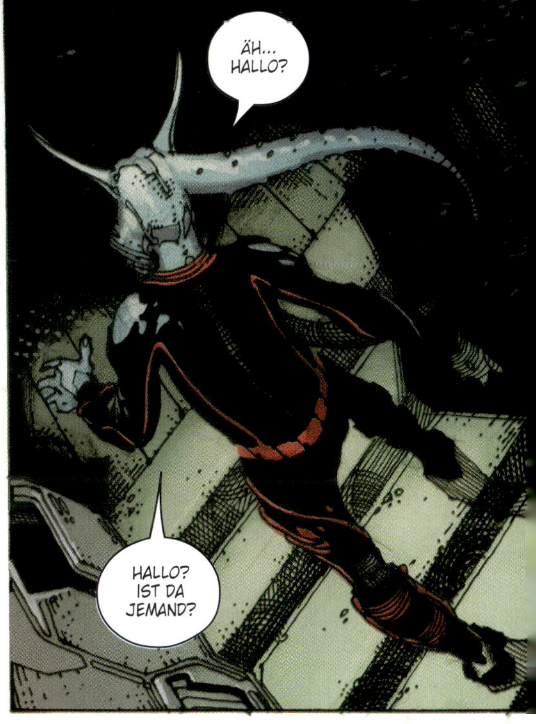
ÄH... HALLO?
HALLO? IST DA JEMAND?

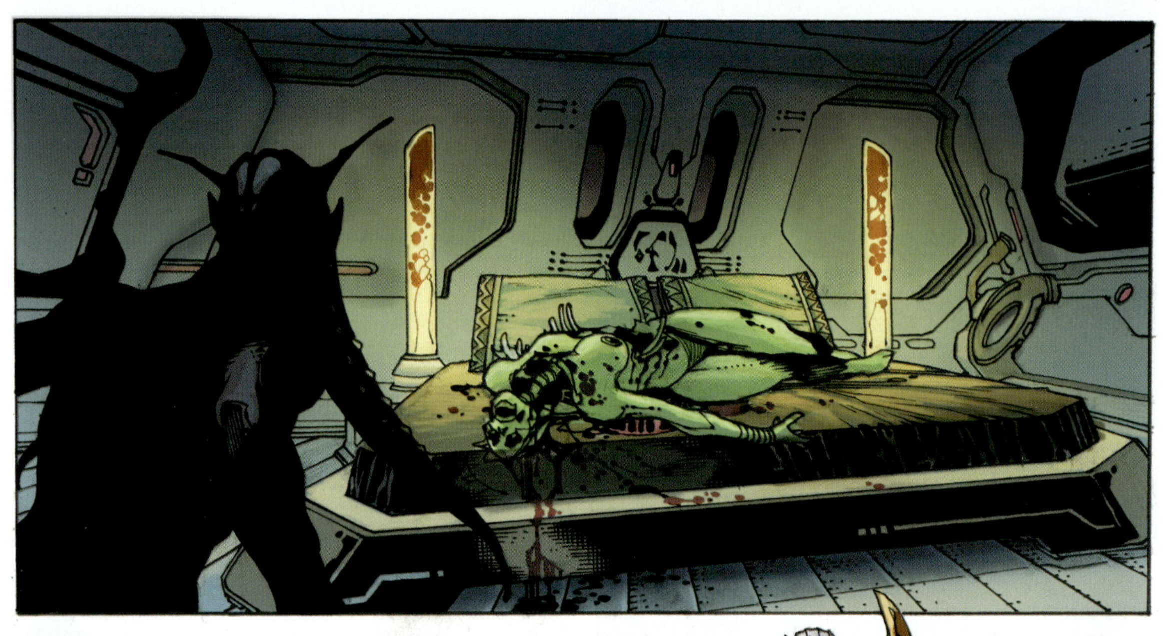

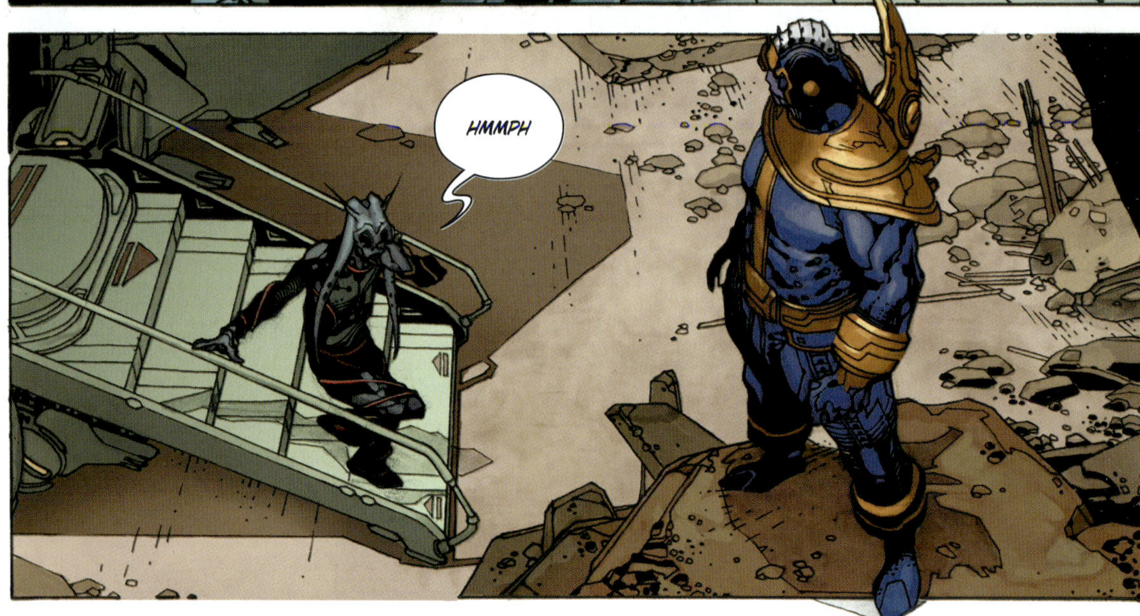
HMMPH

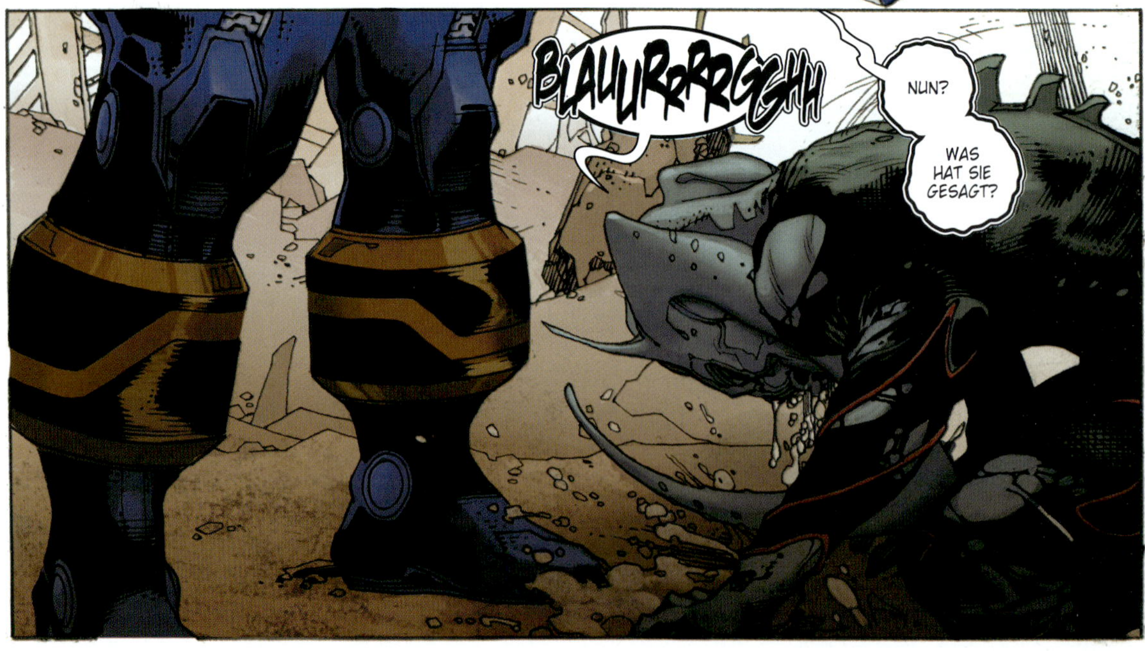
BLAUURRRRGGHH
NUN?
WAS HAT SIE GESAGT?

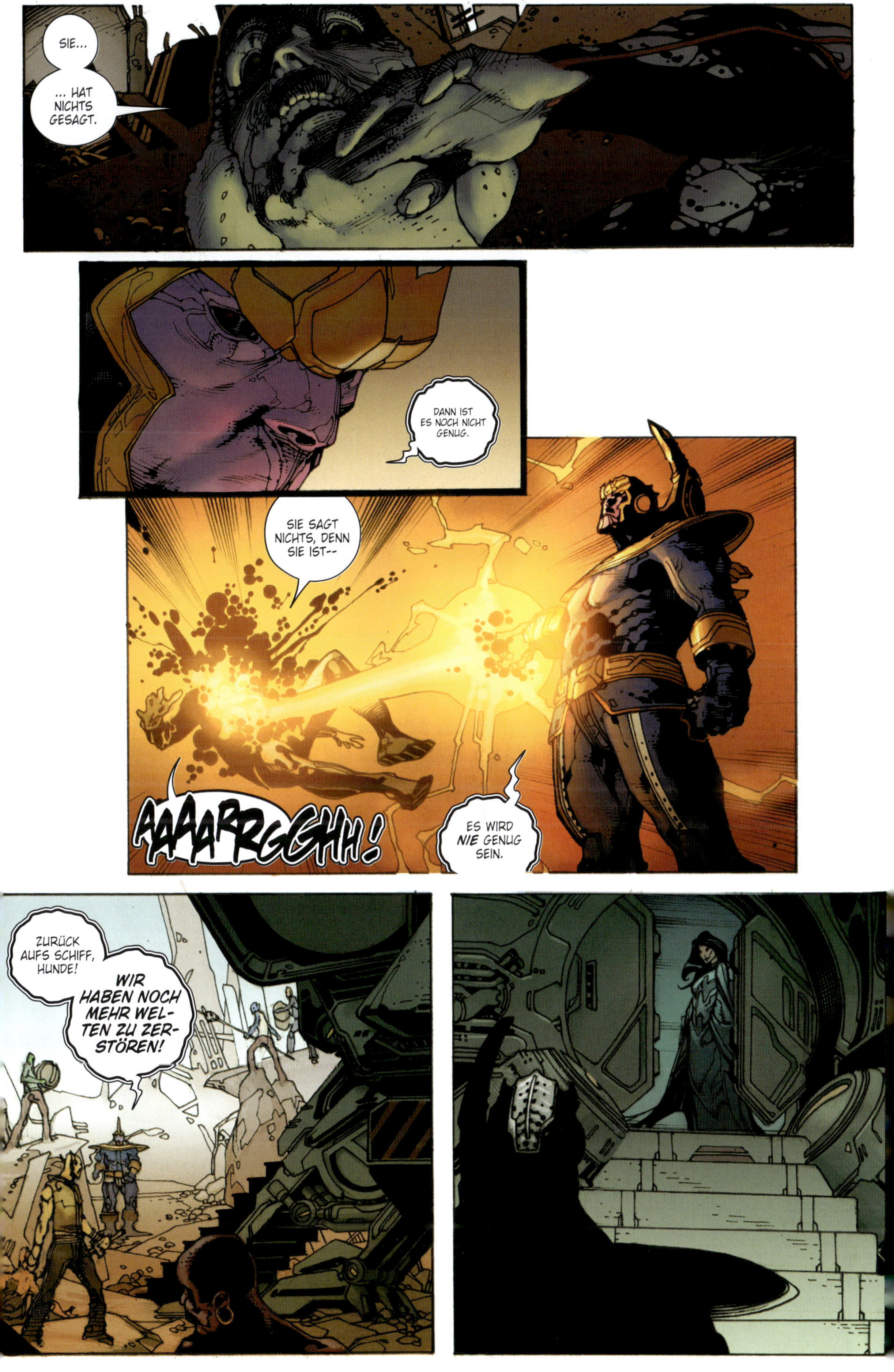

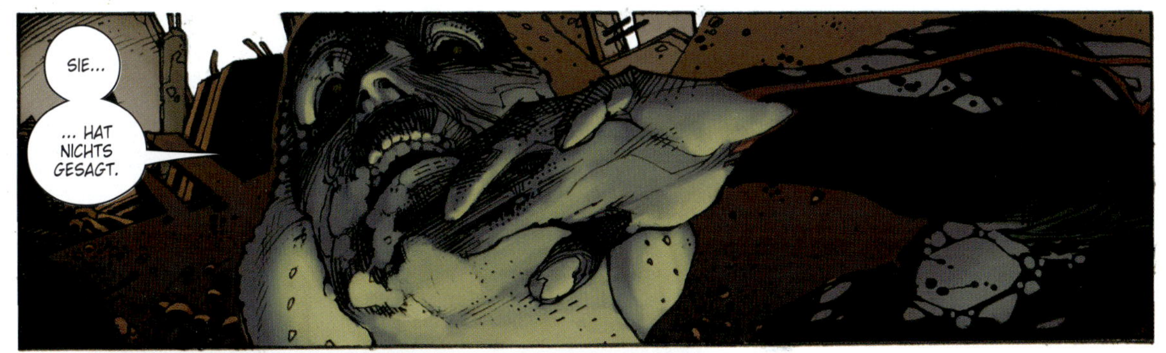
SIE...
... HAT NICHTS GESAGT.

DANN IST ES NOCH NICHT GENUG.
SIE SAGT NICHTS, DENN SIE IST--
AAAARRGGHH!
ES WIRD *NIE* GENUG SEIN.

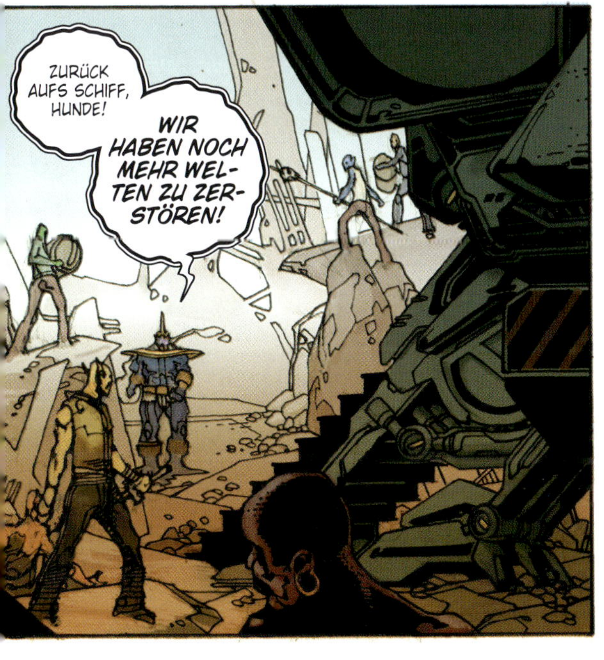
ZURÜCK AUFS SCHIFF, HUNDE!
WIR HABEN NOCH MEHR WELTEN ZU ZERSTÖREN!

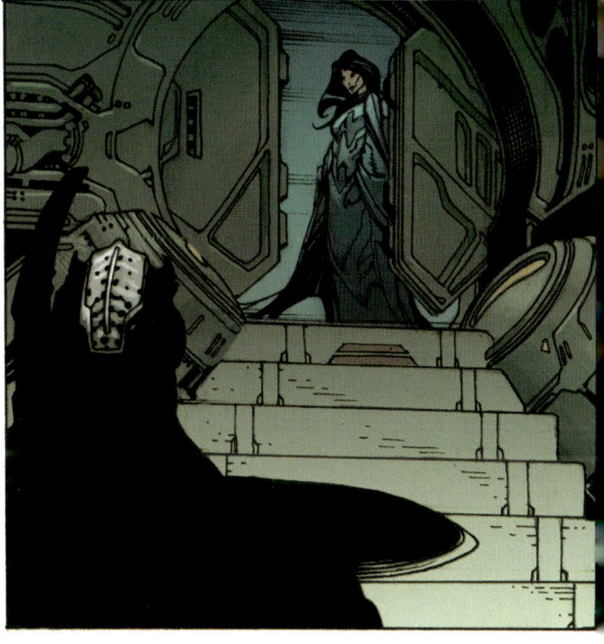

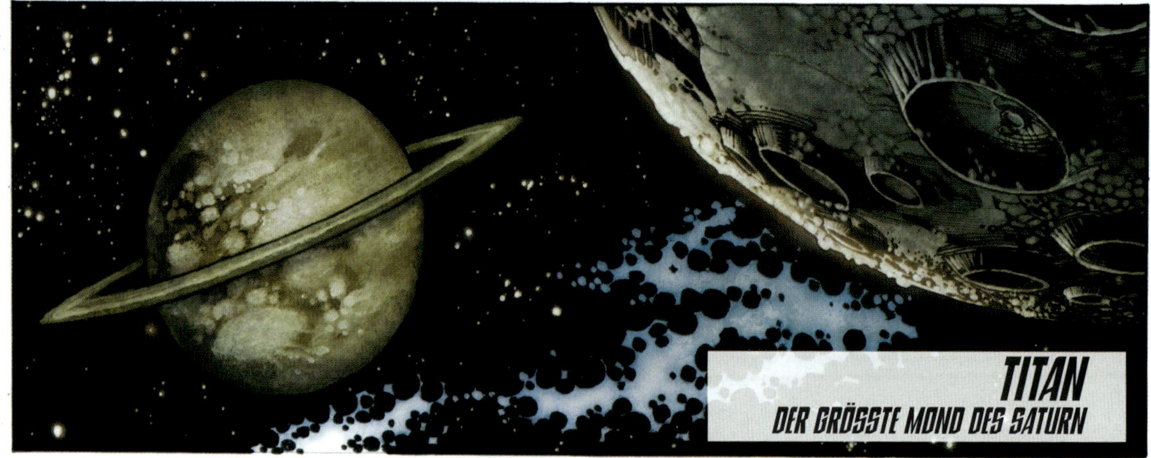
TITAN
DER GRÖSSTE MOND DES SATURN

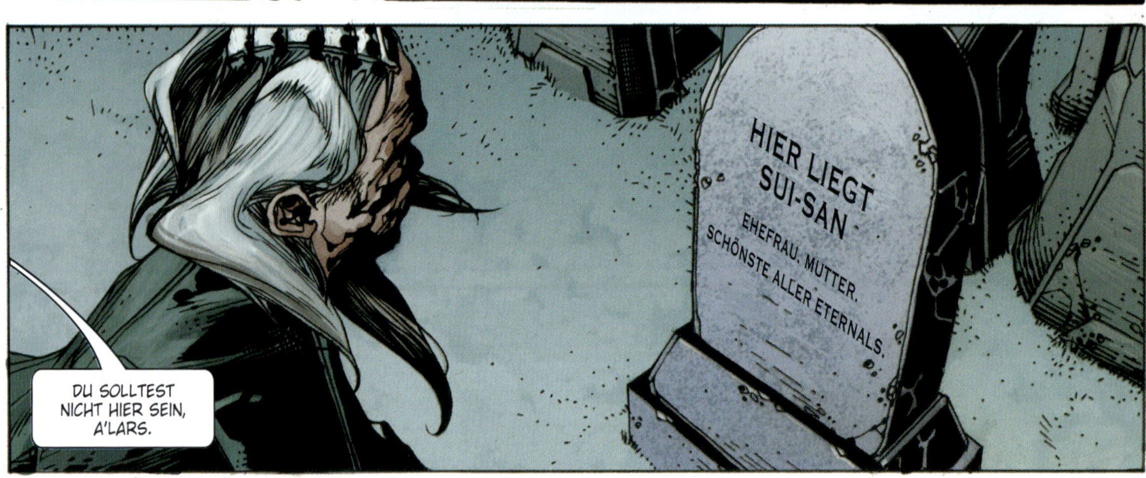
HIER LIEGT SUI-SAN
EHEFRAU. MUTTER. SCHÖNSTE ALLER ETERNALS.
DU SOLLTEST NICHT HIER SEIN, A'LARS.

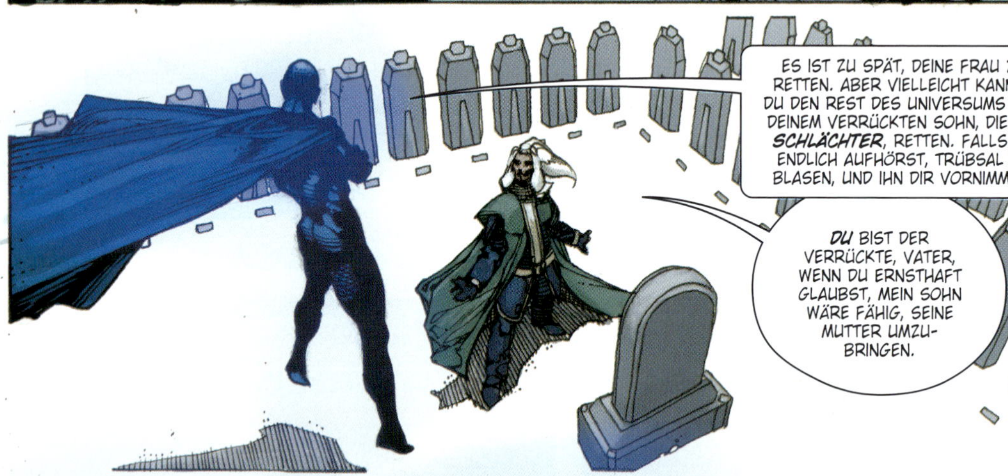
ES IST ZU SPÄT, DEINE FRAU ZU RETTEN. ABER VIELLEICHT KANNST DU DEN REST DES UNIVERSUMS VOR DEINEM VERRÜCKTEN SOHN, DIESEM *SCHLÄCHTER*, RETTEN. FALLS DU ENDLICH AUFHÖRST, TRÜBSAL ZU BLASEN, UND IHN DIR VORNIMMST.
DU BIST DER VERRÜCKTE, VATER, WENN DU ERNSTHAFT GLAUBST, MEIN SOHN WÄRE FÄHIG, SEINE MUTTER UMZUBRINGEN.

WIE KANNST DU MEIN SOHN SEIN UND DOCH SO NAIV? VIELLEICHT KOMMT THANOS SOGAR MEHR NACH MIR.
DER JUNGE HAT SEINE MUTTER STÜCK FÜR STÜCK ZERLEGT. JEDER AUF TITAN WEISS DAS.
AUSSER *DIR*.
NICHT JEDER IST SEIN VATER.
HEISST DAS, SIE VERDIENEN ZU STERBEN, JA? WEIL DU DICH WEIGERST, ALLES ZU TUN, UM SIE ZU BESCHÜTZEN?

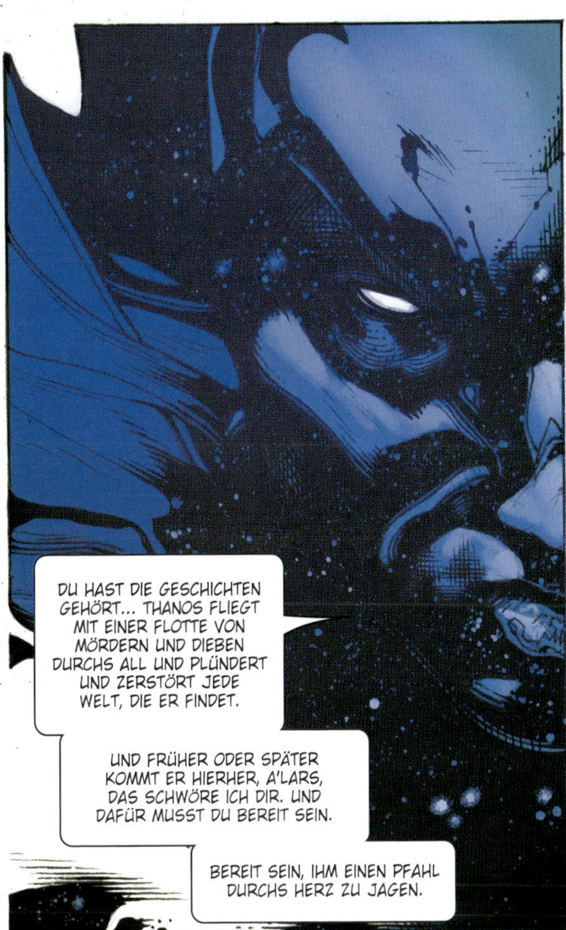
DU HAST DIE GESCHICHTEN GEHÖRT... THANOS FLIEGT MIT EINER FLOTTE VON MÖRDERN UND DIEBEN DURCHS ALL UND PLÜNDERT UND ZERSTÖRT JEDE WELT, DIE ER FINDET.
UND FRÜHER ODER SPÄTER KOMMT ER HIERHER, A'LARS, DAS SCHWÖRE ICH DIR. UND DAFÜR MUSST DU BEREIT SEIN.
BEREIT SEIN, IHM EINEN PFAHL DURCHS HERZ ZU JAGEN.

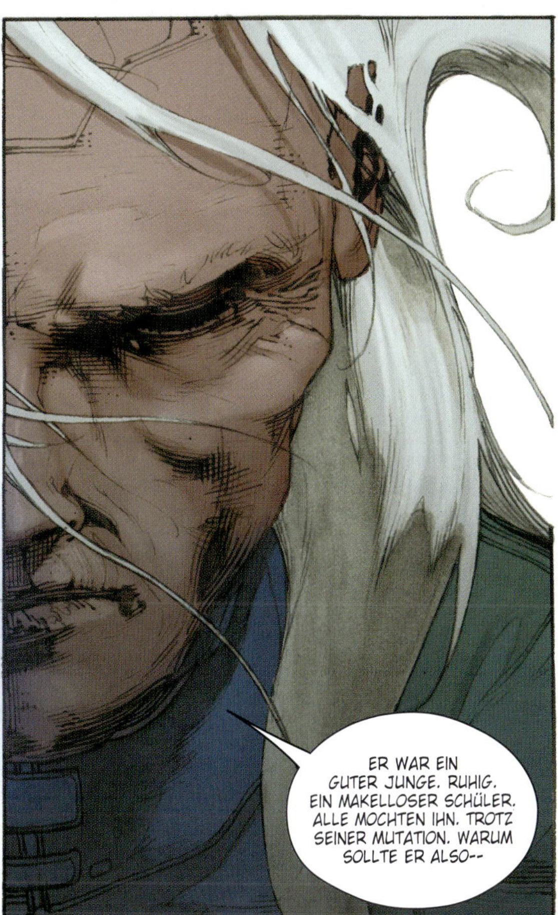
ER WAR EIN GUTER JUNGE. RUHIG. EIN MAKELLOSER SCHÜLER. ALLE MOCHTEN IHN. TROTZ SEINER MUTATION. WARUM SOLLTE ER ALSO--

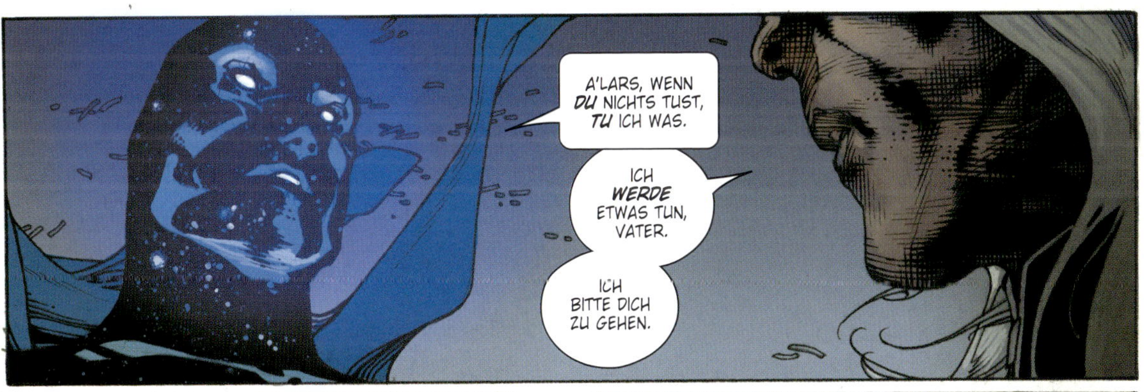
A'LARS, WENN **DU** NICHTS TUST, **TU** ICH WAS.
ICH **WERDE** ETWAS TUN, VATER.
ICH BITTE DICH ZU GEHEN.

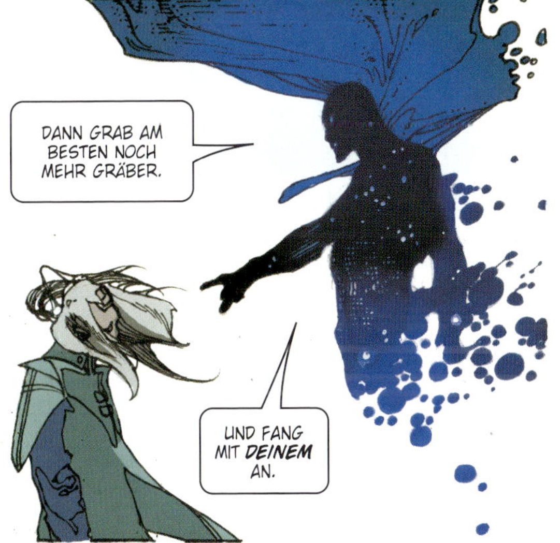
DANN GRAB AM BESTEN NOCH MEHR GRÄBER.
UND FANG MIT **DEINEM** AN.

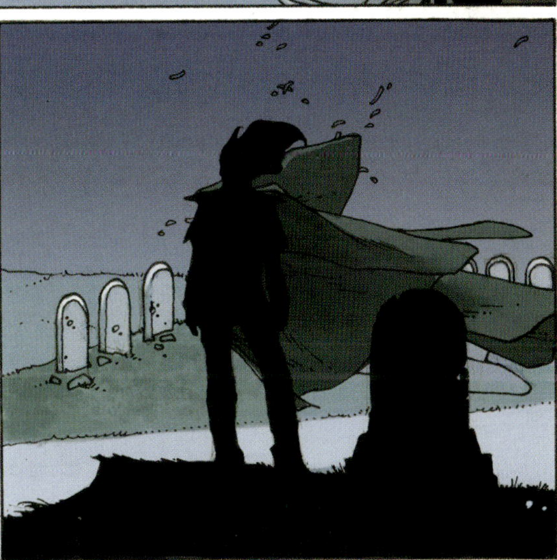

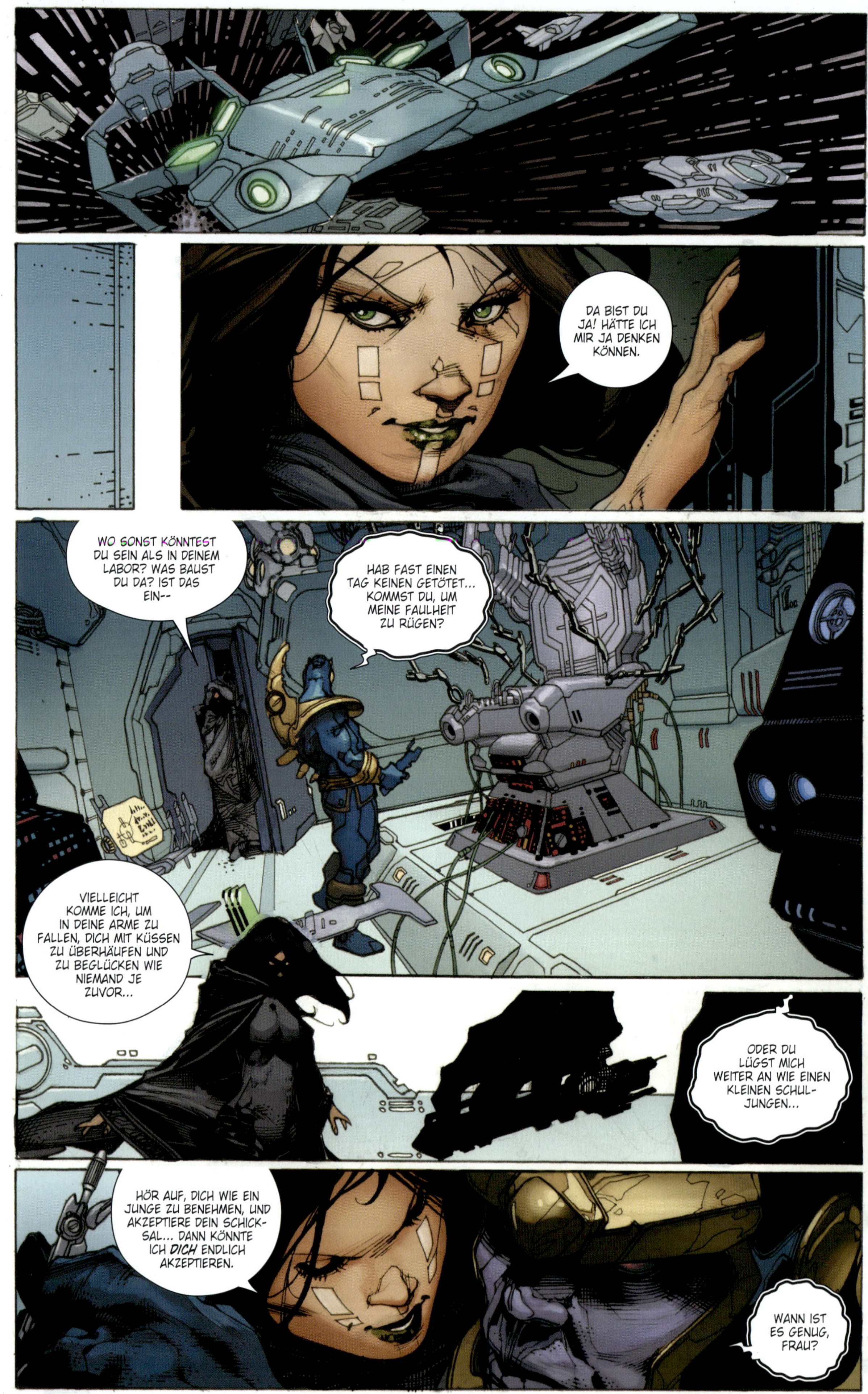
DA BIST DU JA! HÄTTE ICH MIR JA DENKEN KÖNNEN.
WO SONST KÖNNTEST DU SEIN ALS IN DEINEM LABOR? WAS BAUST DU DA? IST DAS EIN--
HAB FAST EINEN TAG KEINEN GETÖTET... KOMMST DU, UM MEINE FAULHEIT ZU RÜGEN?
VIELLEICHT KOMME ICH, UM IN DEINE ARME ZU FALLEN, DICH MIT KÜSSEN ZU ÜBERHÄUFEN UND ZU BEGLÜCKEN WIE NIEMAND JE ZUVOR...
ODER DU LÜGST MICH WEITER AN WIE EINEN KLEINEN SCHUL-JUNGEN...
HÖR AUF, DICH WIE EIN JUNGE ZU BENEHMEN, UND AKZEPTIERE DEIN SCHICK-SAL... DANN KÖNNTE ICH *DICH* ENDLICH AKZEPTIEREN.
WANN IST ES GENUG, FRAU?

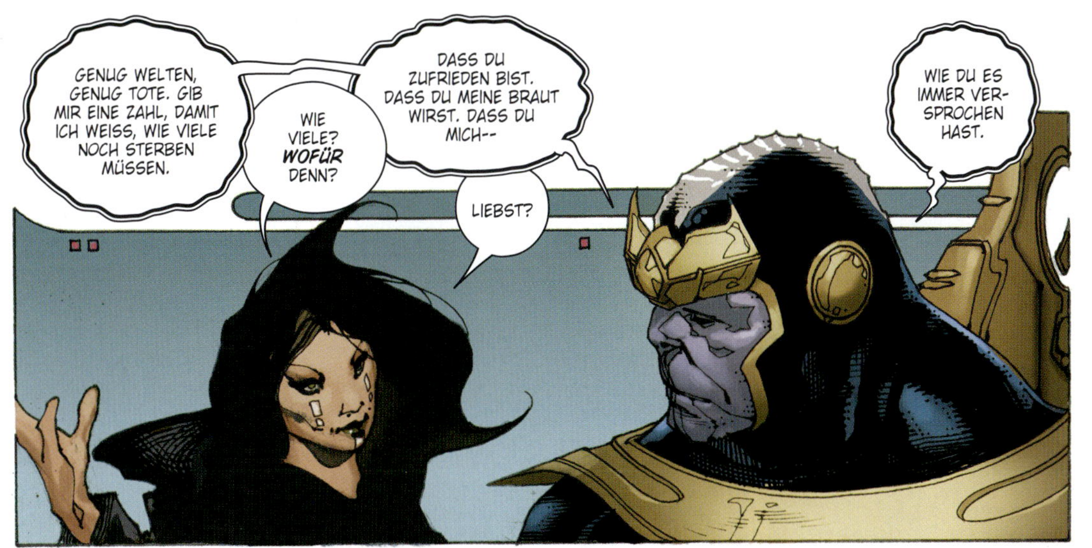
GENUG WELTEN, GENUG TOTE. GIB MIR EINE ZAHL, DAMIT ICH WEISS, WIE VIELE NOCH STERBEN MÜSSEN.
WIE VIELE? WOFÜR DENN?
DASS DU ZUFRIEDEN BIST. DASS DU MEINE BRAUT WIRST. DASS DU MICH--
LIEBST?
WIE DU ES IMMER VERSPROCHEN HAST.

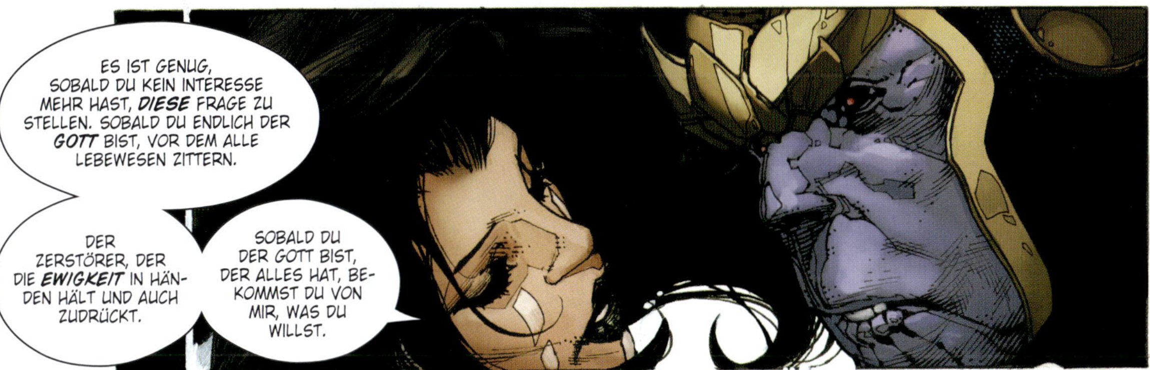
ES IST GENUG, SOBALD DU KEIN INTERESSE MEHR HAST, DIESE FRAGE ZU STELLEN. SOBALD DU ENDLICH DER GOTT BIST, VOR DEM ALLE LEBEWESEN ZITTERN.
DER ZERSTÖRER, DER DIE EWIGKEIT IN HÄNDEN HÄLT UND AUCH ZUDRÜCKT.
SOBALD DU DER GOTT BIST, DER ALLES HAT, BEKOMMST DU VON MIR, WAS DU WILLST.

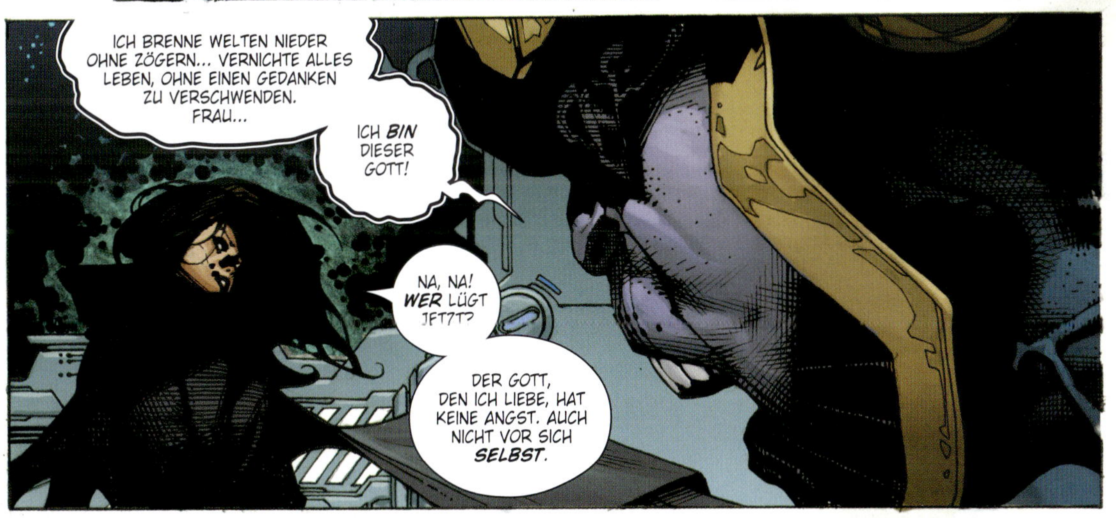
ICH BRENNE WELTEN NIEDER OHNE ZÖGERN... VERNICHTE ALLES LEBEN, OHNE EINEN GEDANKEN ZU VERSCHWENDEN. FRAU...
ICH BIN DIESER GOTT!
NA, NA! WER LÜGT JETZT?
DER GOTT, DEN ICH LIEBE, HAT KEINE ANGST. AUCH NICHT VOR SICH SELBST.

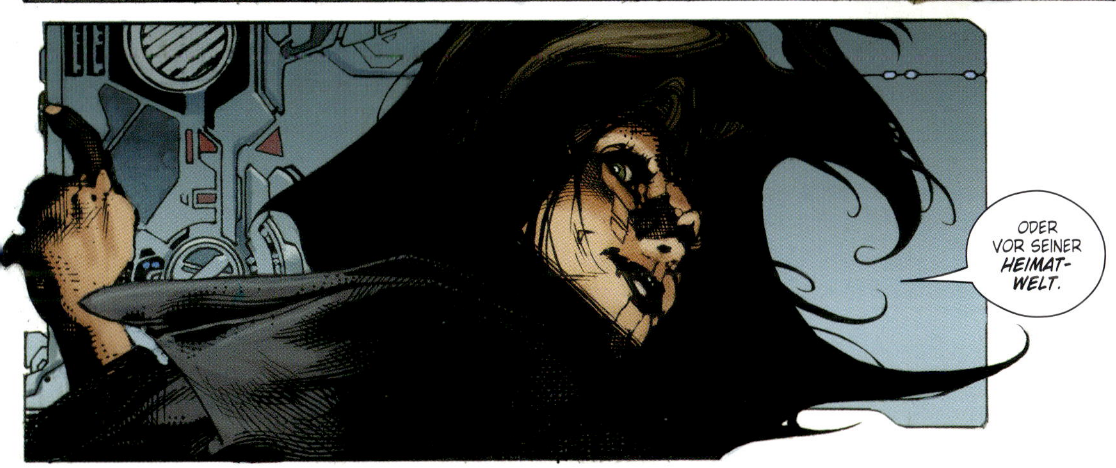
ODER VOR SEINER HEIMATWELT.

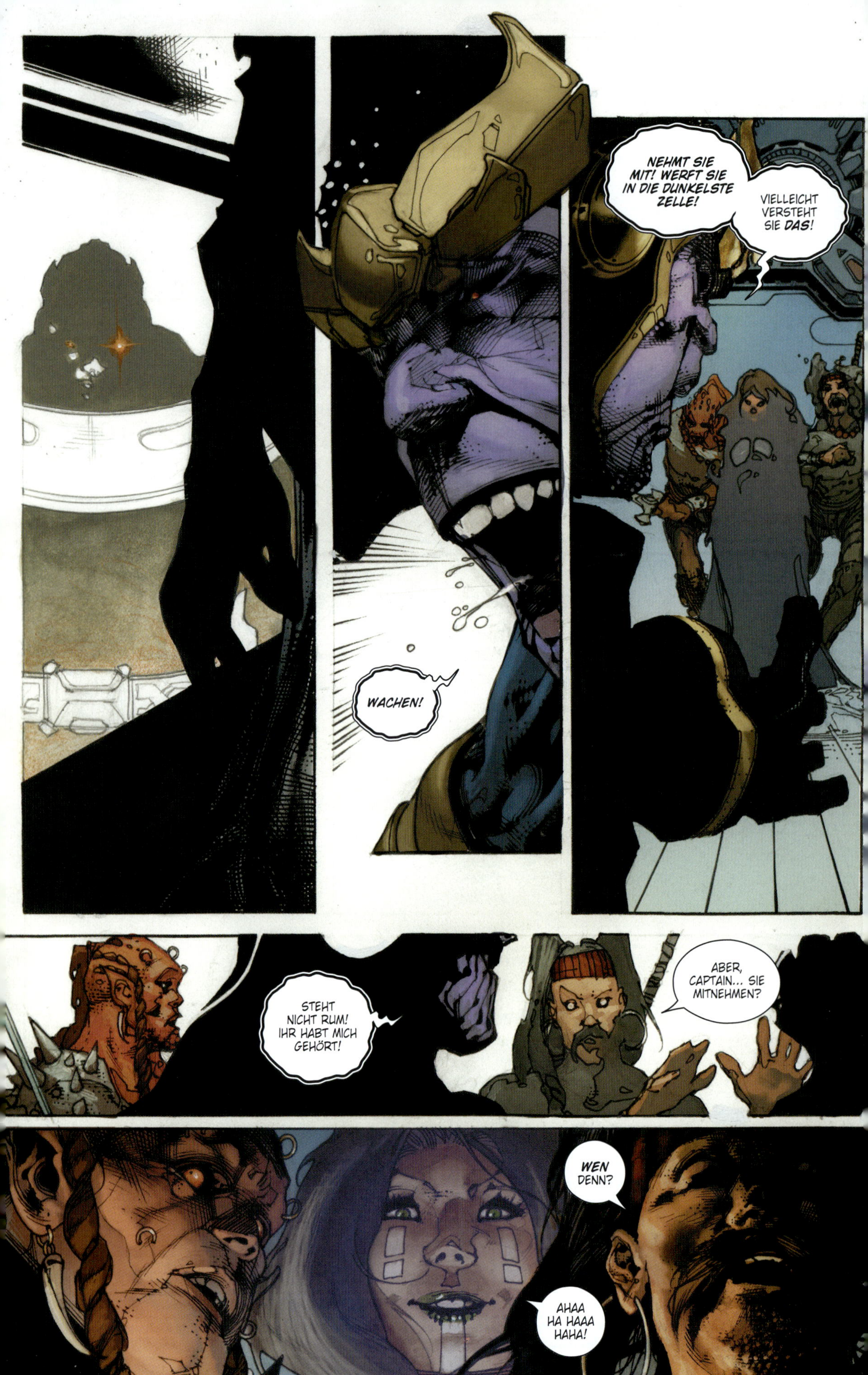
WACHEN!
NEHMT SIE MIT! WERFT SIE IN DIE DUNKELSTE ZELLE!
VIELLEICHT VERSTEHT SIE DAS!
STEHT NICHT RUM! IHR HABT MICH GEHÖRT!
ABER, CAPTAIN... SIE MITNEHMEN?
WEN DENN?
AHAA HA HAAA HAHA!

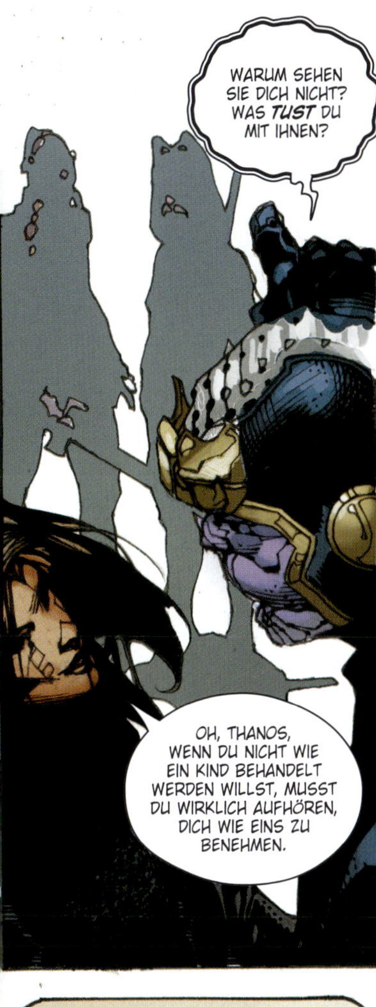
WARUM SEHEN SIE DICH NICHT? WAS TUST DU MIT IHNEN?
OH, THANOS, WENN DU NICHT WIE EIN KIND BEHANDELT WERDEN WILLST, MUSST DU WIRKLICH AUFHÖREN, DICH WIE EINS ZU BENEHMEN.

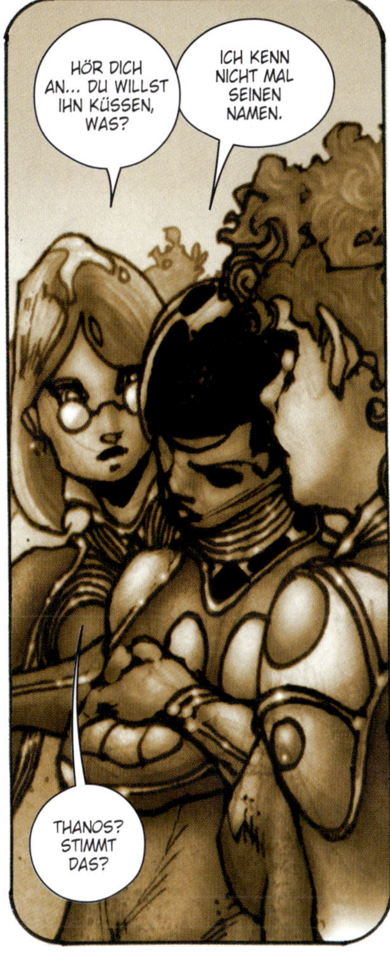
HÖR DICH AN... DU WILLST IHN KÜSSEN, WAS?
ICH KENN NICHT MAL SEINEN NAMEN.
THANOS? STIMMT DAS?

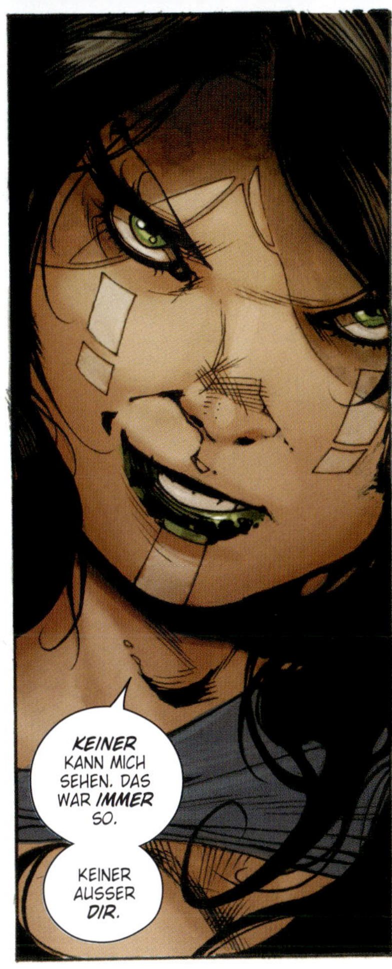
KEINER KANN MICH SEHEN. DAS WAR IMMER SO.
KEINER AUSSER DIR.

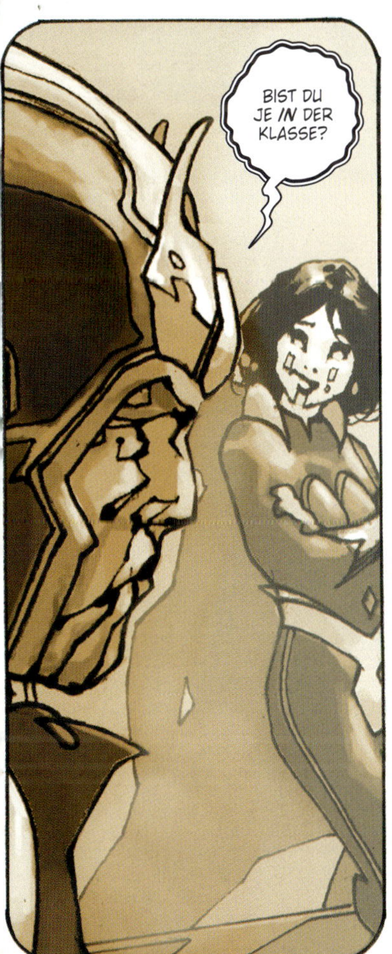
BIST DU JE IN DER KLASSE?

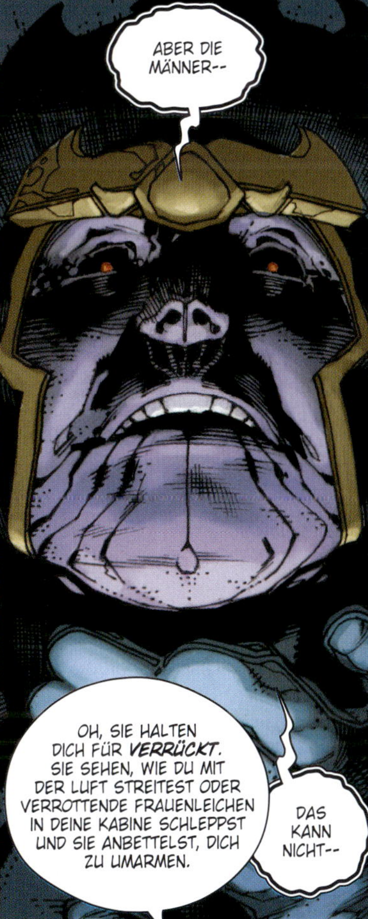
ABER DIE MÄNNER--
OH, SIE HALTEN DICH FÜR VERRÜCKT. SIE SEHEN, WIE DU MIT DER LUFT STREITEST ODER VERROTTENDE FRAUENLEICHEN IN DEINE KABINE SCHLEPPST UND SIE ANBETTELST, DICH ZU UMARMEN.
DAS KANN NICHT--

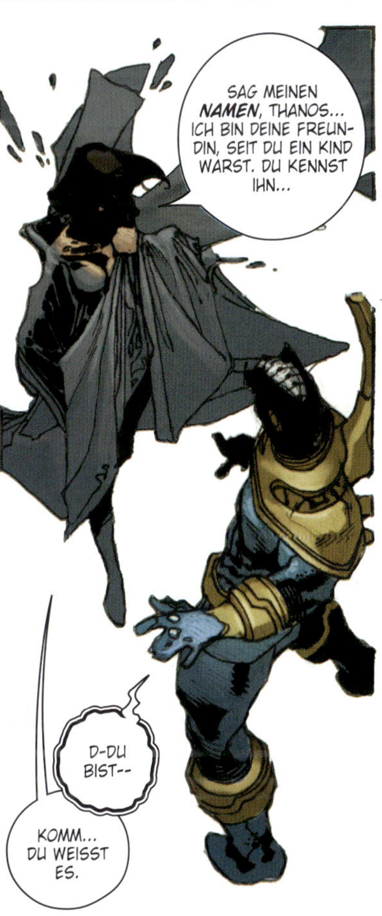
SAG MEINEN NAMEN, THANOS... ICH BIN DEINE FREUNDIN, SEIT DU EIN KIND WARST. DU KENNST IHN...
D-DU BIST--
KOMM... DU WEISST ES.

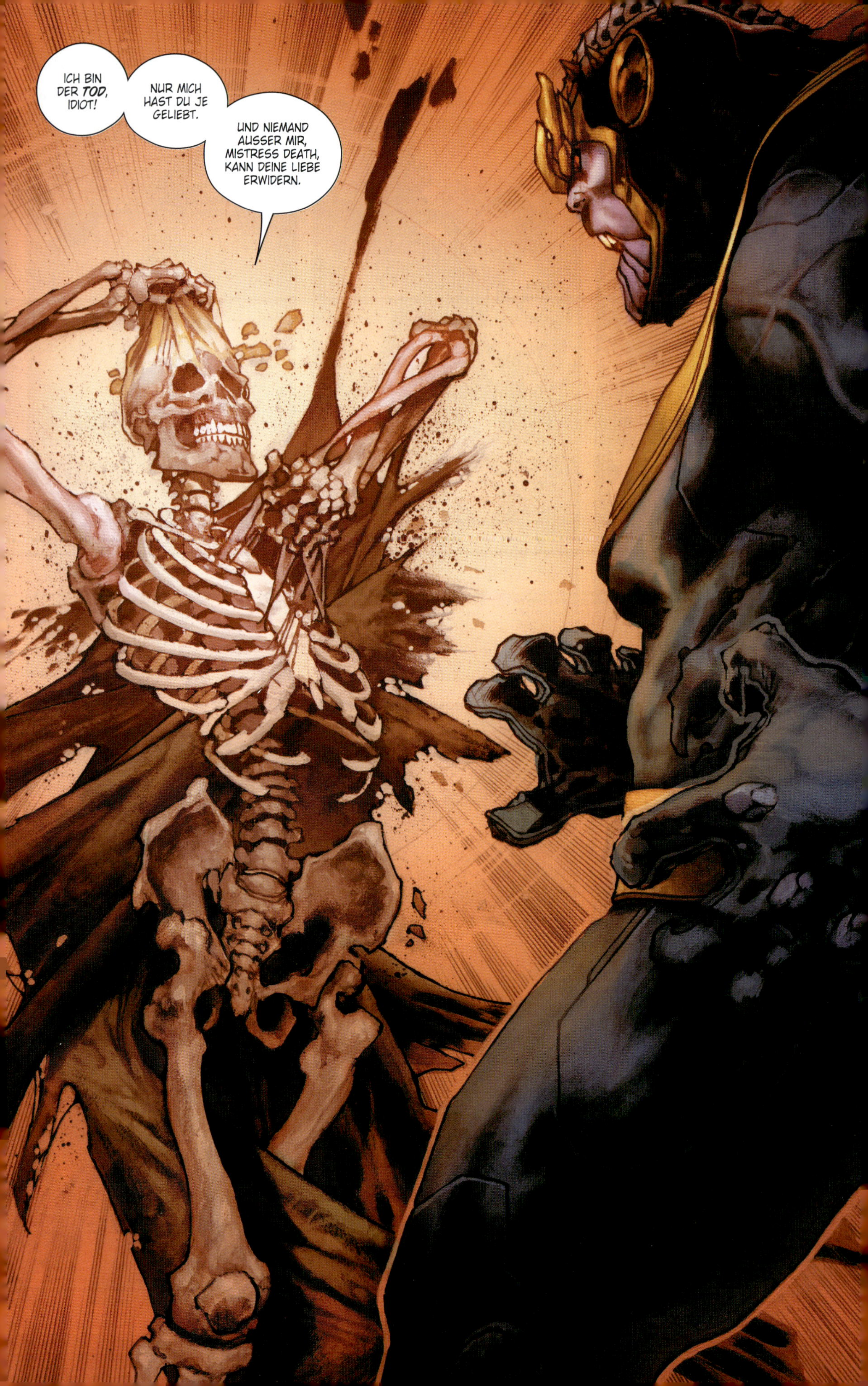
ICH BIN DER *TOD*, IDIOT!
NUR MICH HAST DU JE GELIEBT.
UND NIEMAND AUSSER MIR, MISTRESS DEATH, KANN DEINE LIEBE ERWIDERN.

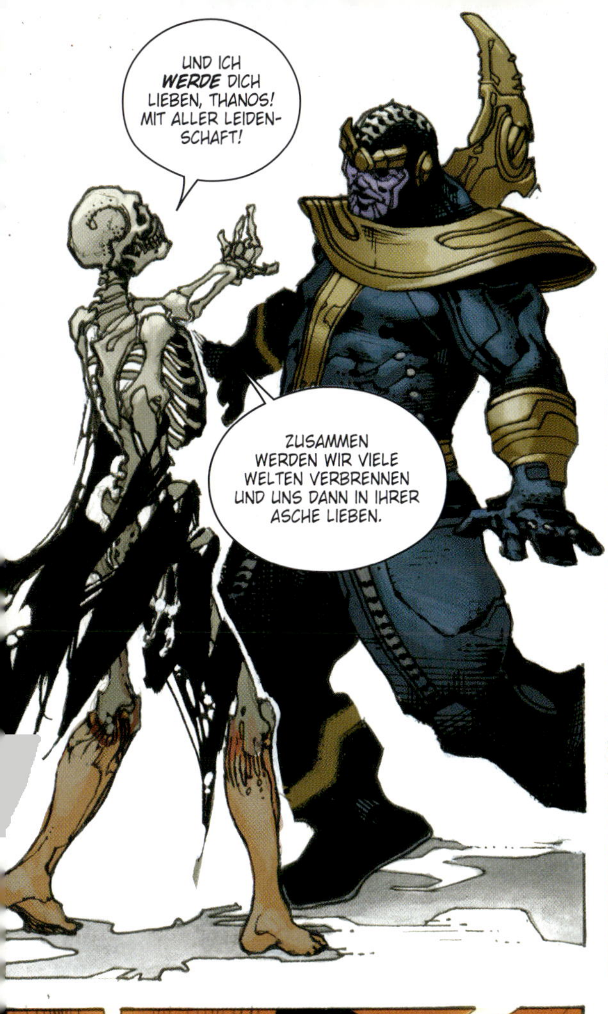

UND ICH *WERDE* DICH LIEBEN, THANOS! MIT ALLER LEIDEN-SCHAFT!
ZUSAMMEN WERDEN WIR VIELE WELTEN VERBRENNEN UND UNS DANN IN IHRER ASCHE LIEBEN.

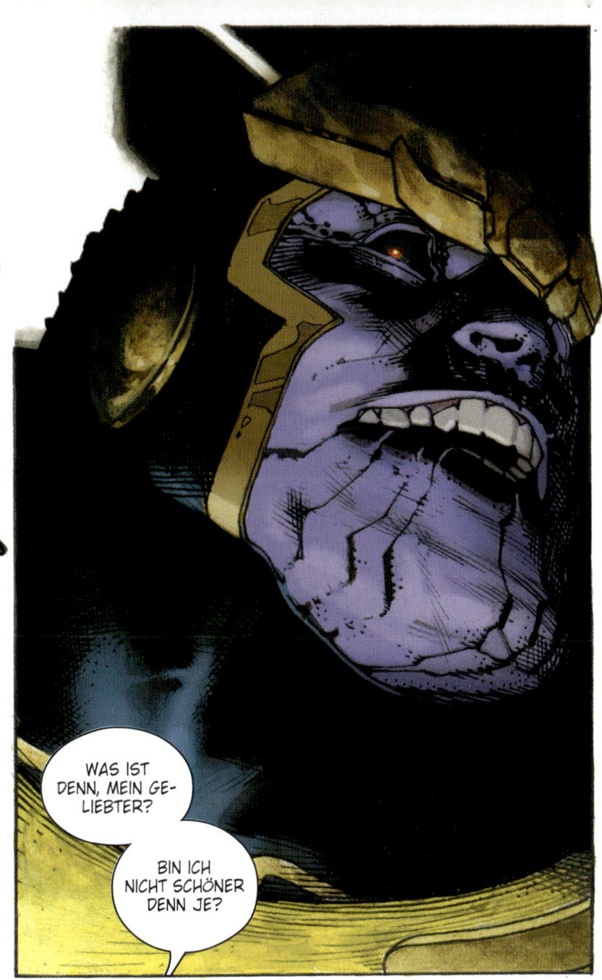

WAS IST DENN, MEIN GE-LIEBTER?
BIN ICH NICHT SCHÖNER DENN JE?

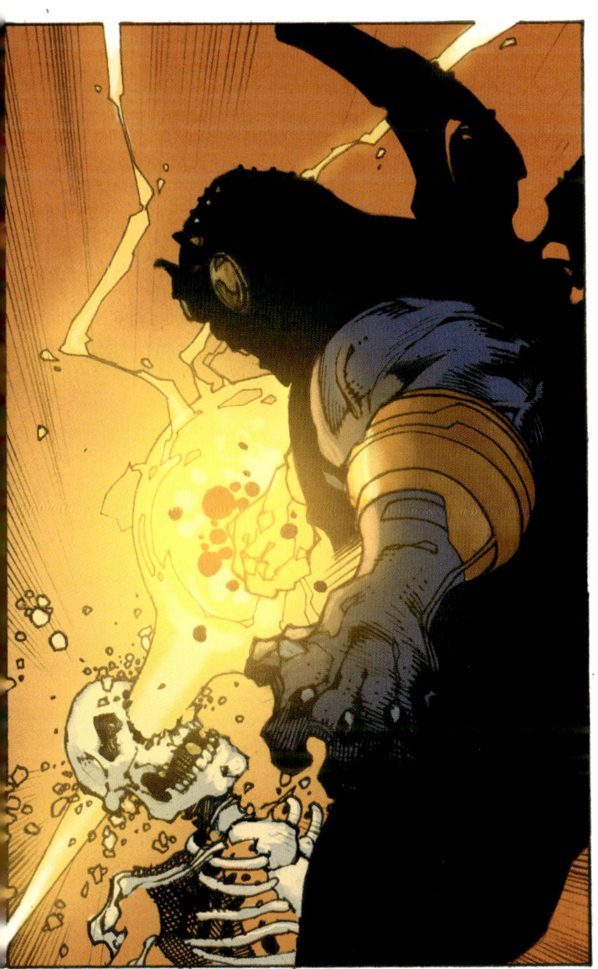

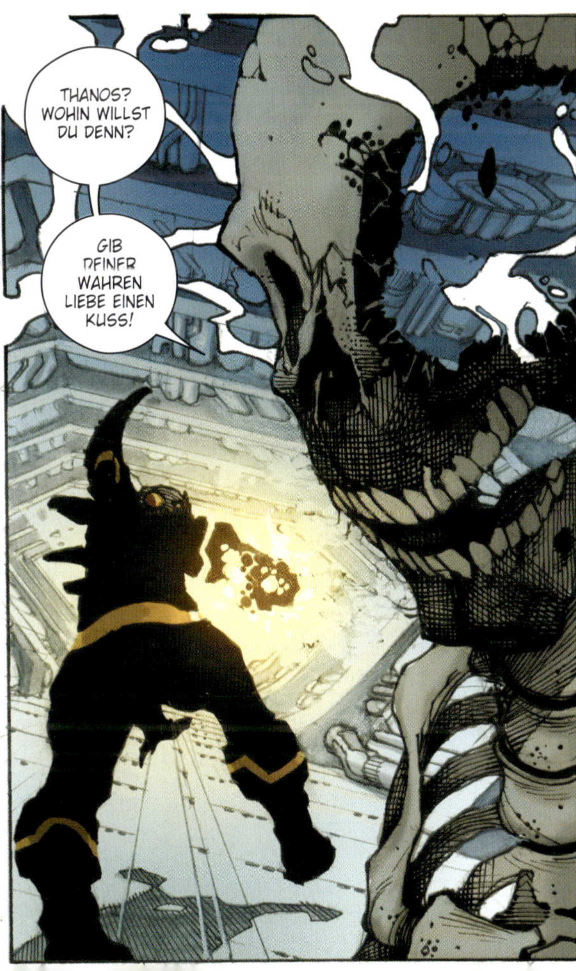

THANOS? WOHIN WILLST DU DENN?
GIB DEINER WAHREN LIEBE EINEN KUSS!

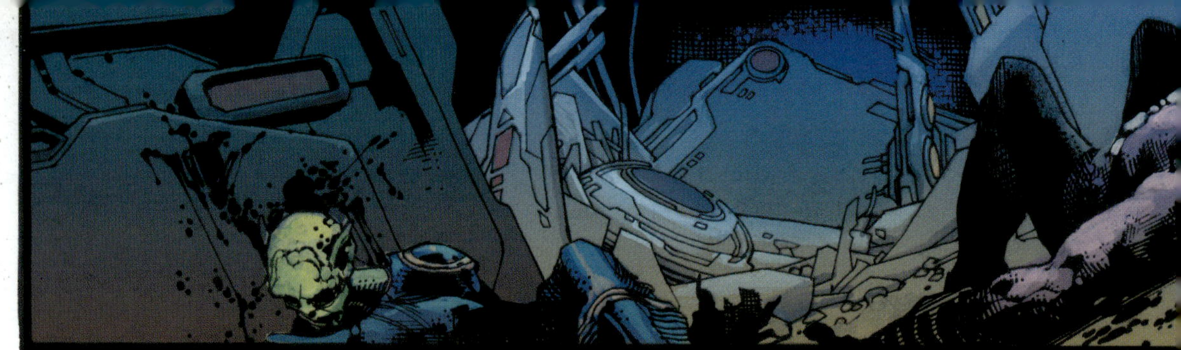

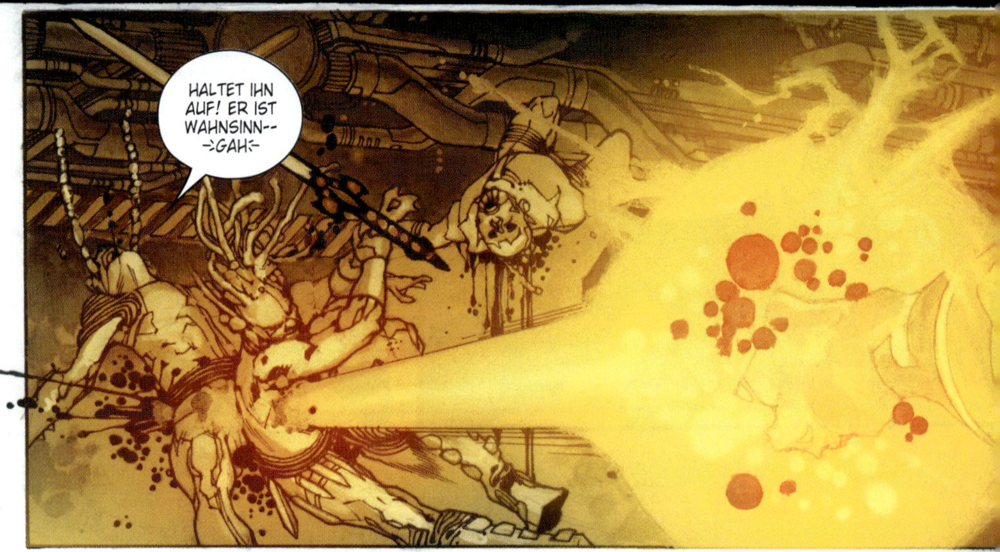
HALTET IHN AUF! ER IST WAHNSINN-- -GAH-

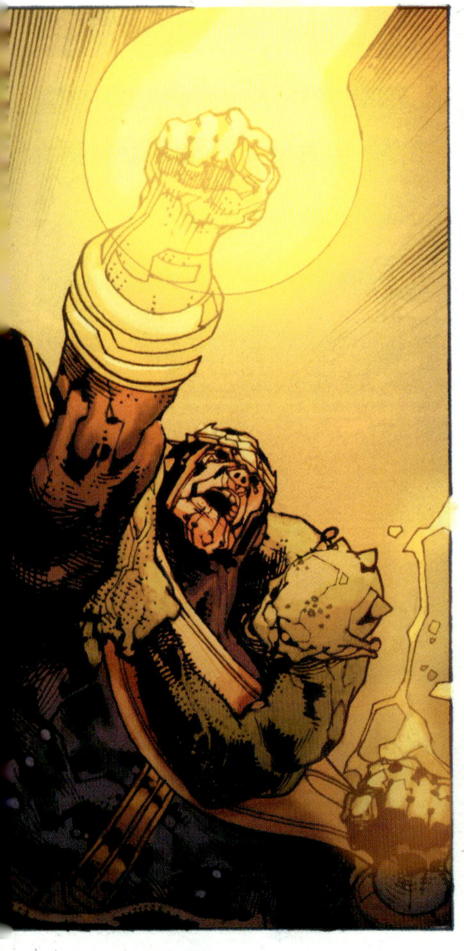

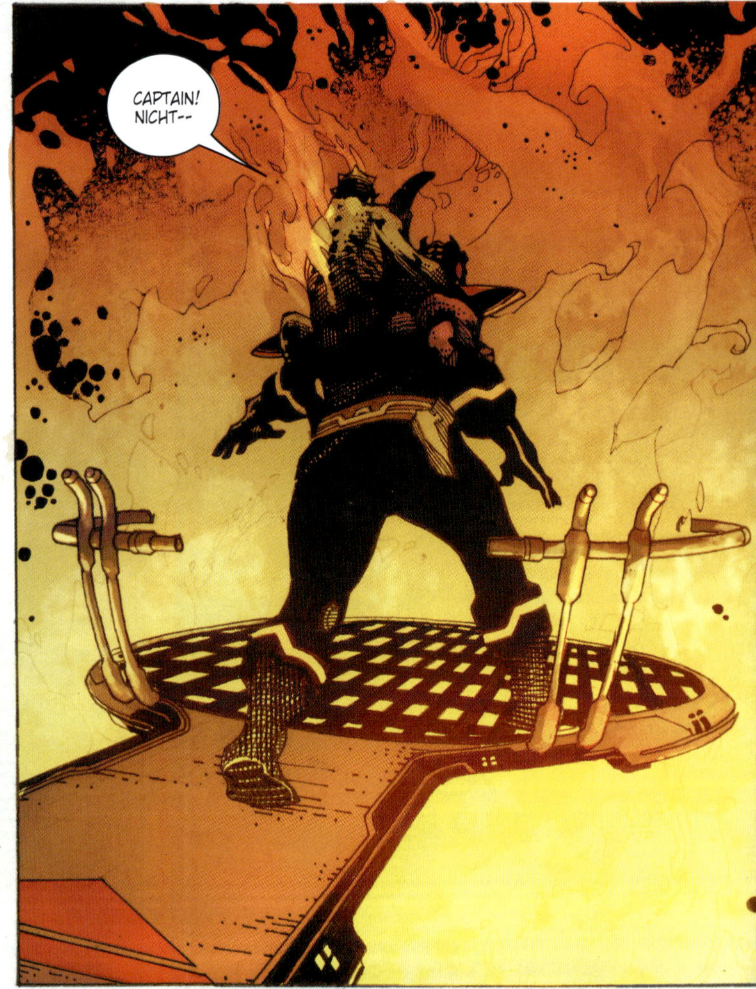
CAPTAIN! NICHT--

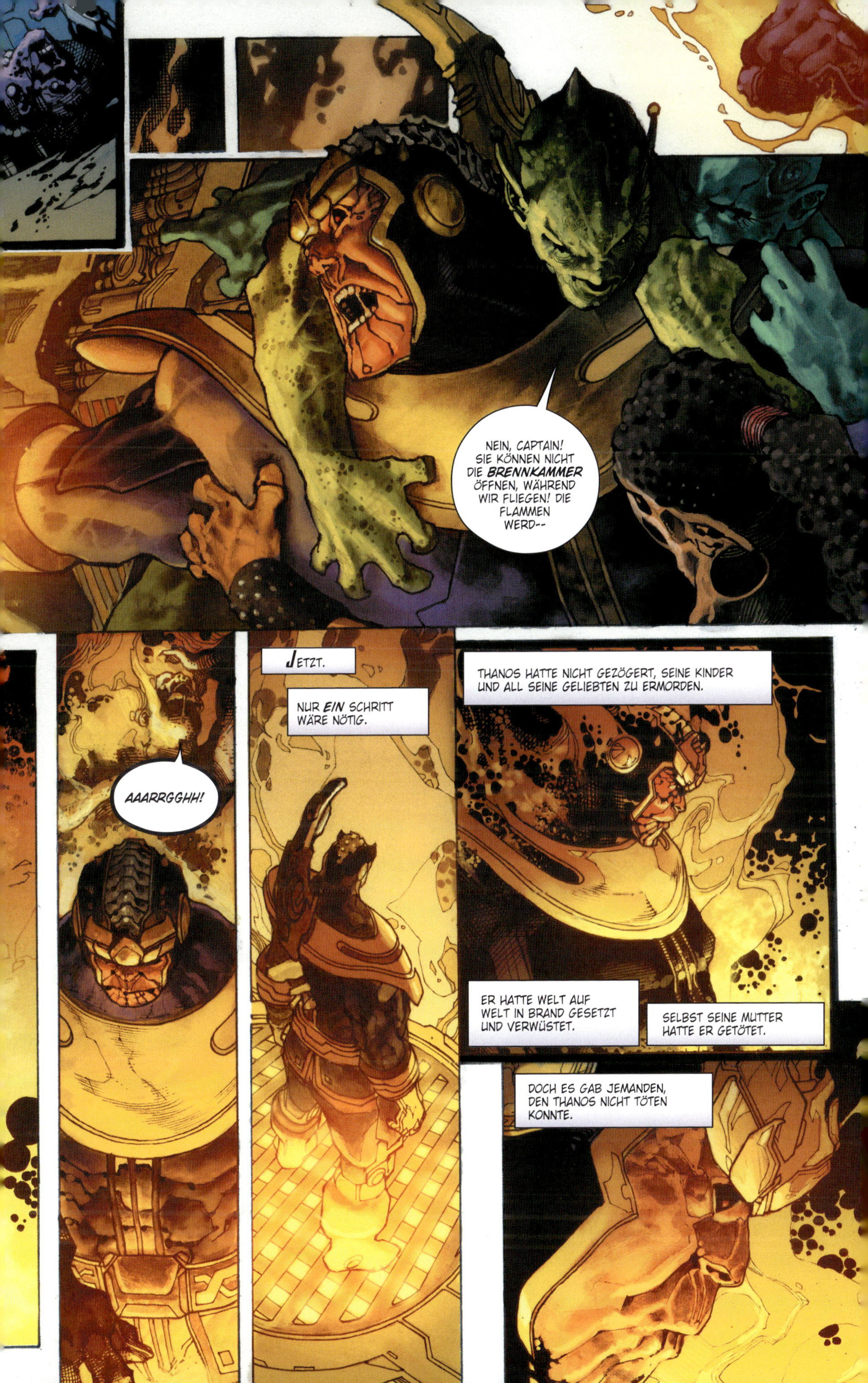
NEIN, CAPTAIN! SIE KÖNNEN NICHT DIE BRENNKAMMER ÖFFNEN, WÄHREND WIR FLIEGEN! DIE FLAMMEN WERD--
AAARRGGHH!
JETZT.
NUR EIN SCHRITT WÄRE NÖTIG.
THANOS HATTE NICHT GEZÖGERT, SEINE KINDER UND ALL SEINE GELIEBTEN ZU ERMORDEN.
ER HATTE WELT AUF WELT IN BRAND GESETZT UND VERWÜSTET.
SELBST SEINE MUTTER HATTE ER GETÖTET.
DOCH ES GAB JEMANDEN, DEN THANOS NICHT TÖTEN KONNTE.

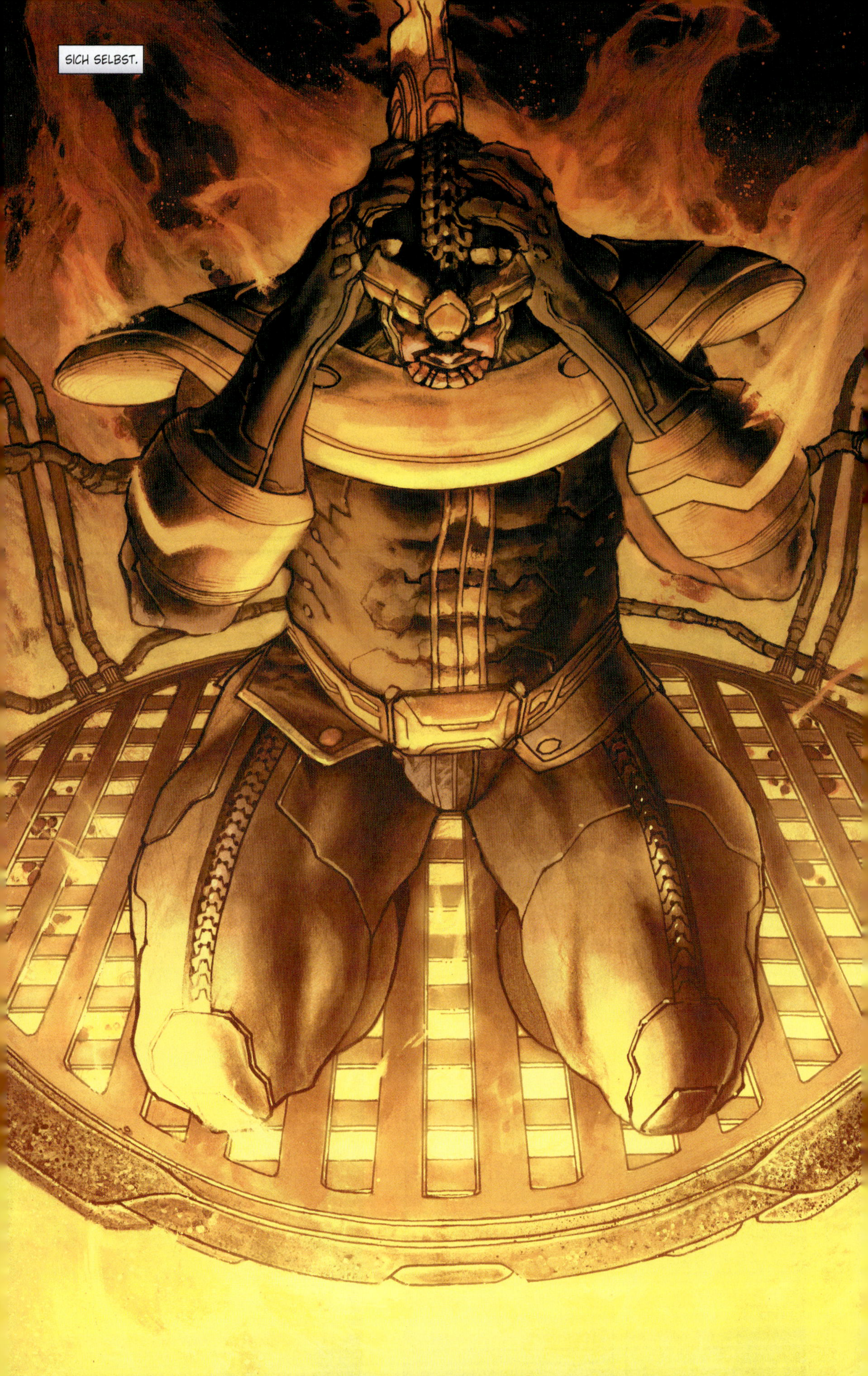
SICH SELBST.

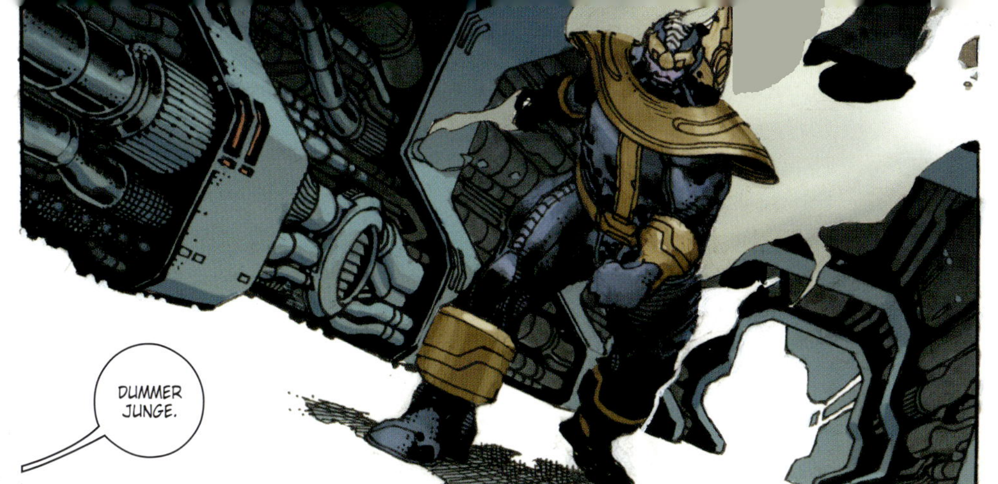
DUMMER JUNGE.

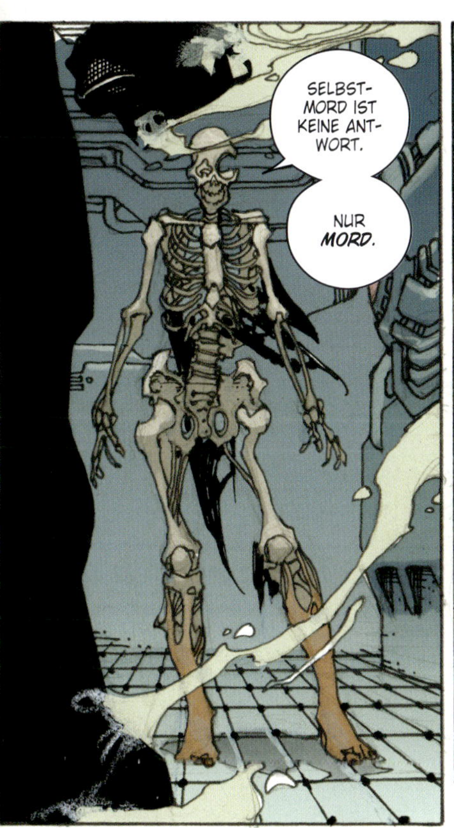
SELBST-MORD IST KEINE ANT-WORT.
NUR *MORD.*

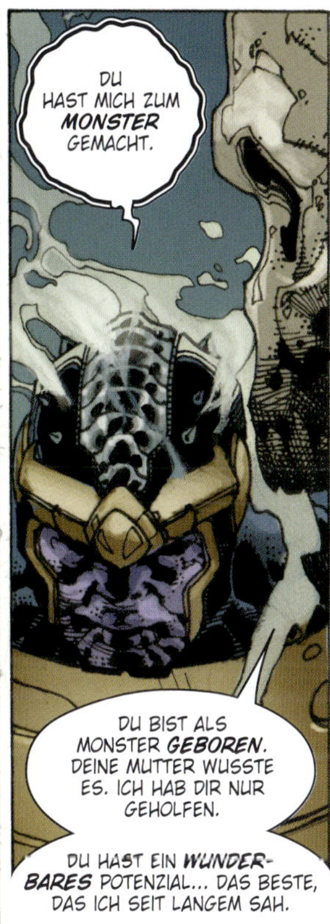
DU HAST MICH ZUM *MONSTER* GEMACHT.
DU BIST ALS MONSTER *GEBOREN.* DEINE MUTTER WUSSTE ES. ICH HAB DIR NUR GEHOLFEN.
DU HAST EIN *WUNDER-BARES* POTENZIAL... DAS BESTE, DAS ICH SEIT LANGEM SAH.

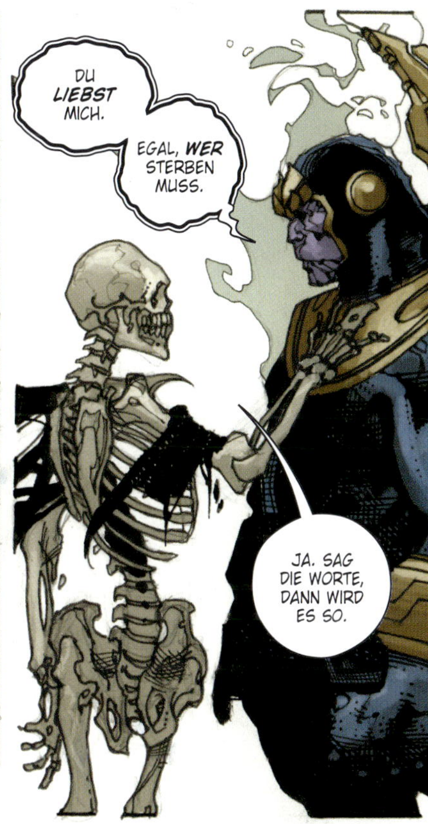
DU *LIEBST* MICH.
EGAL, *WER* STERBEN MUSS.
JA. SAG DIE WORTE, DANN WIRD ES SO.

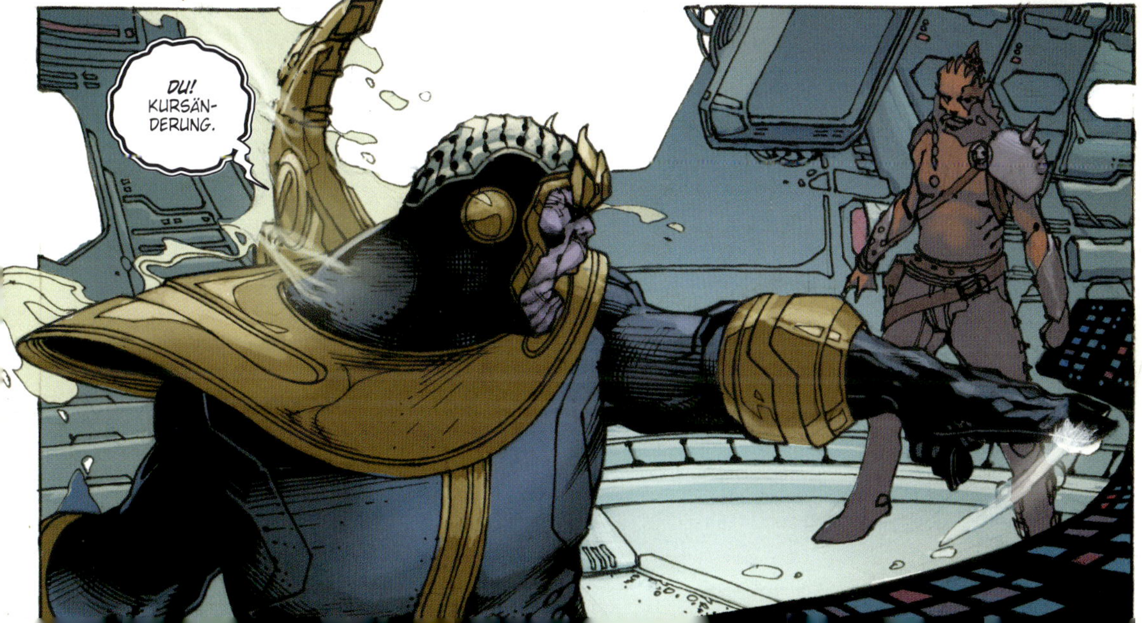
DU! KURSÄN-DERUNG.

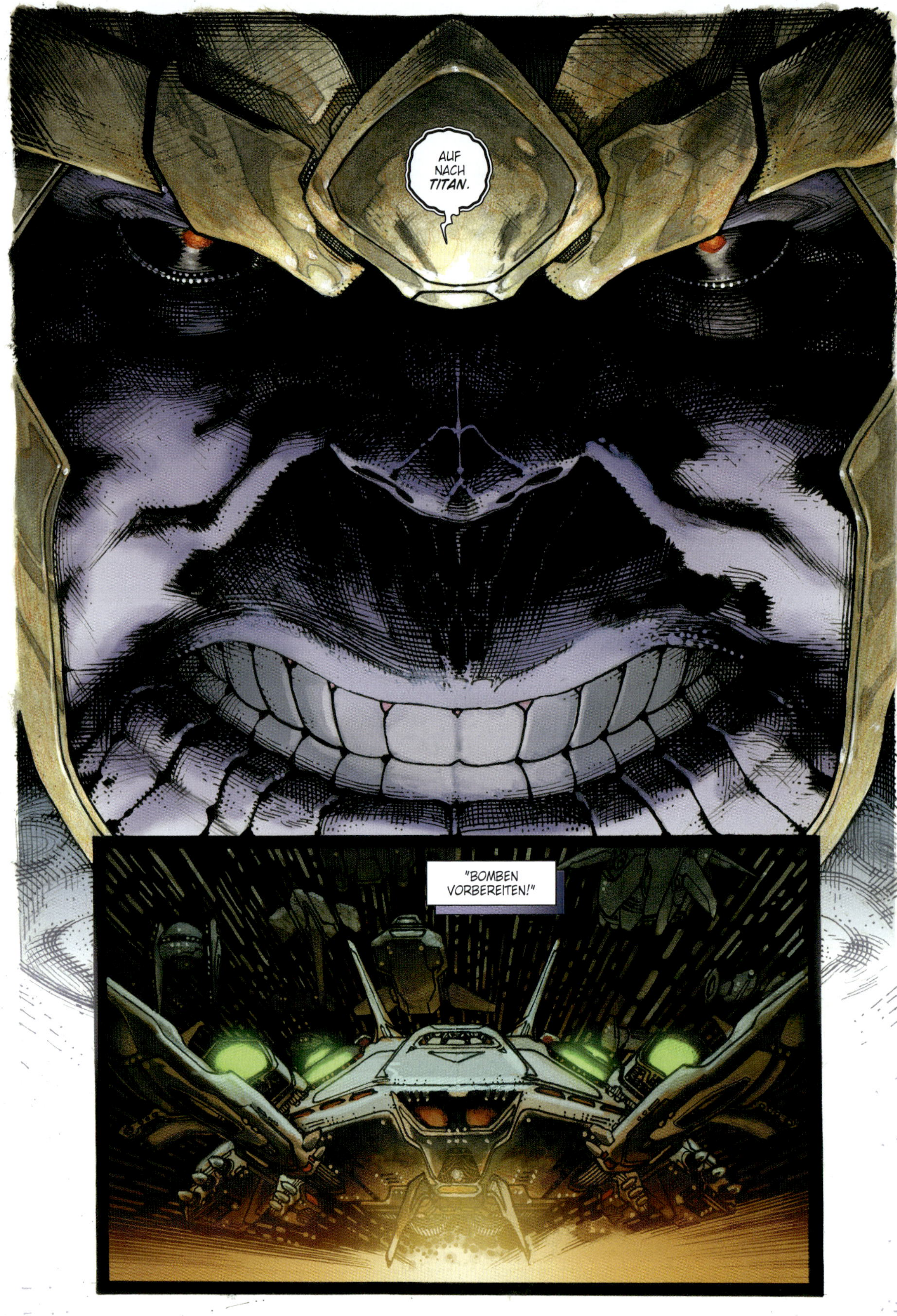
AUF NACH TITAN.
"BOMBEN VORBEREITEN!"

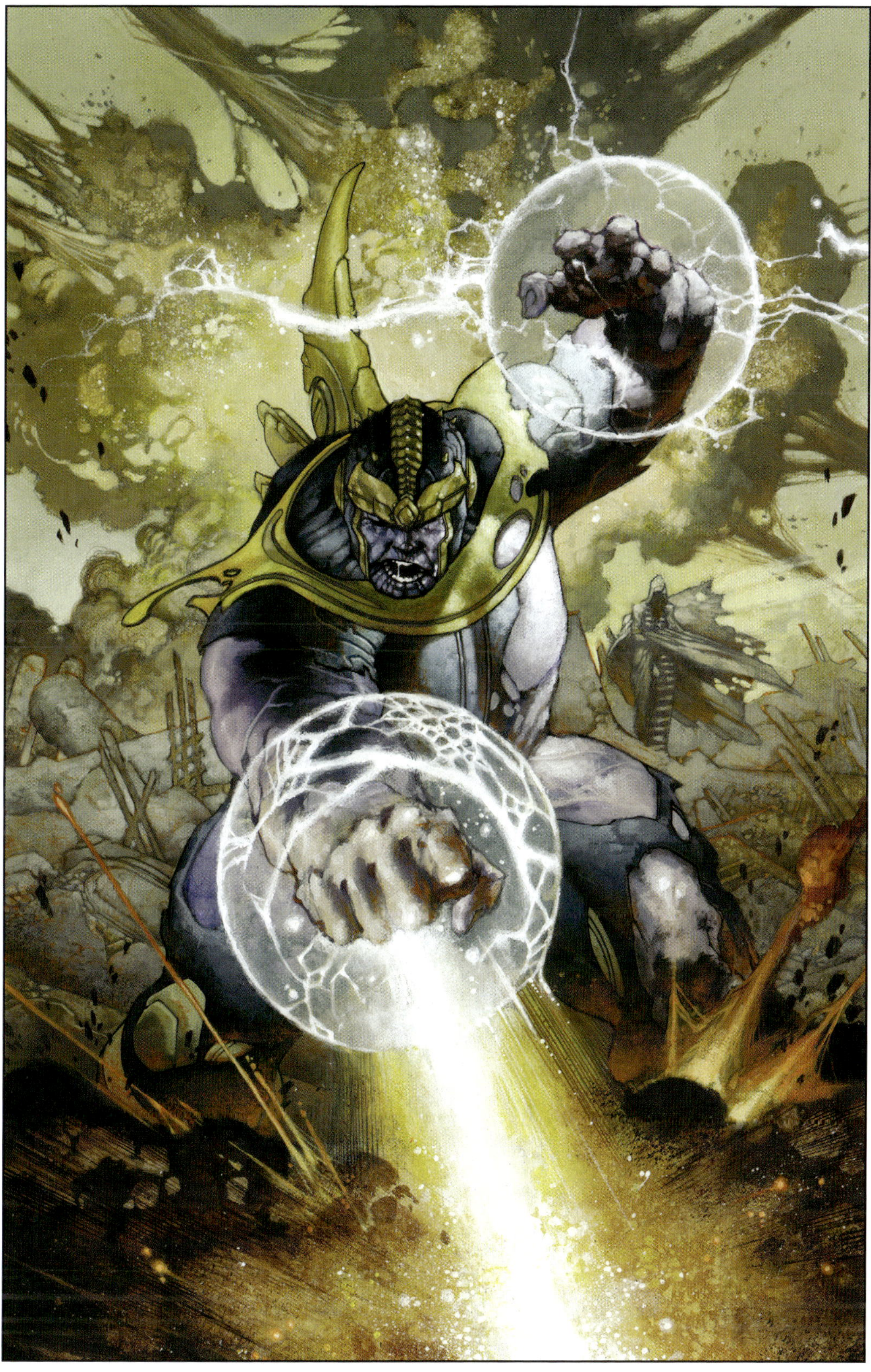

Thanos Rising (2013) 5
Cover von **SIMONE BIANCHI**

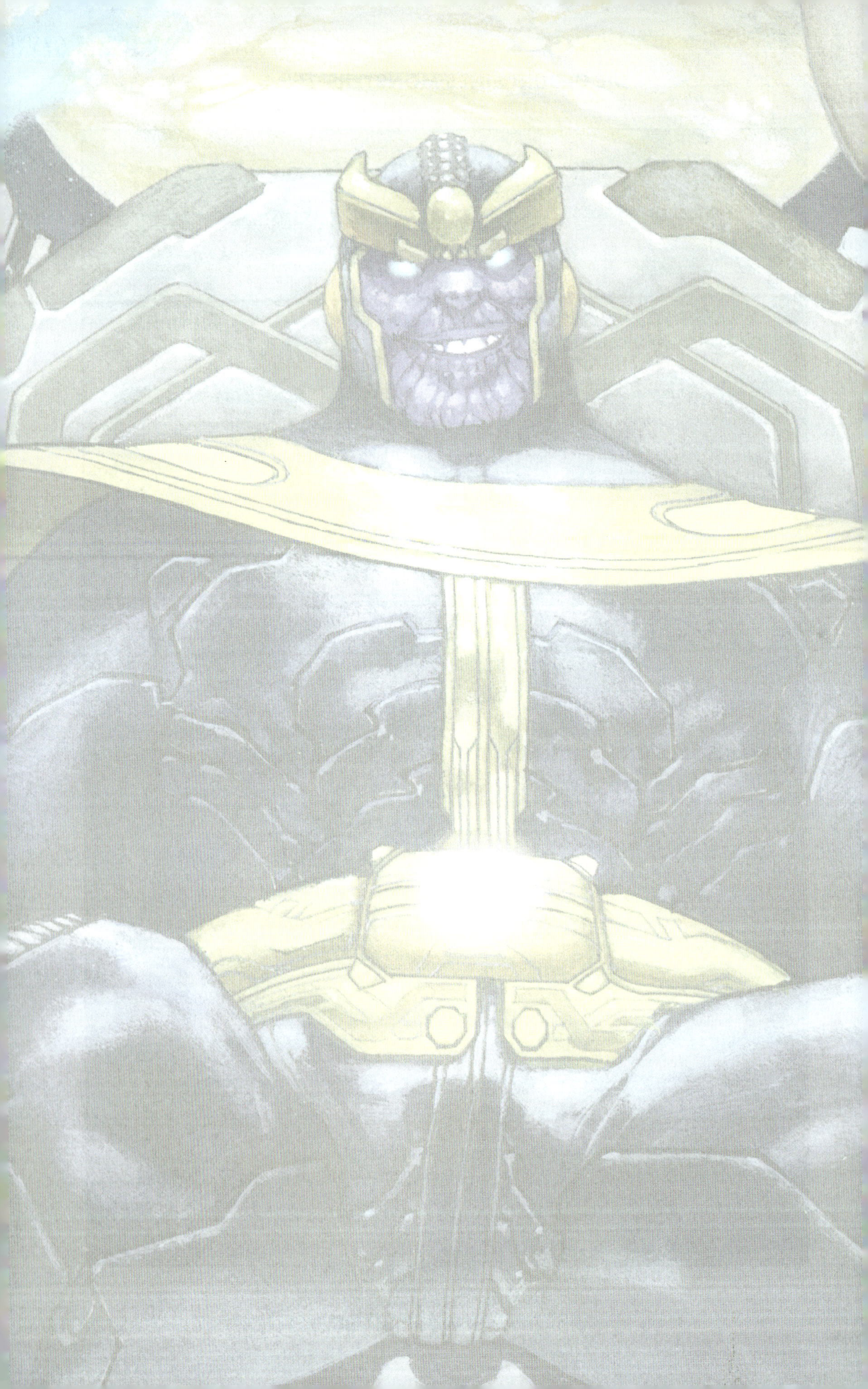

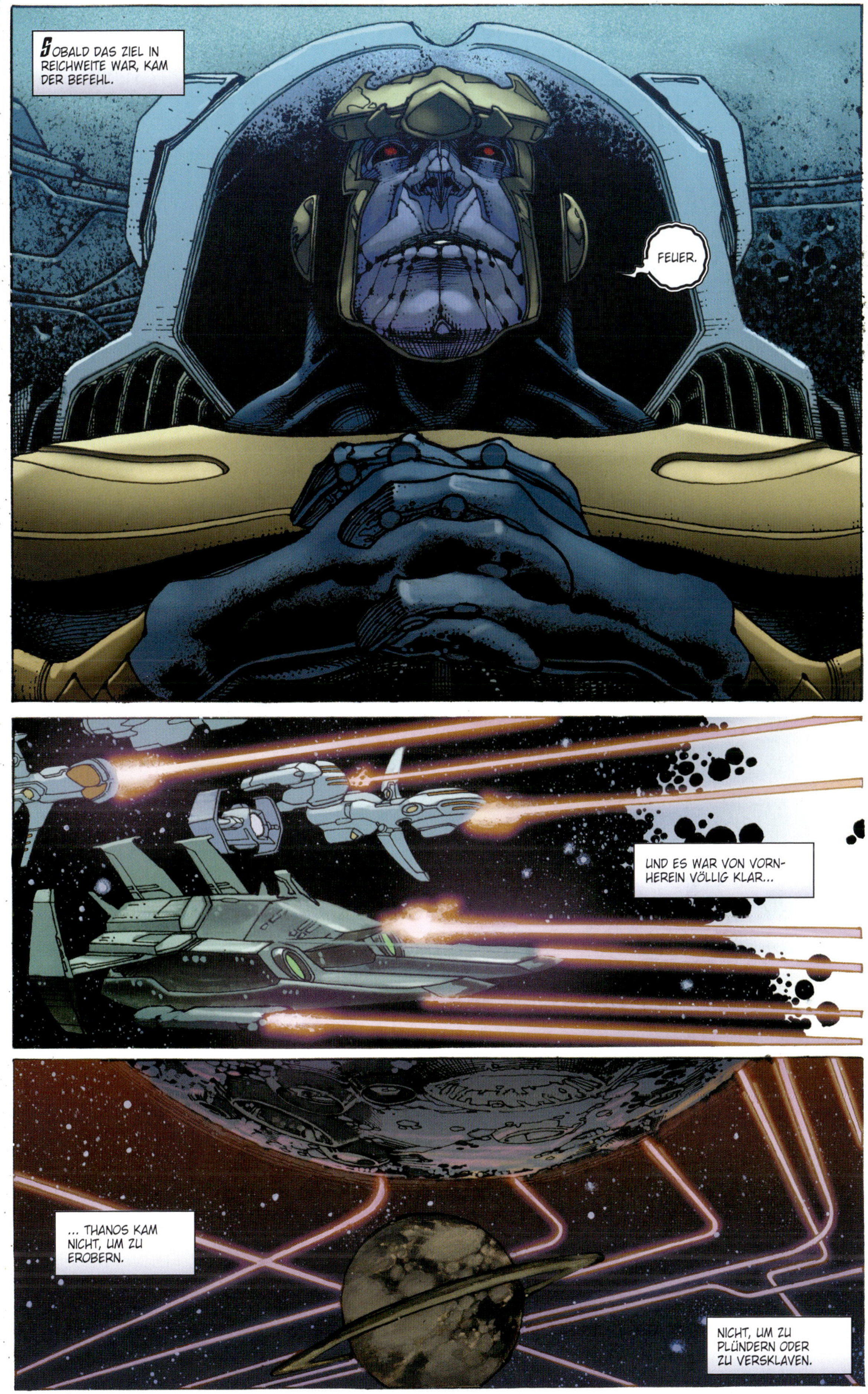

SOBALD DAS ZIEL IN REICHWEITE WAR, KAM DER BEFEHL.

FEUER.

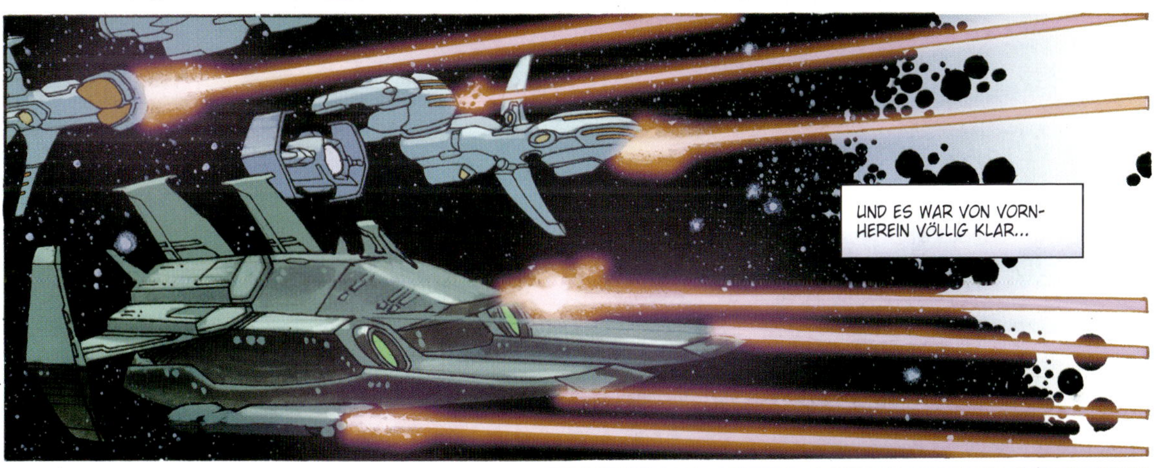

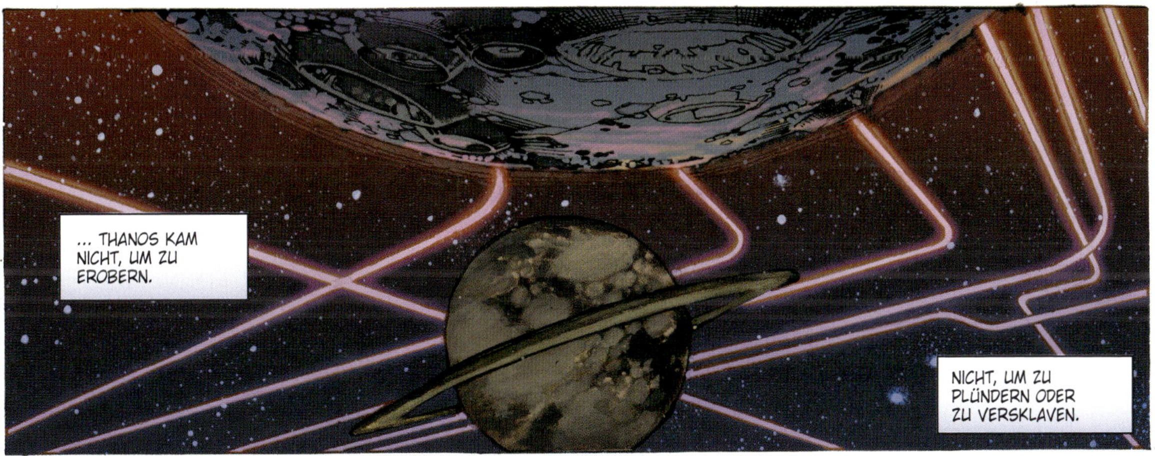

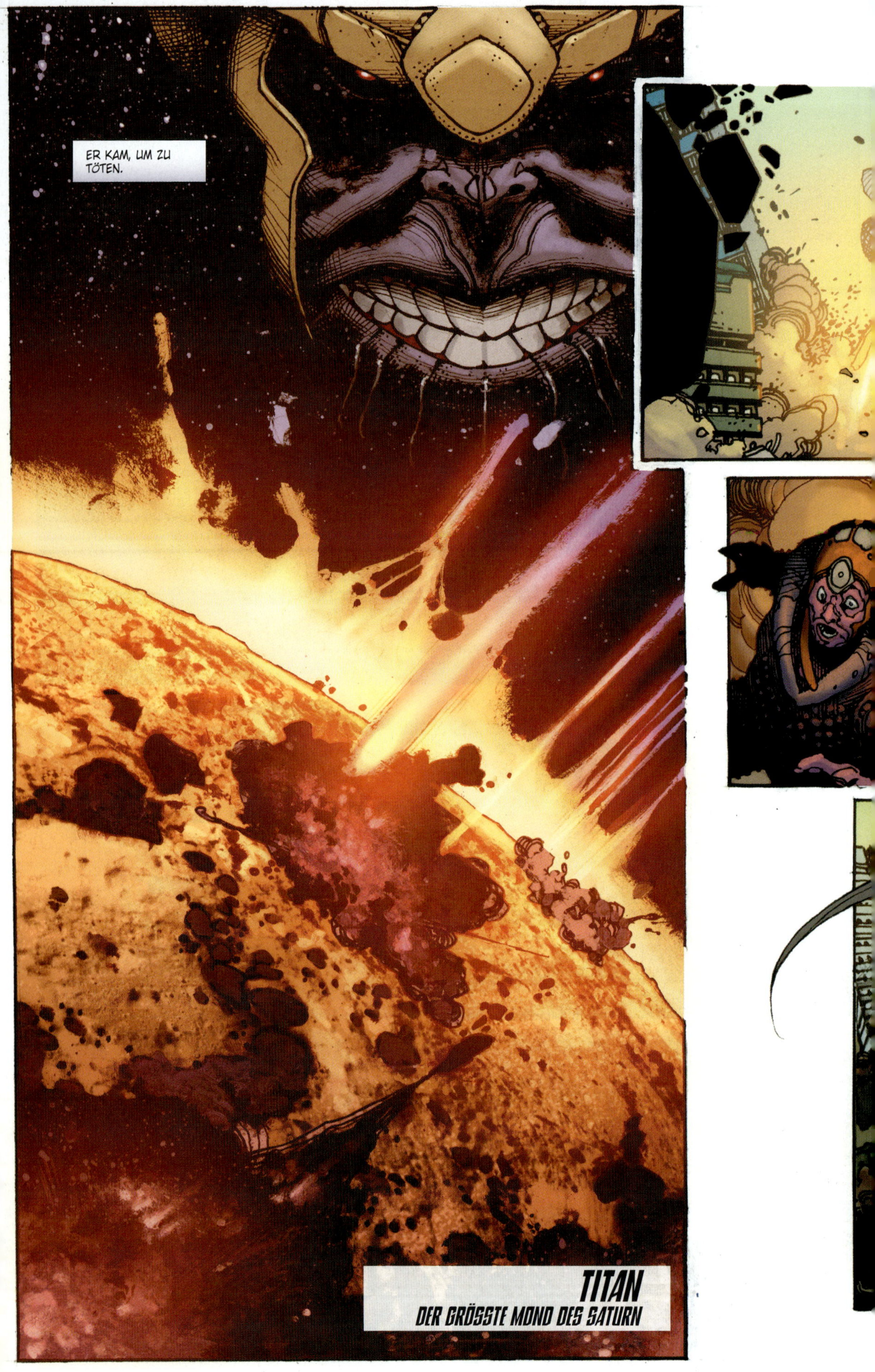
ER KAM, UM ZU TÖTEN.
TITAN
DER GRÖSSTE MOND DES SATURN

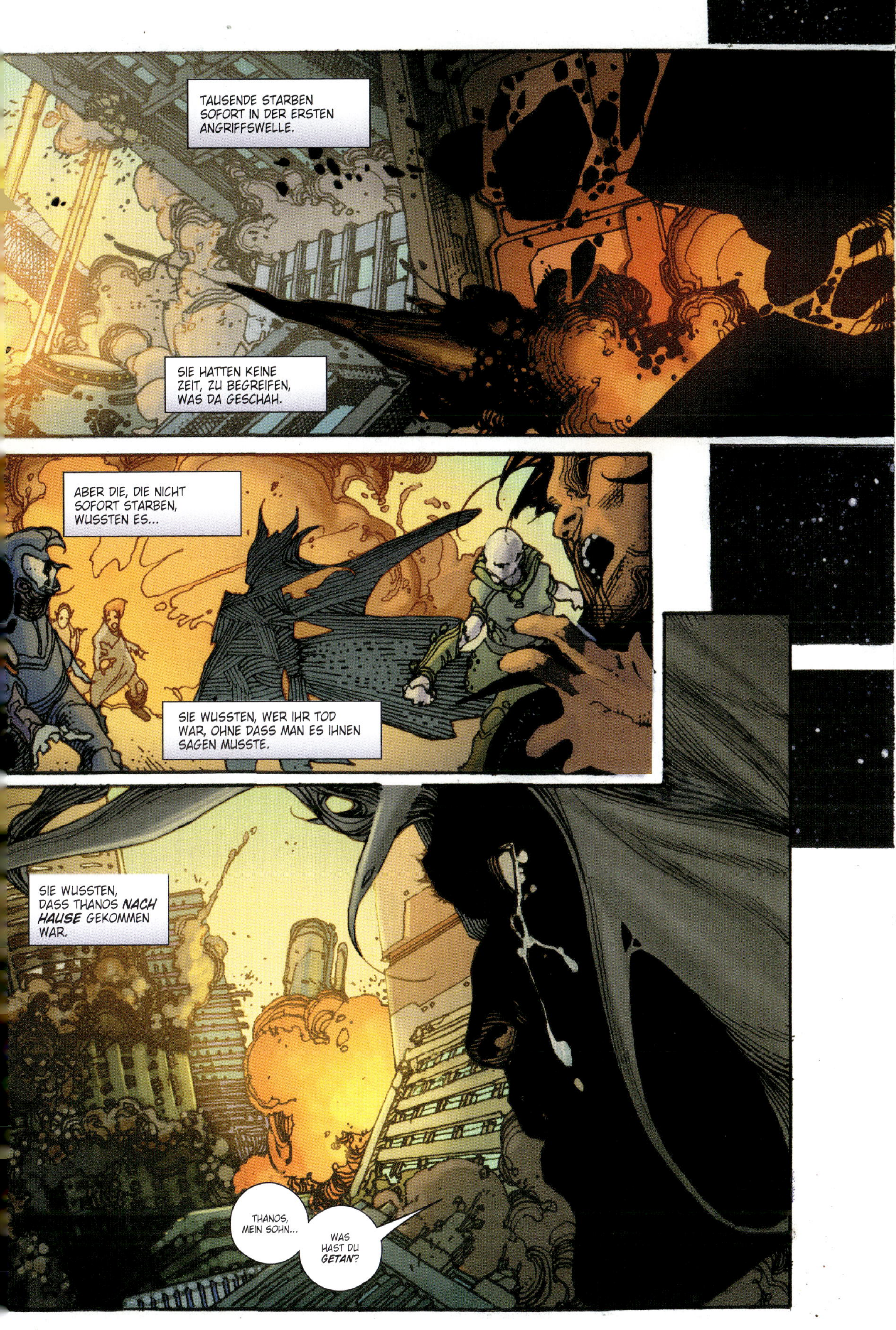
TAUSENDE STARBEN SOFORT IN DER ERSTEN ANGRIFFSWELLE.
SIE HATTEN KEINE ZEIT, ZU BEGREIFEN, WAS DA GESCHAH.
ABER DIE, DIE NICHT SOFORT STARBEN, WUSSTEN ES...
SIE WUSSTEN, WER IHR TOD WAR, OHNE DASS MAN ES IHNEN SAGEN MUSSTE.
SIE WUSSTEN, DASS THANOS **NACH HAUSE** GEKOMMEN WAR.
THANOS, MEIN SOHN...
WAS HAST DU **GETAN**?

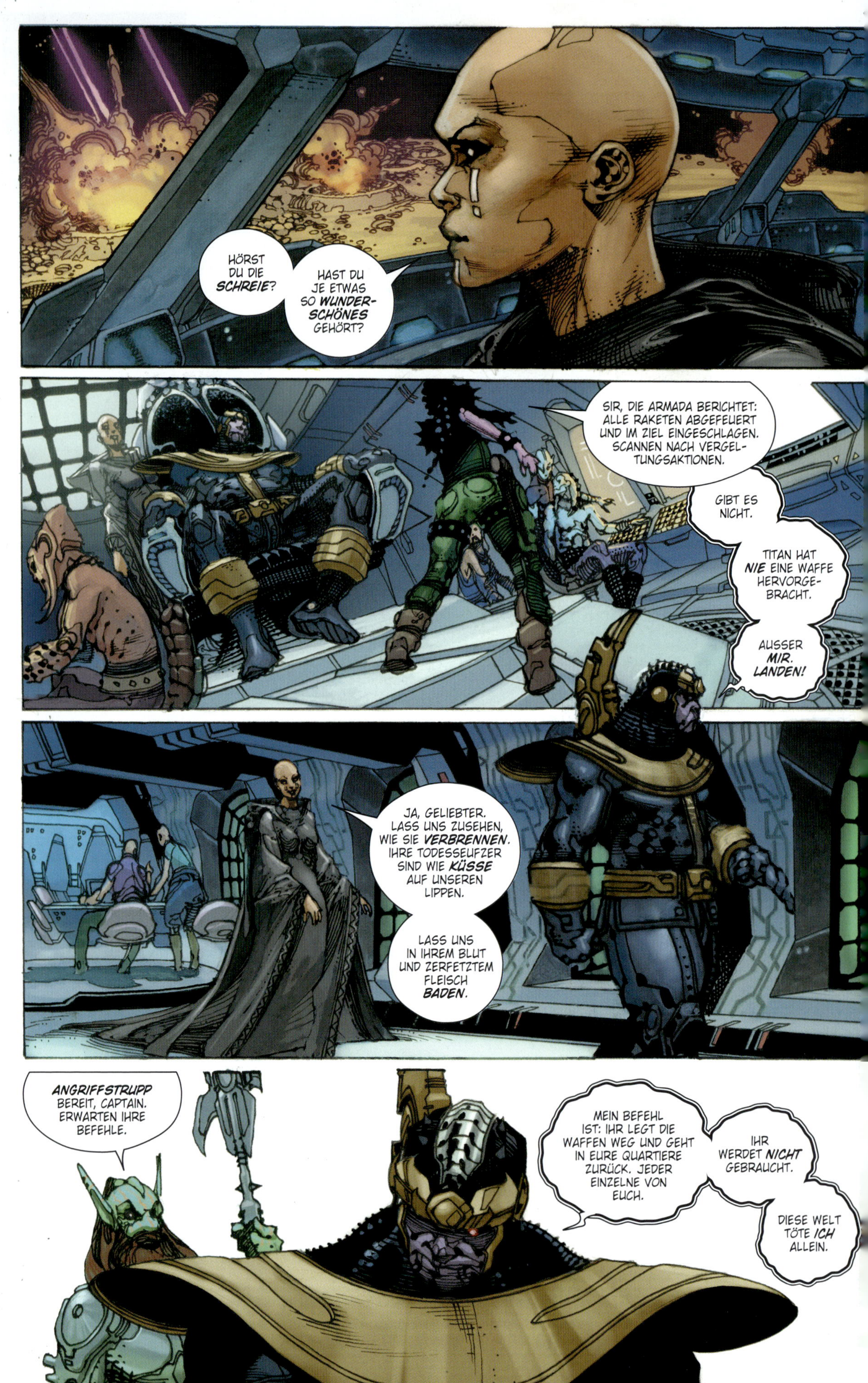
HÖRST DU DIE SCHREIE?
HAST DU JE ETWAS SO WUNDERSCHÖNES GEHÖRT?
SIR, DIE ARMADA BERICHTET: ALLE RAKETEN ABGEFEUERT UND IM ZIEL EINGESCHLAGEN. SCANNEN NACH VERGELTUNGSAKTIONEN.
GIBT ES NICHT.
TITAN HAT NIE EINE WAFFE HERVORGEBRACHT.
AUSSER MIR. LANDEN!
JA, GELIEBTER. LASS UNS ZUSEHEN, WIE SIE VERBRENNEN. IHRE TODESSEUFZER SIND WIE KÜSSE AUF UNSEREN LIPPEN.
LASS UNS IN IHREM BLUT UND ZERFETZTEM FLEISCH BADEN.
ANGRIFFSTRUPP BEREIT, CAPTAIN. ERWARTEN IHRE BEFEHLE.
MEIN BEFEHL IST: IHR LEGT DIE WAFFEN WEG UND GEHT IN EURE QUARTIERE ZURÜCK. JEDER EINZELNE VON EUCH.
IHR WERDET NICHT GEBRAUCHT.
DIESE WELT TÖTE ICH ALLEIN.

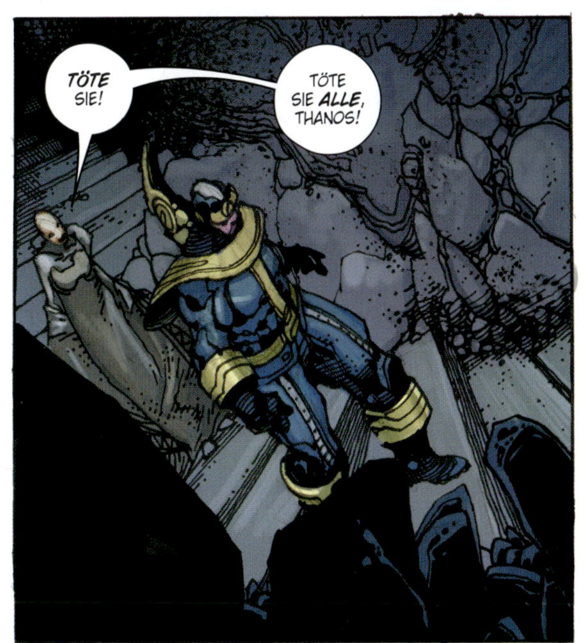
TÖTE SIE!
TÖTE SIE ALLE, THANOS!

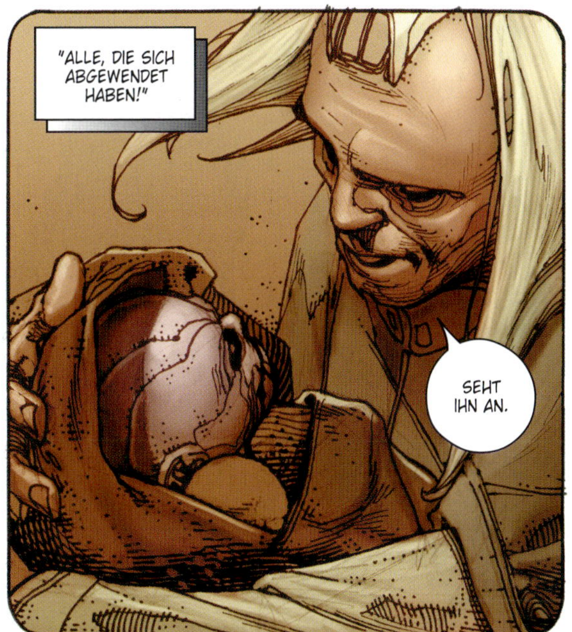
"ALLE, DIE SICH ABGEWENDET HABEN!"
SEHT IHN AN.

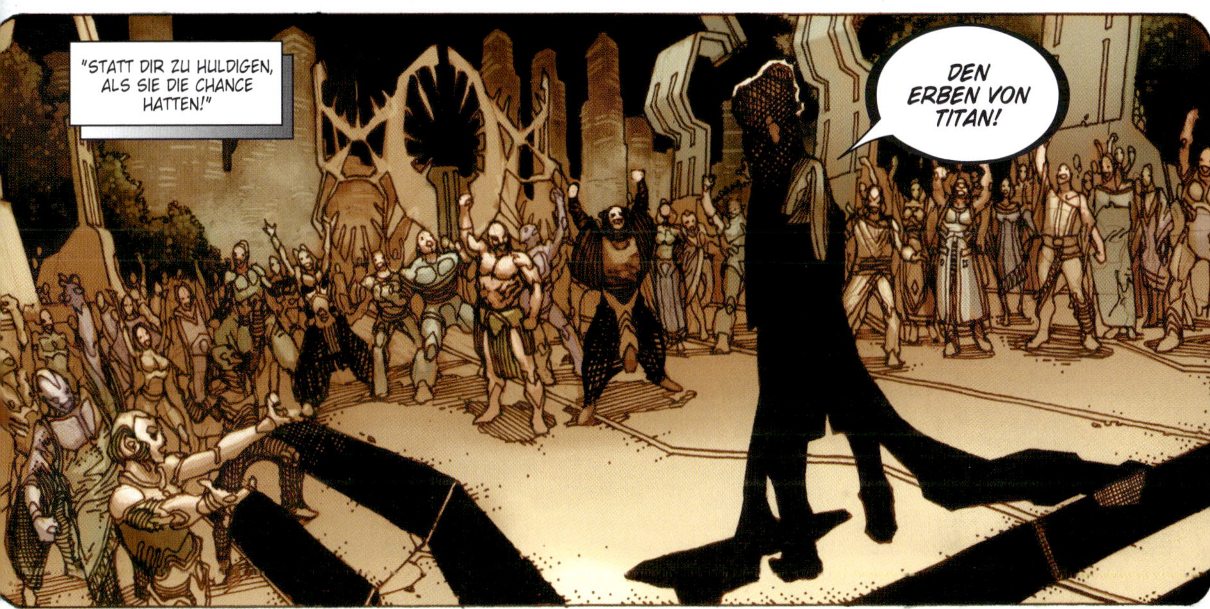
"STATT DIR ZU HULDIGEN, ALS SIE DIE CHANCE HATTEN!"
DEN ERBEN VON TITAN!

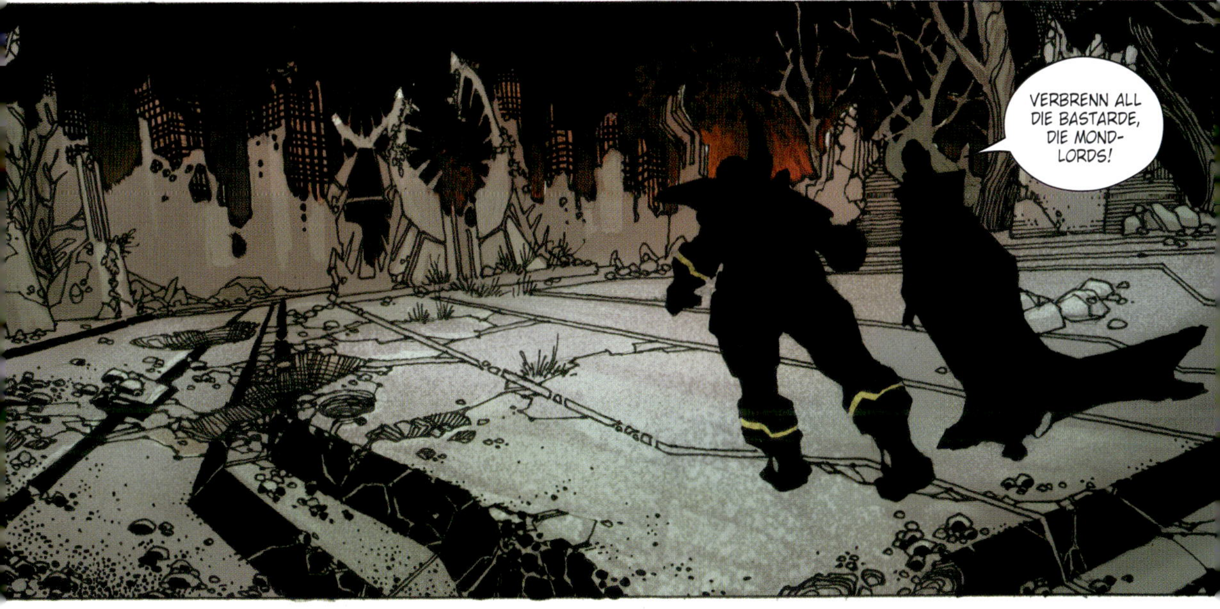
VERBRENN ALL DIE BASTARDE, DIE MOND-LORDS!

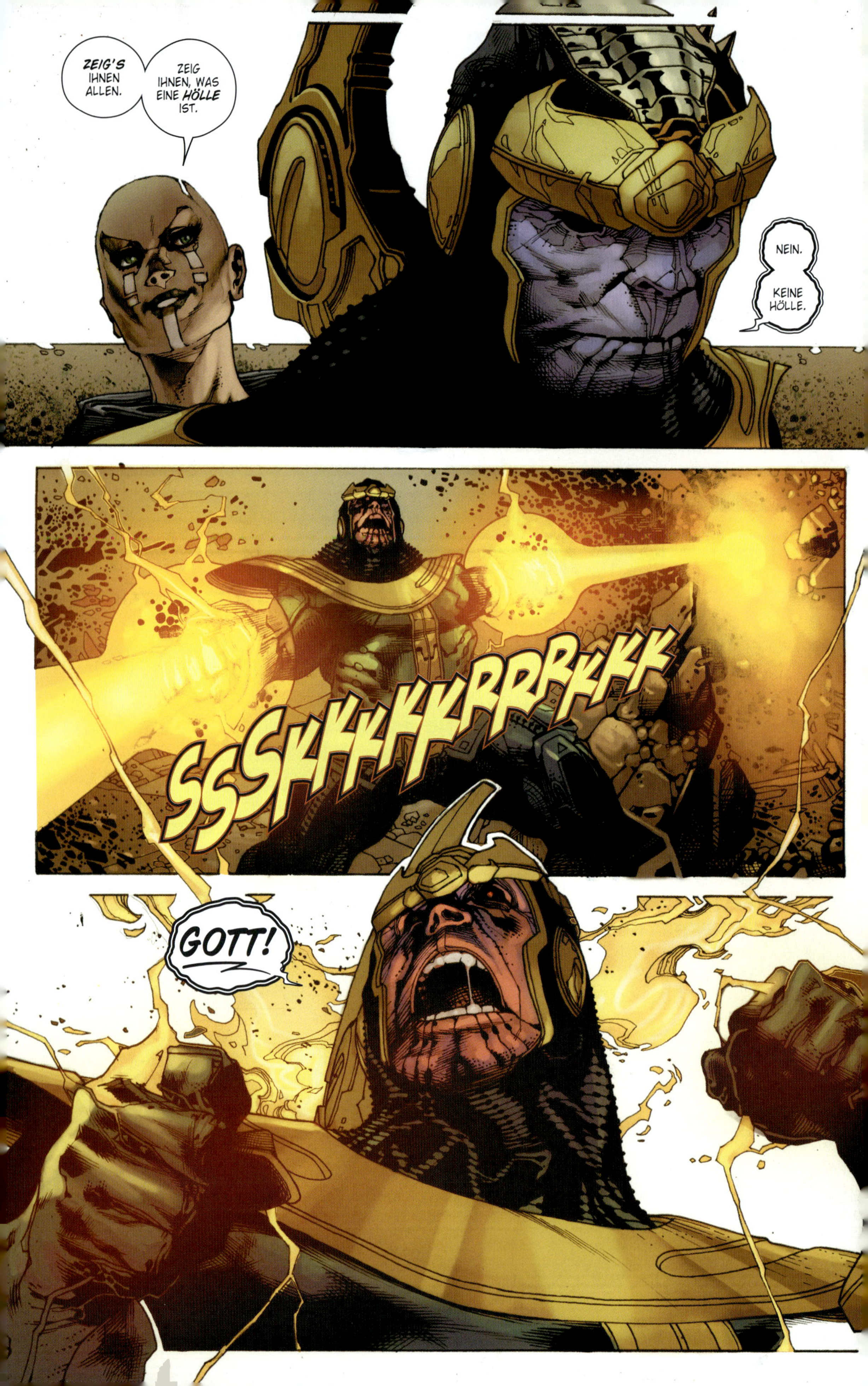

ZEIG'S IHNEN ALLEN.
ZEIG IHNEN, WAS EINE HÖLLE IST.
NEIN.
KEINE HÖLLE.
SSSKKKKRRRKKK
GOTT!

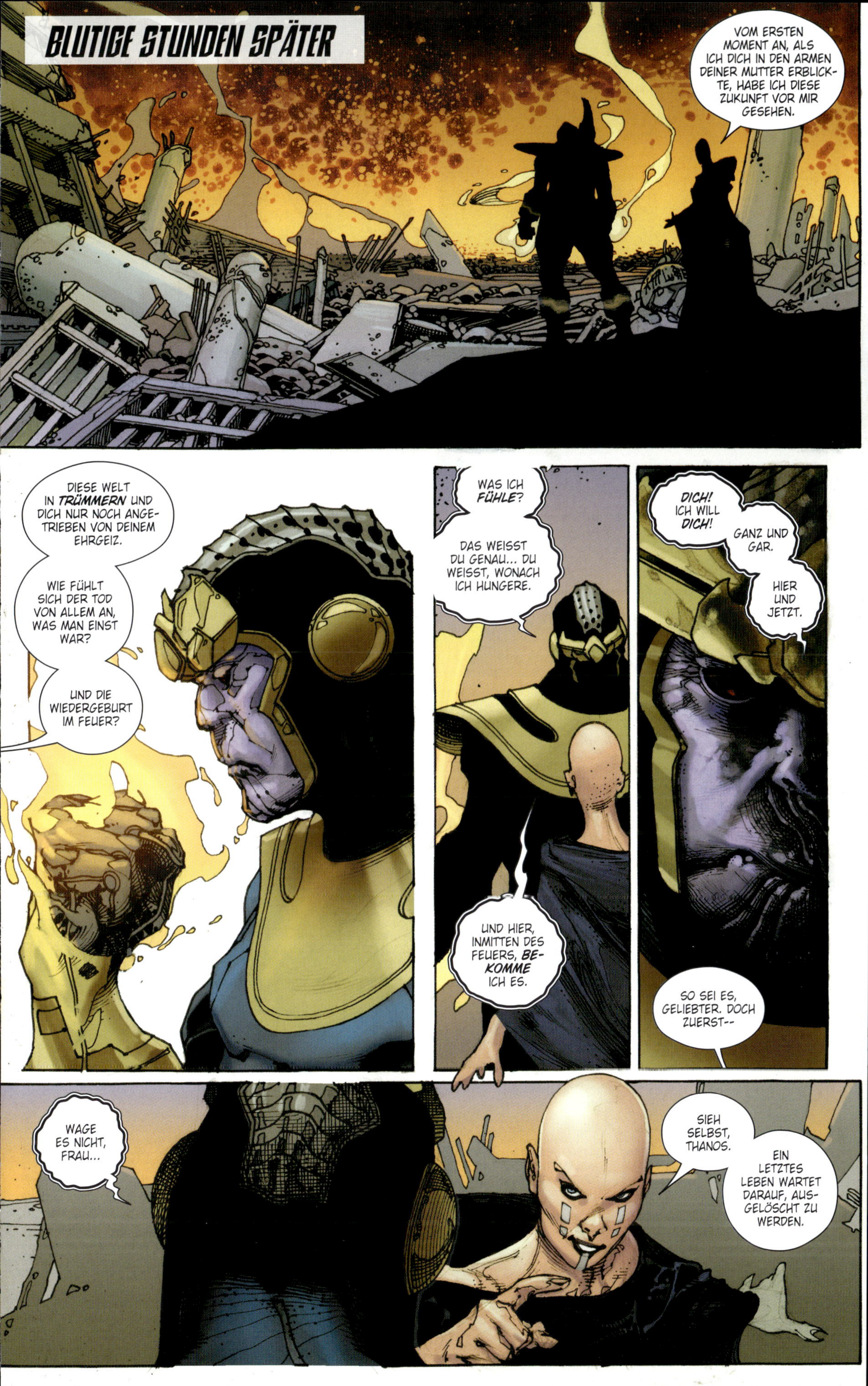
BLUTIGE STUNDEN SPÄTER
VOM ERSTEN MOMENT AN, ALS ICH DICH IN DEN ARMEN DEINER MUTTER ERBLICKTE, HABE ICH DIESE ZUKUNFT VOR MIR GESEHEN.
DIESE WELT IN TRÜMMERN UND DICH NUR NOCH ANGETRIEBEN VON DEINEM EHRGEIZ.
WIE FÜHLT SICH DER TOD VON ALLEM AN, WAS MAN EINST WAR?
UND DIE WIEDERGEBURT IM FEUER?
WAS ICH FÜHLE?
DAS WEISST DU GENAU... DU WEISST, WONACH ICH HUNGERE.
UND HIER, INMITTEN DES FEUERS, BEKOMME ICH ES.
DICH! ICH WILL DICH!
GANZ UND GAR.
HIER UND JETZT.
SO SEI ES, GELIEBTER. DOCH ZUERST--
WAGE ES NICHT, FRAU...
SIEH SELBST, THANOS.
EIN LETZTES LEBEN WARTET DARAUF, AUSGELÖSCHT ZU WERDEN.

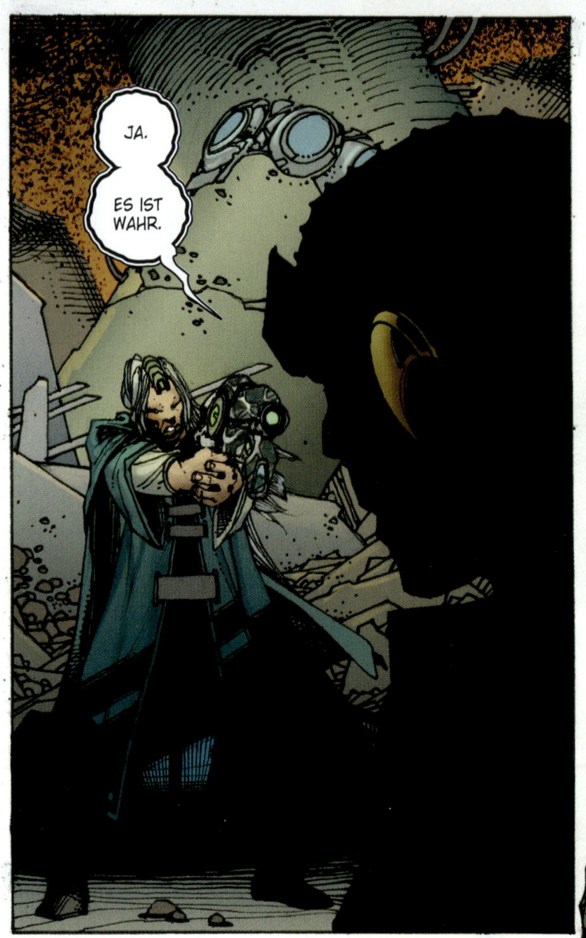
JA.
ES IST WAHR.

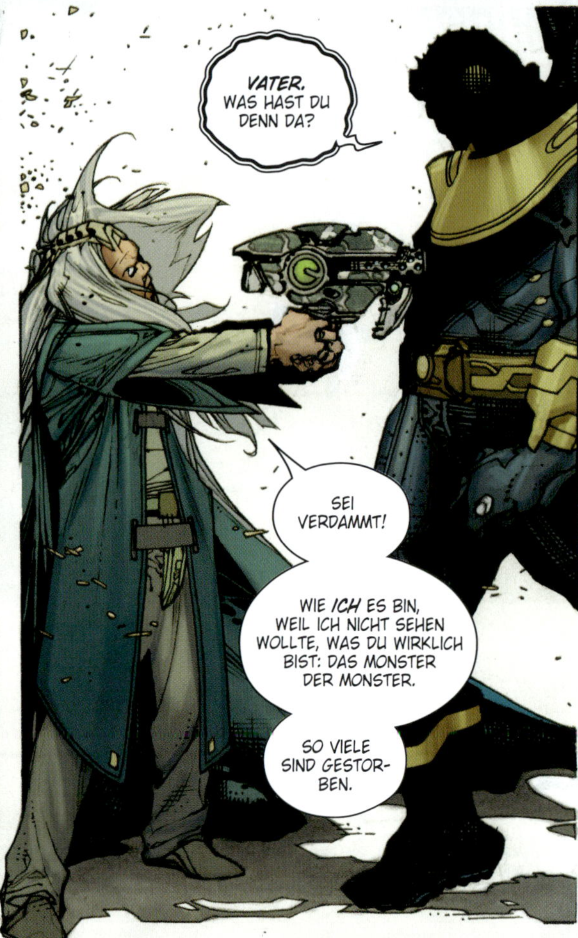
VATER. WAS HAST DU DENN DA?
SEI VERDAMMT!
WIE ICH ES BIN, WEIL ICH NICHT SEHEN WOLLTE, WAS DU WIRKLICH BIST: DAS MONSTER DER MONSTER.
SO VIELE SIND GESTORBEN.

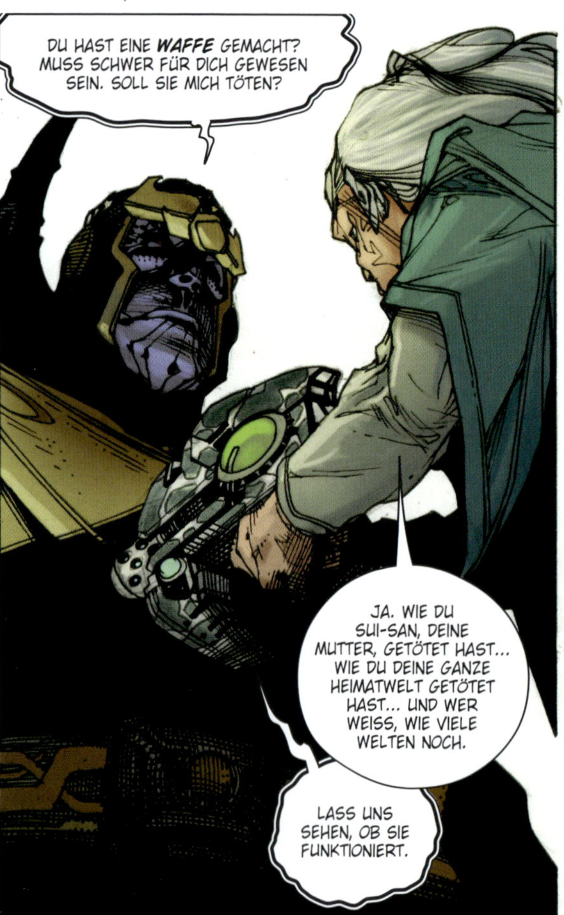
DU HAST EINE WAFFE GEMACHT? MUSS SCHWER FÜR DICH GEWESEN SEIN. SOLL SIE MICH TÖTEN?
JA. WIE DU SUI-SAN, DEINE MUTTER, GETÖTET HAST... WIE DU DEINE GANZE HEIMATWELT GETÖTET HAST... UND WER WEISS, WIE VIELE WELTEN NOCH.
LASS UNS SEHEN, OB SIE FUNKTIONIERT.

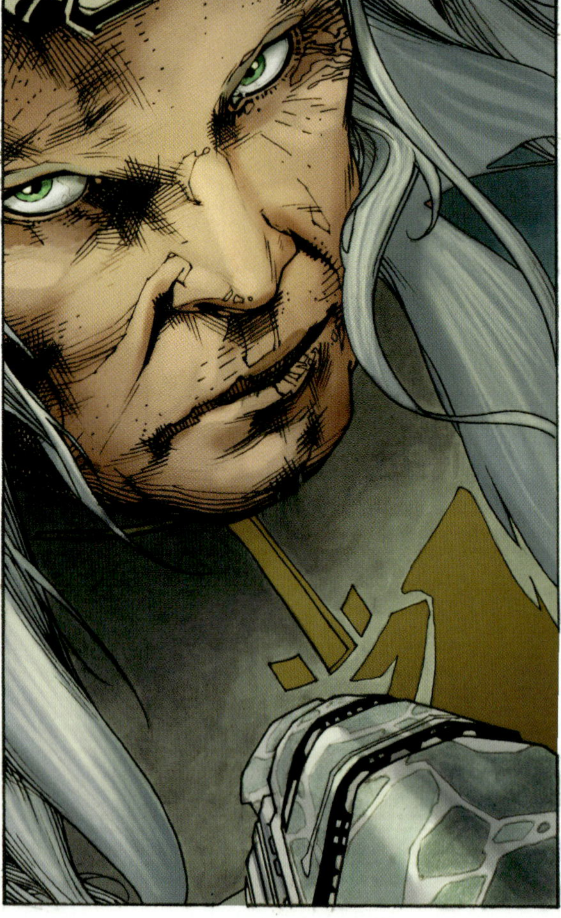

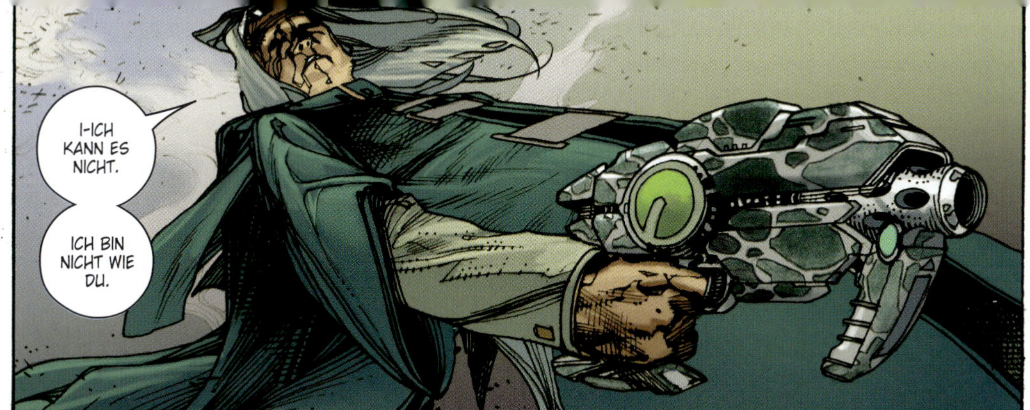
I-ICH KANN ES NICHT.
ICH BIN NICHT WIE DU.

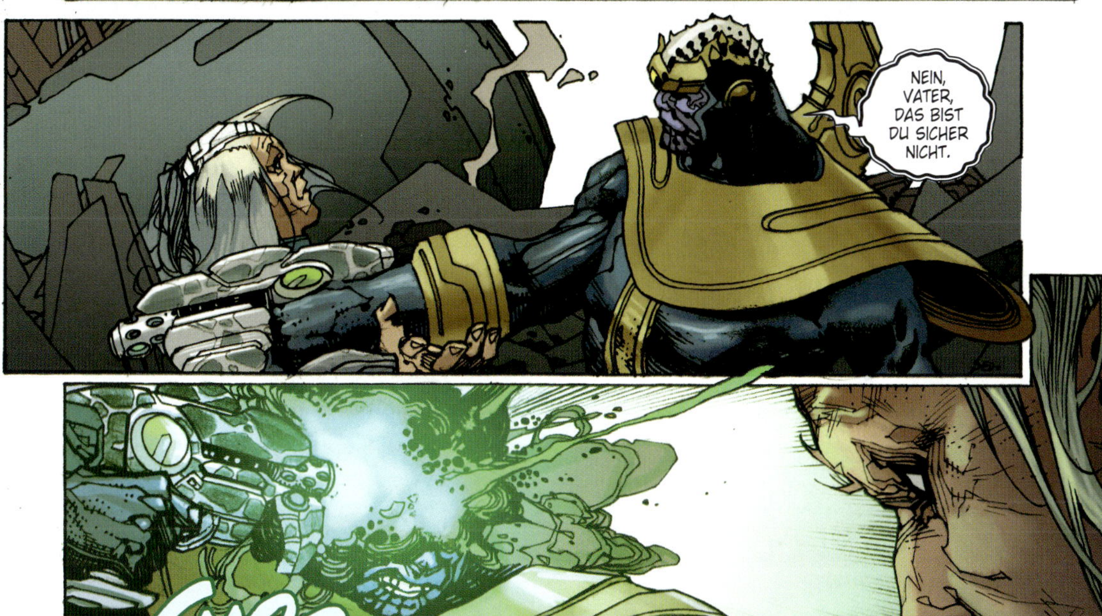
NEIN, VATER, DAS BIST DU SICHER NICHT.
CHOOOM

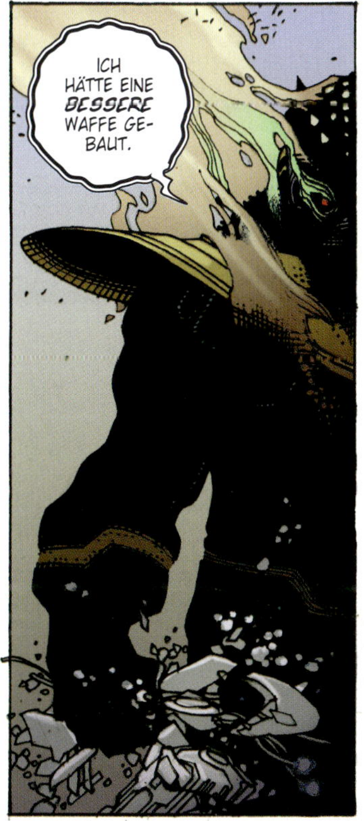
ICH HÄTTE EINE *BESSERE* WAFFE GEBAUT.

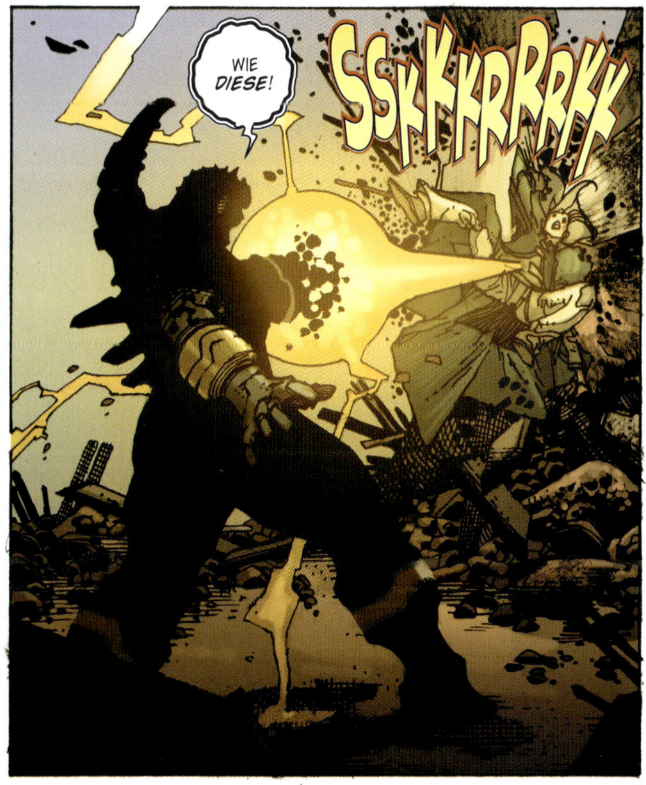
WIE *DIESE!*
SSKKKRRRKK

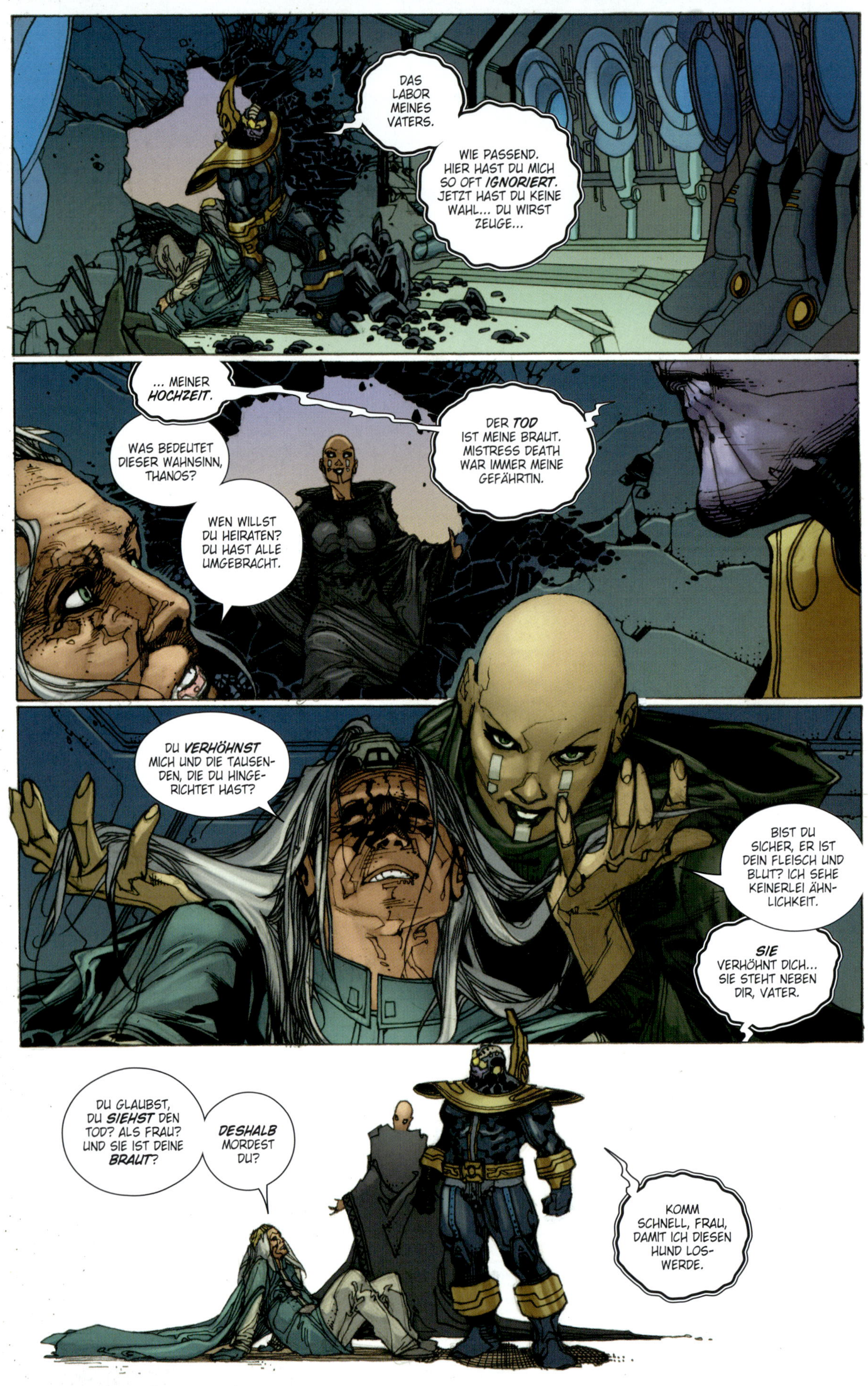
DAS LABOR MEINES VATERS.
WIE PASSEND. HIER HAST DU MICH SO OFT *IGNORIERT*. JETZT HAST DU KEINE WAHL... DU WIRST ZEUGE...
... MEINER *HOCHZEIT*.
WAS BEDEUTET DIESER WAHNSINN, THANOS?
DER *TOD* IST MEINE BRAUT. MISTRESS DEATH WAR IMMER MEINE GEFÄHRTIN.
WEN WILLST DU HEIRATEN? DU HAST ALLE UMGEBRACHT.
DU *VERHÖHNST* MICH UND DIE TAUSENDEN, DIE DU HINGERICHTET HAST?
BIST DU SICHER, ER IST DEIN FLEISCH UND BLUT? ICH SEHE KEINERLEI ÄHNLICHKEIT.
SIE VERHÖHNT DICH... SIE STEHT NEBEN DIR, VATER.
DU GLAUBST, DU *SIEHST* DEN TOD? ALS FRAU? UND SIE IST DEINE *BRAUT*?
DESHALB MORDEST DU?
KOMM SCHNELL, FRAU, DAMIT ICH DIESEN HUND LOSWERDE.

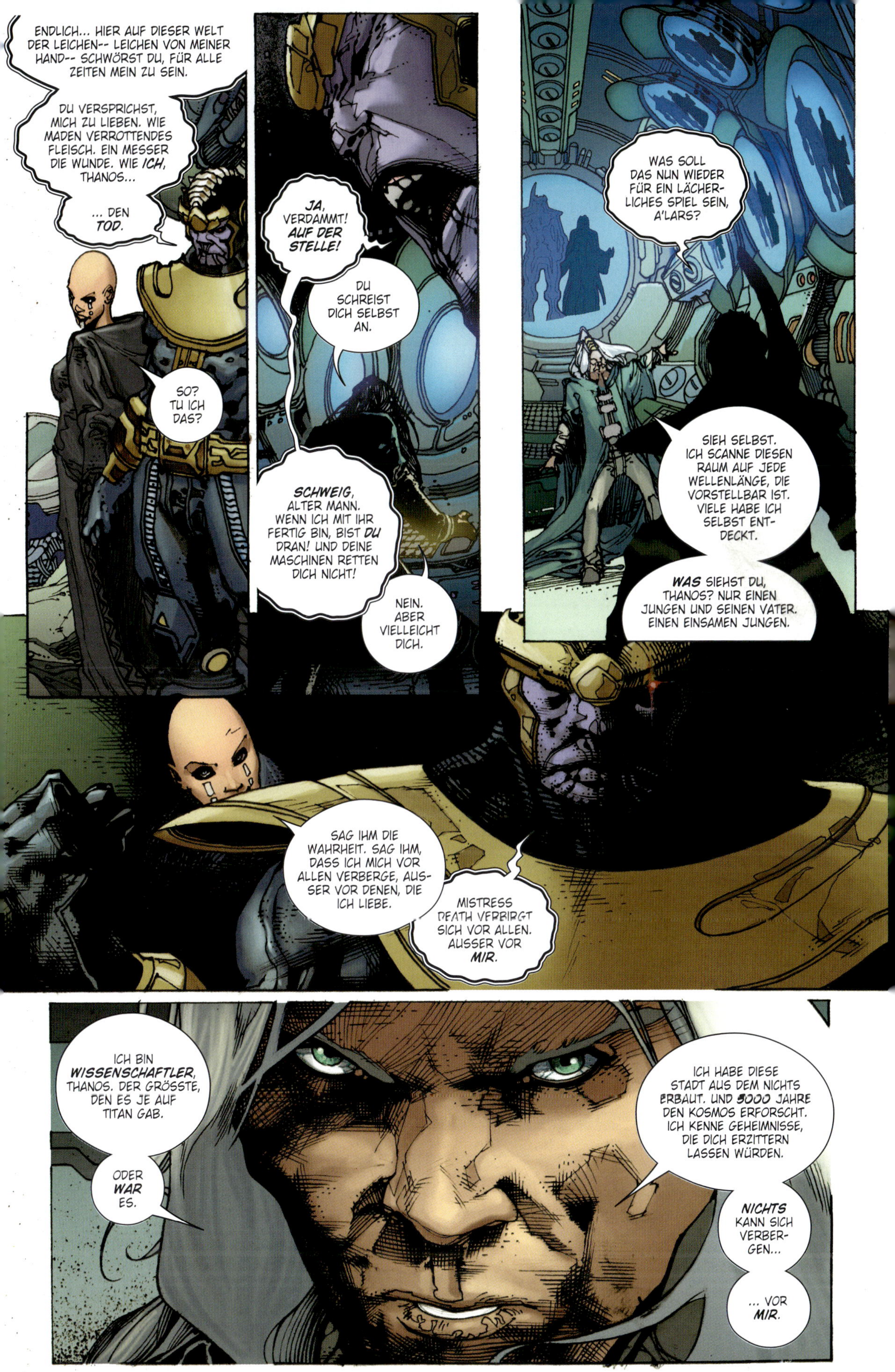

ENDLICH... HIER AUF DIESER WELT DER LEICHEN-- LEICHEN VON MEINER HAND-- SCHWÖRST DU, FÜR ALLE ZEITEN MEIN ZU SEIN.
DU VERSPRICHST, MICH ZU LIEBEN. WIE MADEN VERROTTENDES FLEISCH. EIN MESSER DIE WUNDE. WIE *ICH*, THANOS...
... DEN *TOD*.
SO? TU ICH DAS?
JA, VERDAMMT! *AUF DER STELLE!*
DU SCHREIST DICH SELBST AN.
SCHWEIG, ALTER MANN. WENN ICH MIT IHR FERTIG BIN, BIST *DU* DRAN! UND DEINE MASCHINEN RETTEN DICH NICHT!
NEIN. ABER VIELLEICHT DICH.
WAS SOLL DAS NUN WIEDER FÜR EIN LÄCHERLICHES SPIEL SEIN, A'LARS?
SIEH SELBST. ICH SCANNE DIESEN RAUM AUF JEDE WELLENLÄNGE, DIE VORSTELLBAR IST. VIELE HABE ICH SELBST ENTDECKT.
WAS SIEHST DU, THANOS? NUR EINEN JUNGEN UND SEINEN VATER. EINEN EINSAMEN JUNGEN.
SAG IHM DIE WAHRHEIT. SAG IHM, DASS ICH MICH VOR ALLEN VERBERGE, AUSSER VOR DENEN, DIE ICH LIEBE.
MISTRESS DEATH VERBIRGT SICH VOR ALLEN. AUSSER VOR *MIR*.

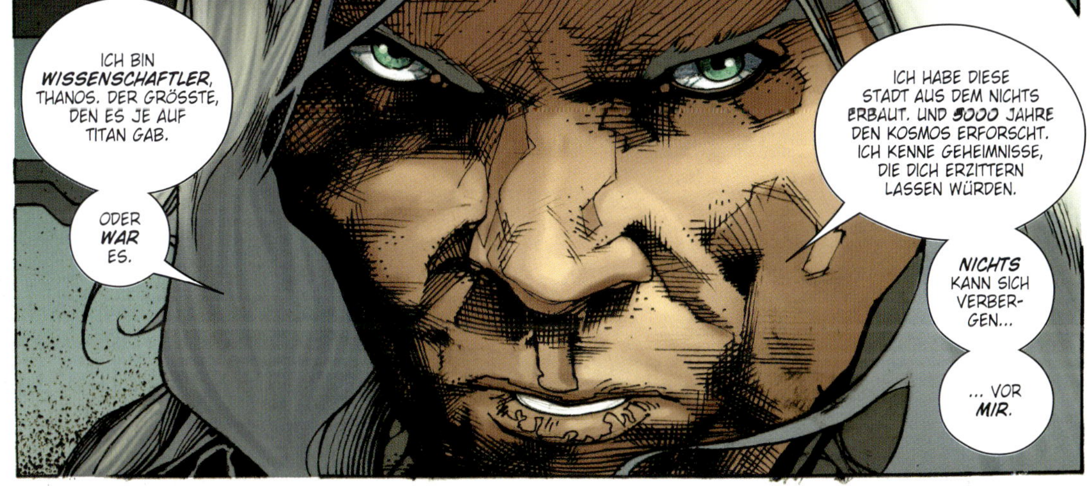
ICH BIN *WISSENSCHAFTLER*, THANOS. DER GRÖSSTE, DEN ES JE AUF TITAN GAB.
ODER *WAR* ES.
ICH HABE DIESE STADT AUS DEM NICHTS ERBAUT. UND 5000 JAHRE DEN KOSMOS ERFORSCHT. ICH KENNE GEHEIMNISSE, DIE DICH ERZITTERN LASSEN WÜRDEN.
NICHTS KANN SICH VERBERGEN...
... VOR *MIR*.

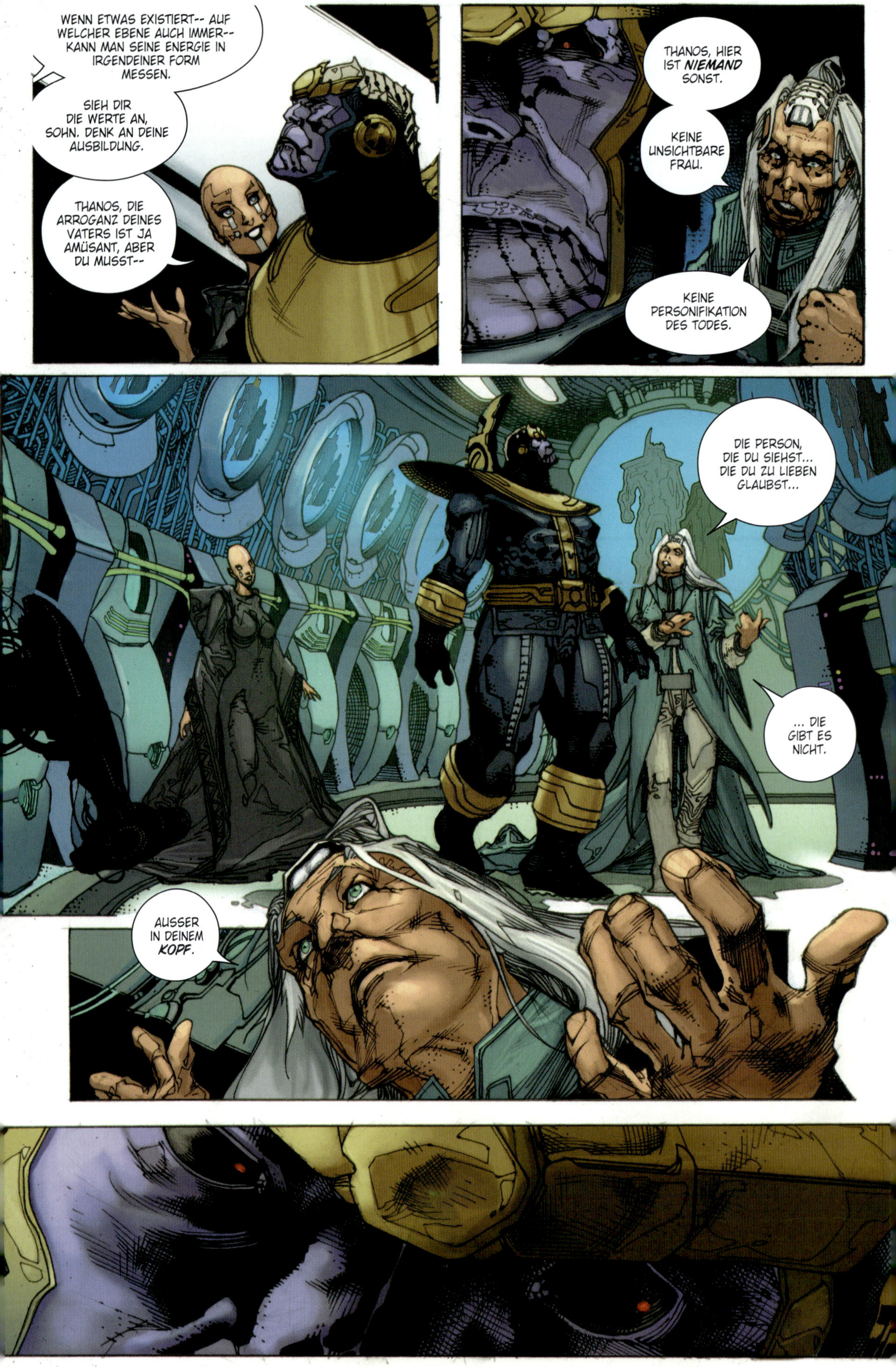

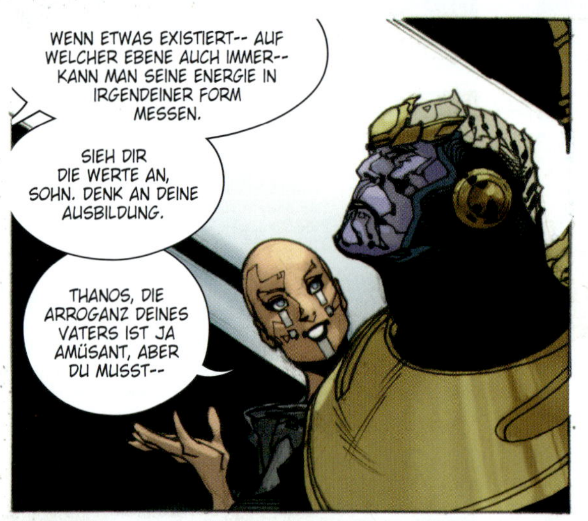

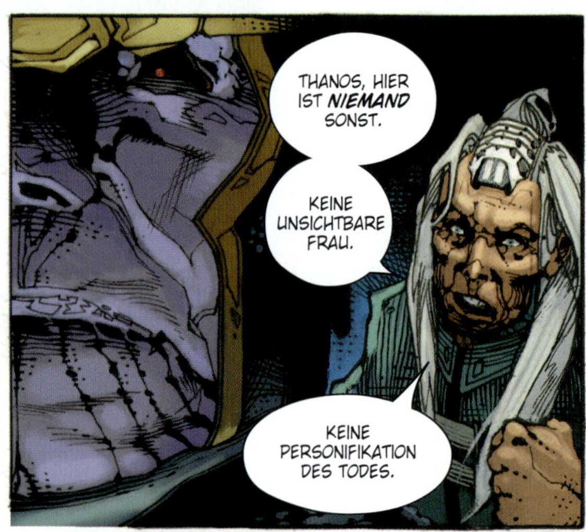

DIE PERSON, DIE DU SIEHST... DIE DU ZU LIEBEN GLAUBST...

... DIE GIBT ES NICHT.

AUSSER IN DEINEM ***KOPF***.

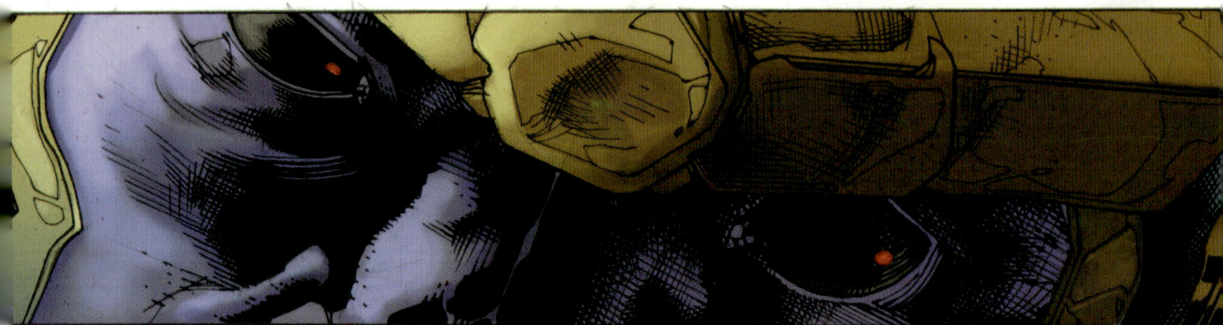

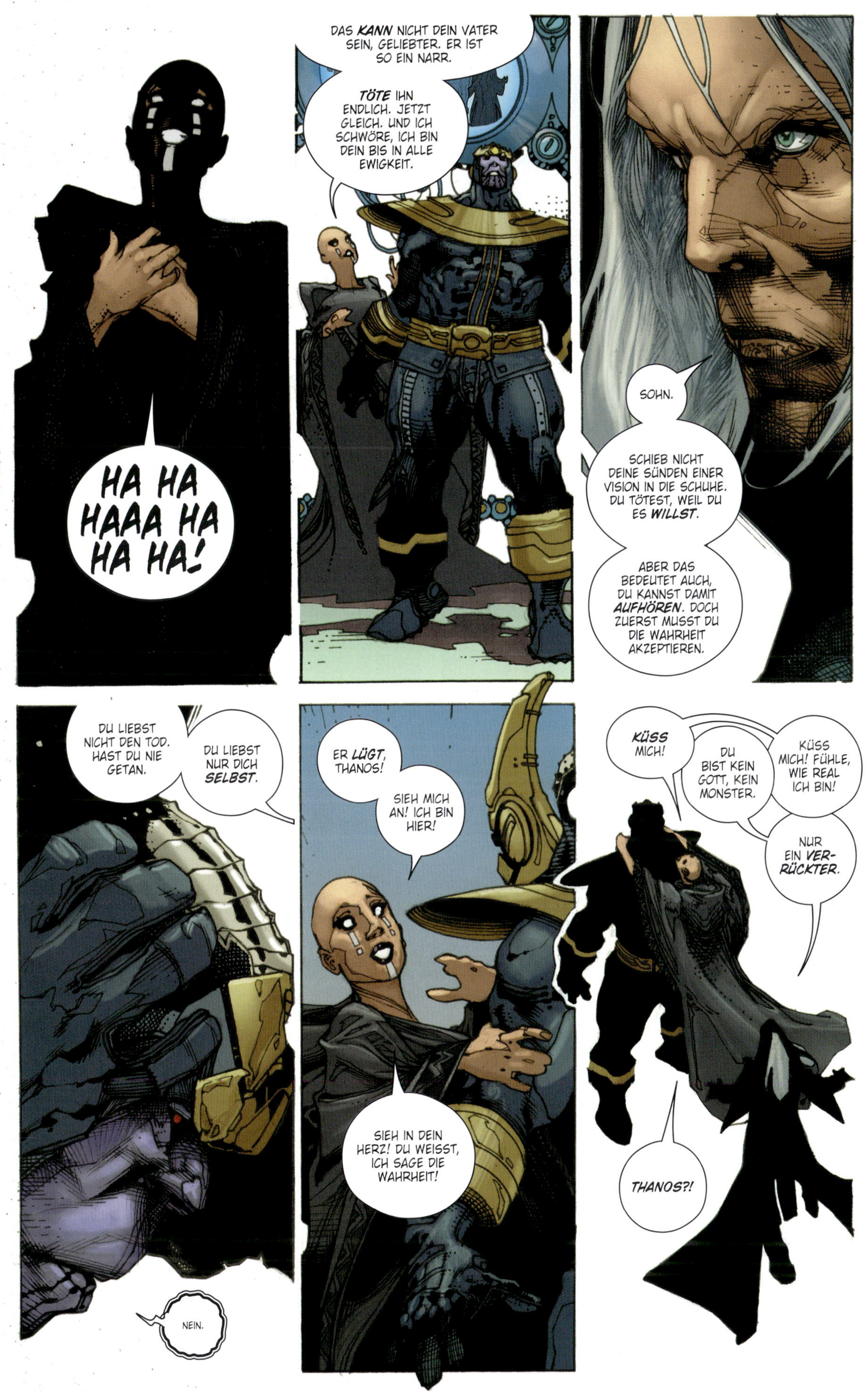
HA HA HAAA HA HA HA!
DAS KANN NICHT DEIN VATER SEIN, GELIEBTER. ER IST SO EIN NARR.
TÖTE IHN ENDLICH. JETZT GLEICH. UND ICH SCHWÖRE, ICH BIN DEIN BIS IN ALLE EWIGKEIT.
SOHN.
SCHIEB NICHT DEINE SÜNDEN EINER VISION IN DIE SCHUHE. DU TÖTEST, WEIL DU ES WILLST.
ABER DAS BEDEUTET AUCH, DU KANNST DAMIT AUFHÖREN. DOCH ZUERST MUSST DU DIE WAHRHEIT AKZEPTIEREN.
DU LIEBST NICHT DEN TOD. HAST DU NIE GETAN.
DU LIEBST NUR DICH SELBST.
NEIN.
ER LÜGT, THANOS!
SIEH MICH AN! ICH BIN HIER!
SIEH IN DEIN HERZ! DU WEISST, ICH SAGE DIE WAHRHEIT!
KÜSS MICH!
DU BIST KEIN GOTT, KEIN MONSTER.
KÜSS MICH! FÜHLE, WIE REAL ICH BIN!
NUR EIN VERRÜCKTER.
THANOS?!

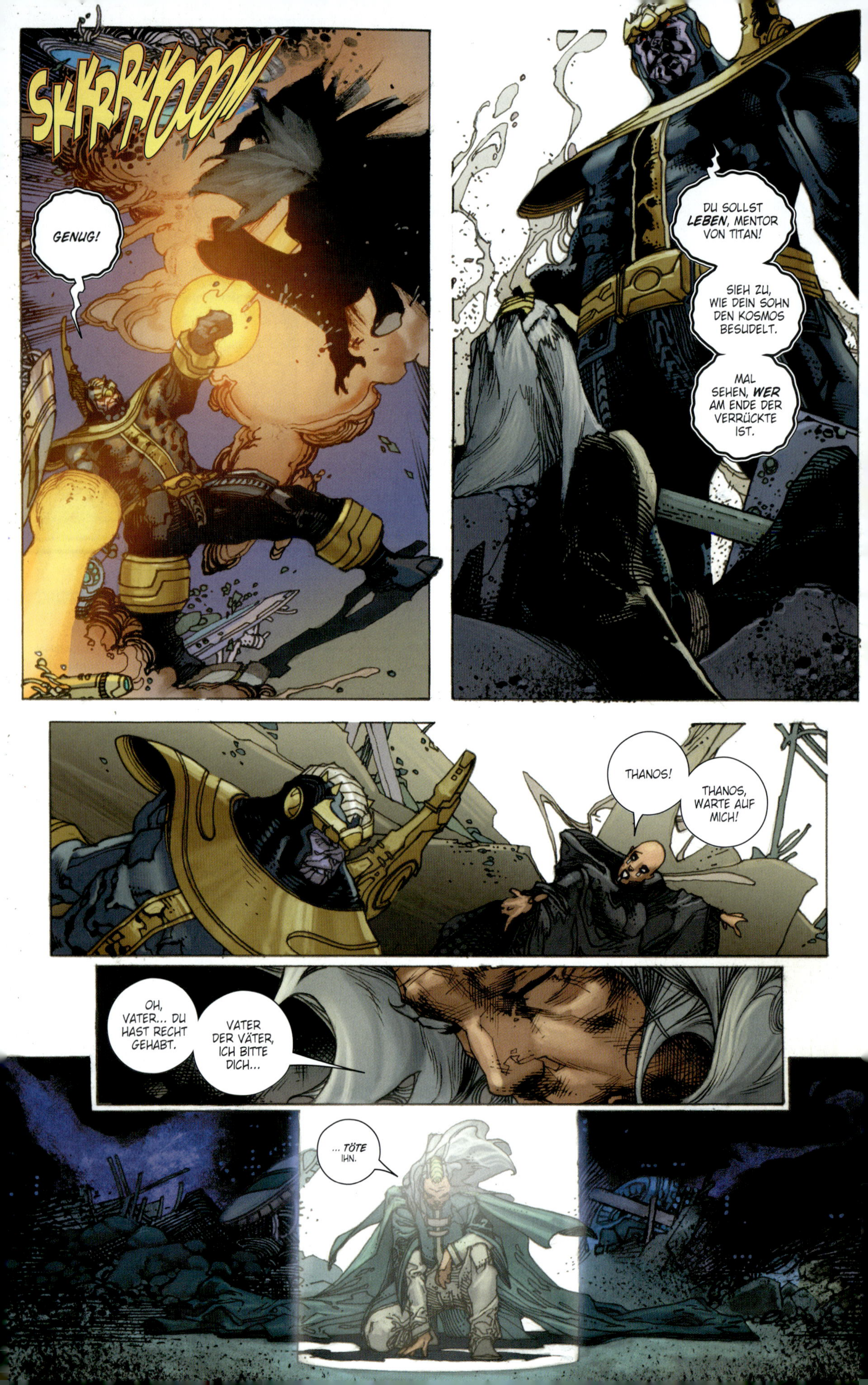

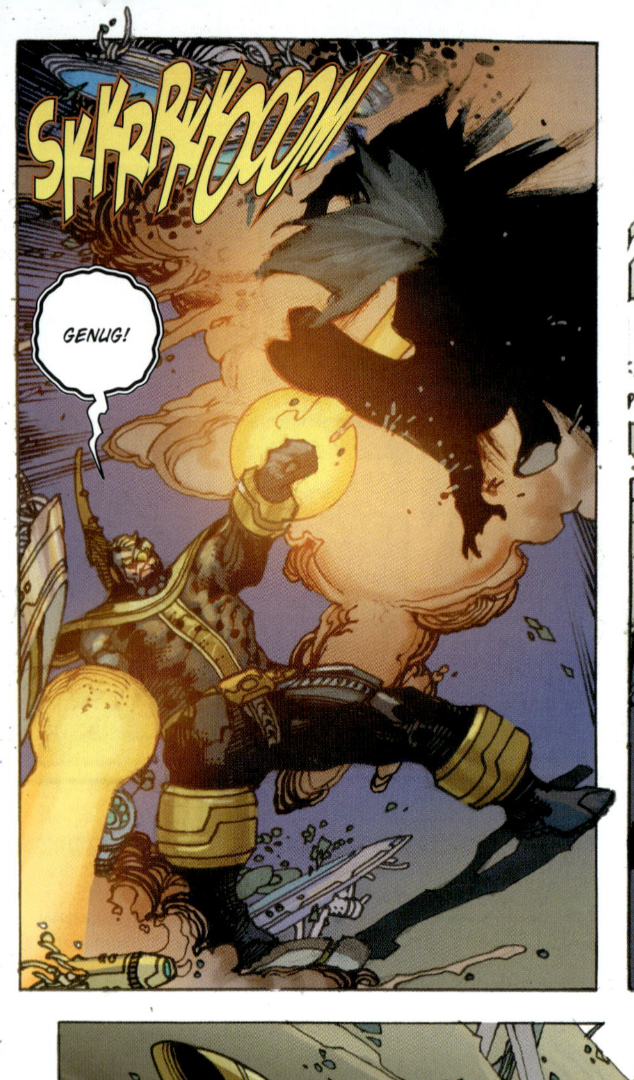
SKRRKOOOM
GENUG!

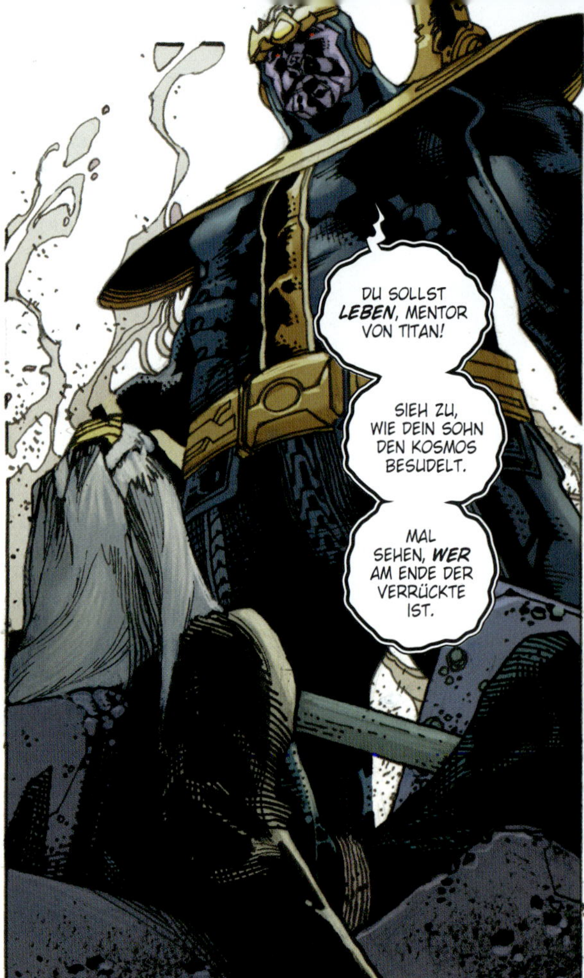
DU SOLLST **LEBEN**, MENTOR VON TITAN!
SIEH ZU, WIE DEIN SOHN DEN KOSMOS BESUDELT.
MAL SEHEN, **WER** AM ENDE DER VERRÜCKTE IST.

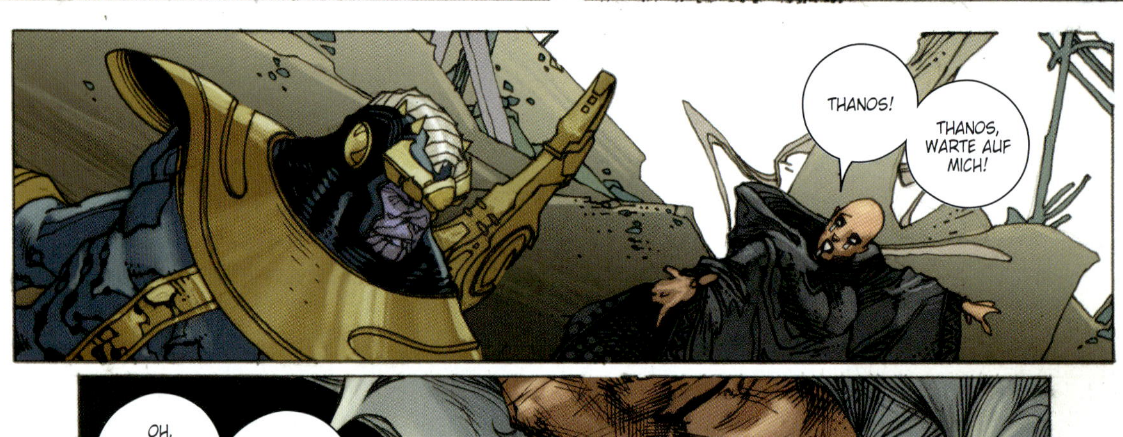
THANOS!
THANOS, WARTE AUF MICH!
OH, VATER... DU HAST RECHT GEHABT.
VATER DER VÄTER, ICH BITTE DICH...
... **TÖTE** IHN.

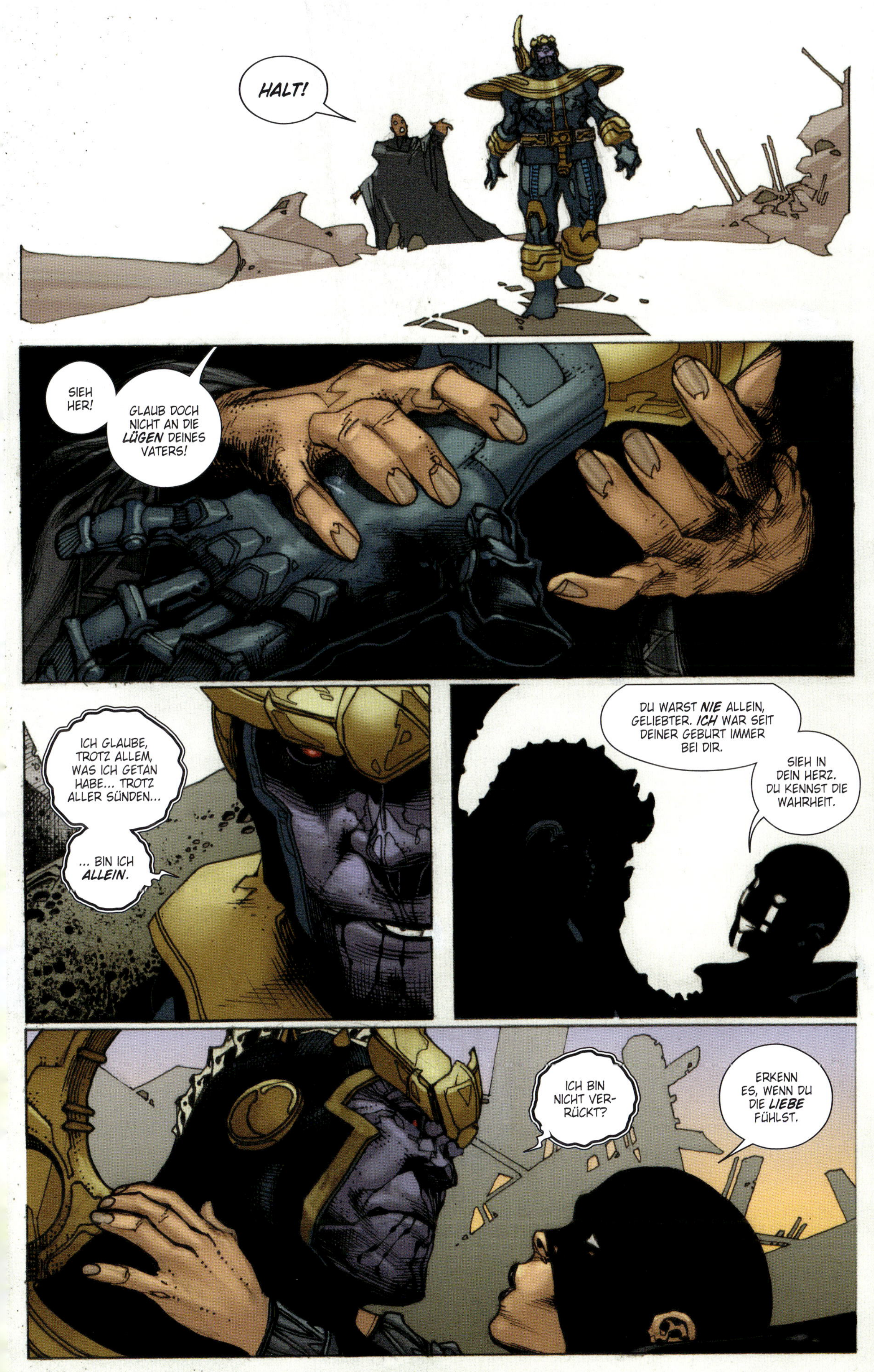
HALT!
SIEH HER!
GLAUB DOCH NICHT AN DIE LÜGEN DEINES VATERS!
ICH GLAUBE, TROTZ ALLEM, WAS ICH GETAN HABE... TROTZ ALLER SÜNDEN...
... BIN ICH ALLEIN.
DU WARST NIE ALLEIN, GELIEBTER. ICH WAR SEIT DEINER GEBURT IMMER BEI DIR.
SIEH IN DEIN HERZ. DU KENNST DIE WAHRHEIT.
ICH BIN NICHT VERRÜCKT?
ERKENN ES, WENN DU DIE LIEBE FÜHLST.

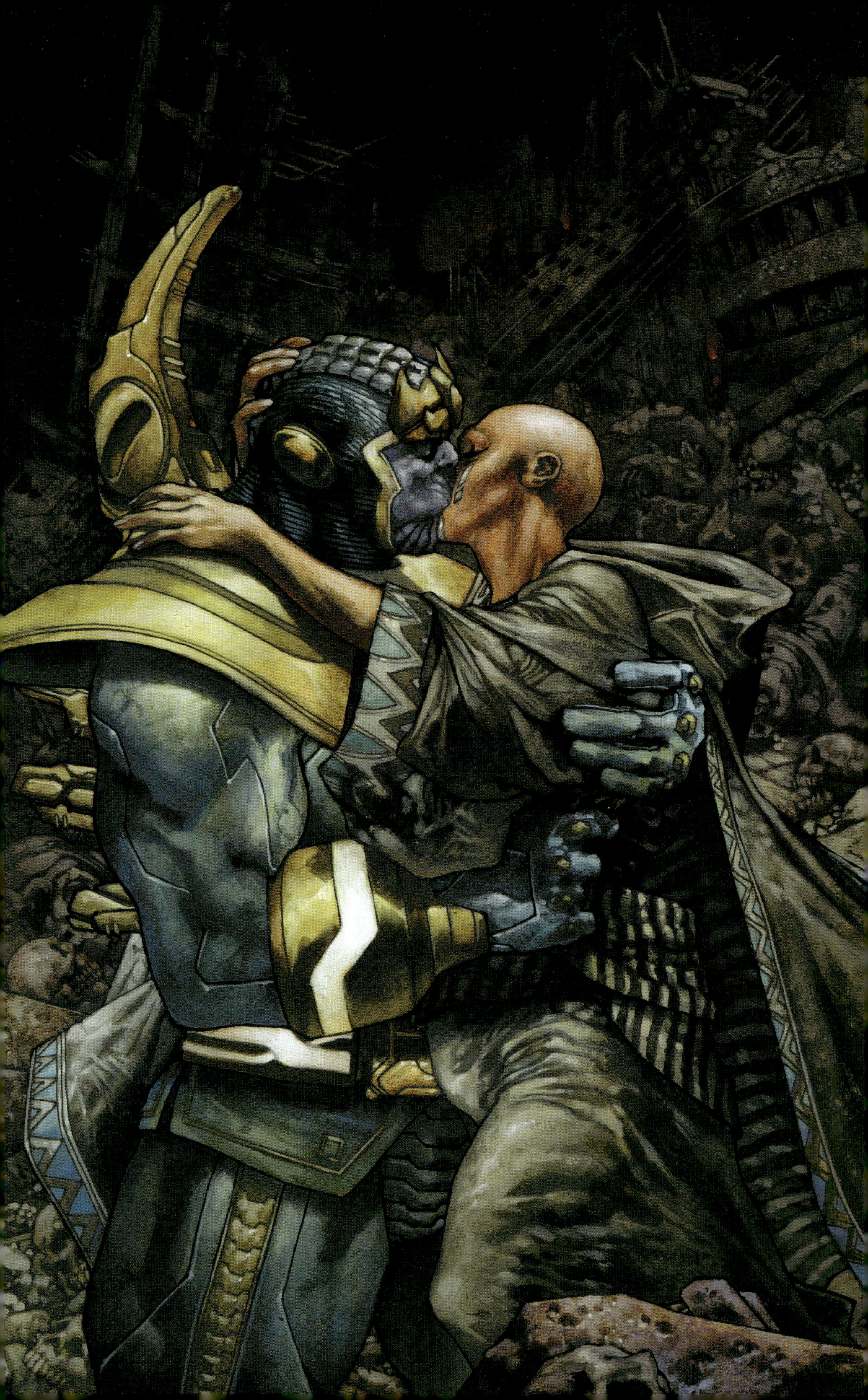

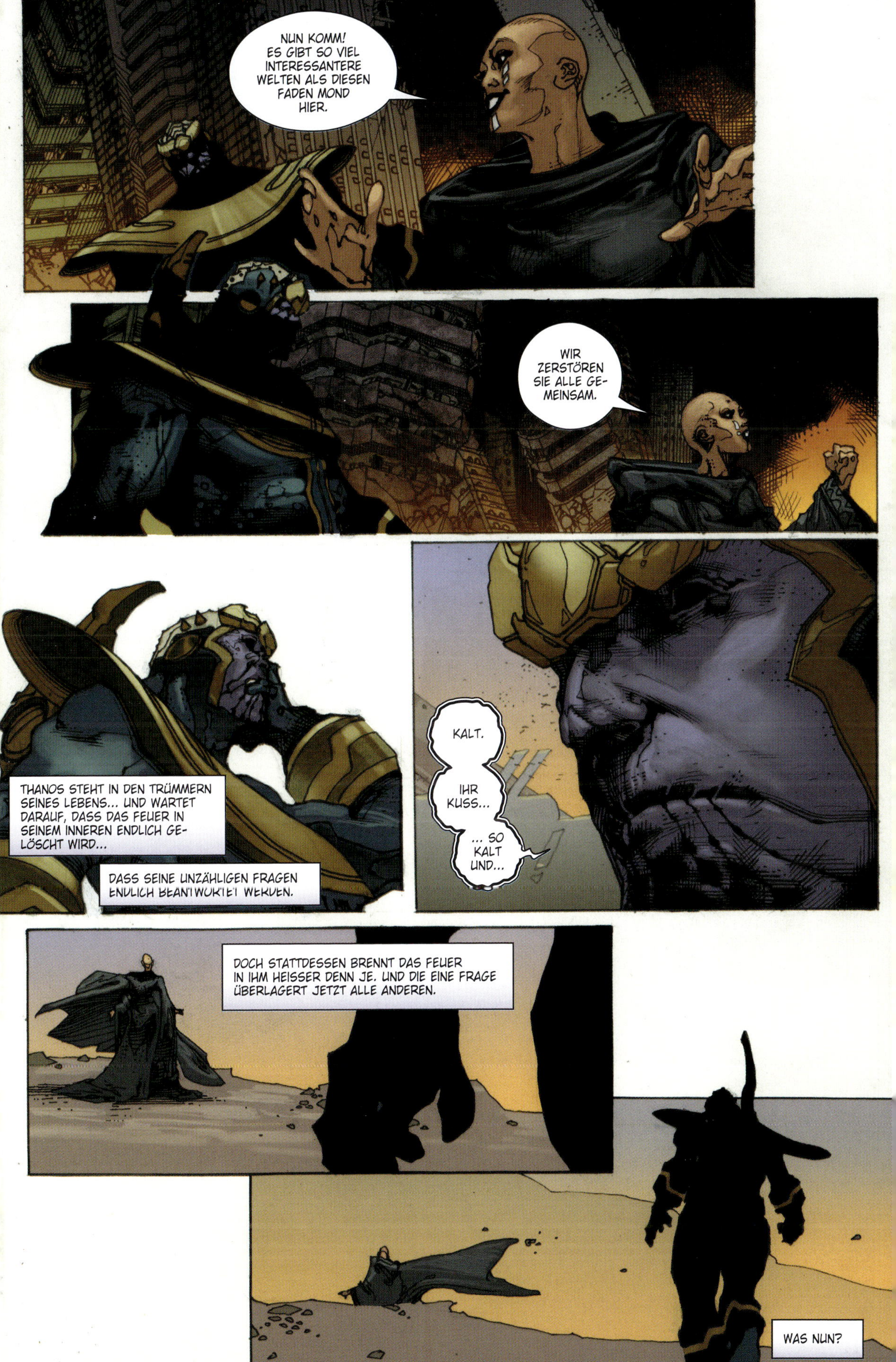
NUN KOMM! ES GIBT SO VIEL INTERESSANTERE WELTEN ALS DIESEN FADEN MOND HIER.
WIR ZERSTÖREN SIE ALLE GEMEINSAM.
THANOS STEHT IN DEN TRÜMMERN SEINES LEBENS... UND WARTET DARAUF, DASS DAS FEUER IN SEINEM INNEREN ENDLICH GELÖSCHT WIRD...
DASS SEINE UNZÄHLIGEN FRAGEN ENDLICH BEANTWORTET WERDEN.
KALT.
IHR KUSS...
... SO KALT UND...
DOCH STATTDESSEN BRENNT DAS FEUER IN IHM HEISSER DENN JE. UND DIE EINE FRAGE ÜBERLAGERT JETZT ALLE ANDEREN.
WAS NUN?

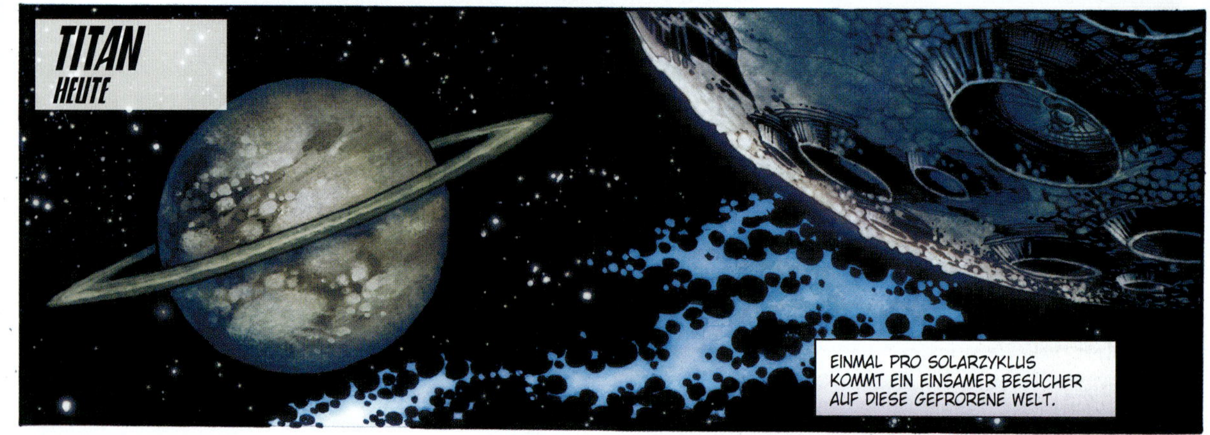

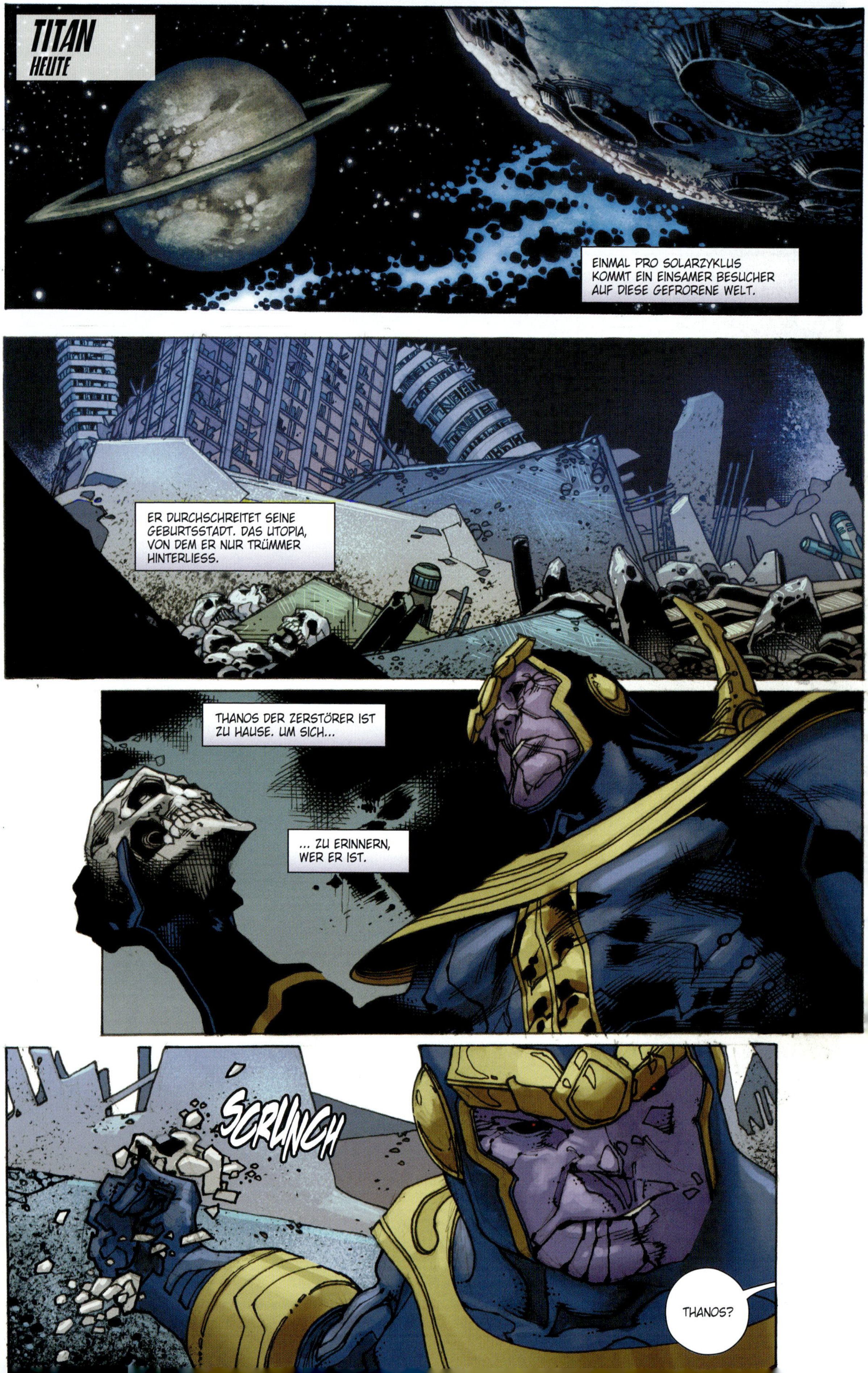

ER DURCHSCHREITET SEINE GEBURTSSTADT. DAS UTOPIA, VON DEM ER NUR TRÜMMER HINTERLIESS.

THANOS DER ZERSTÖRER IST ZU HAUSE. UM SICH...

... ZU ERINNERN, WER ER IST.

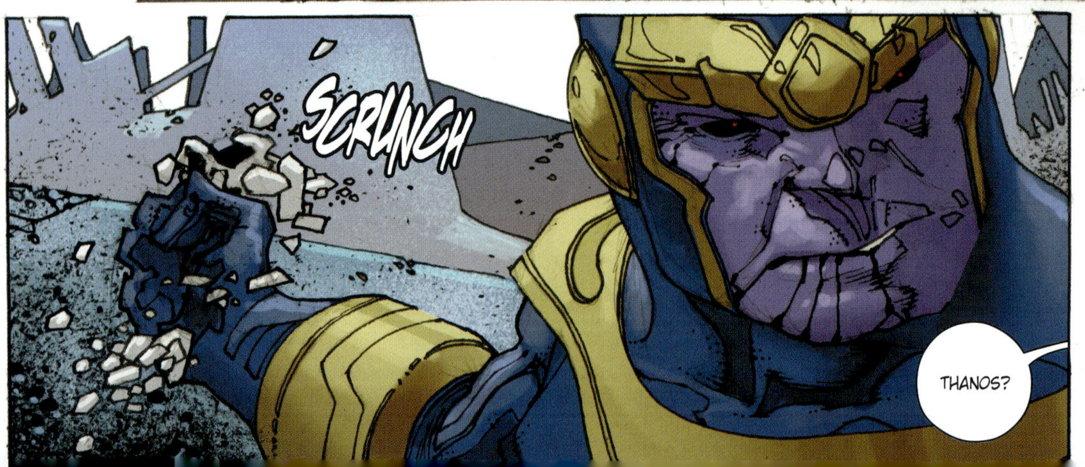

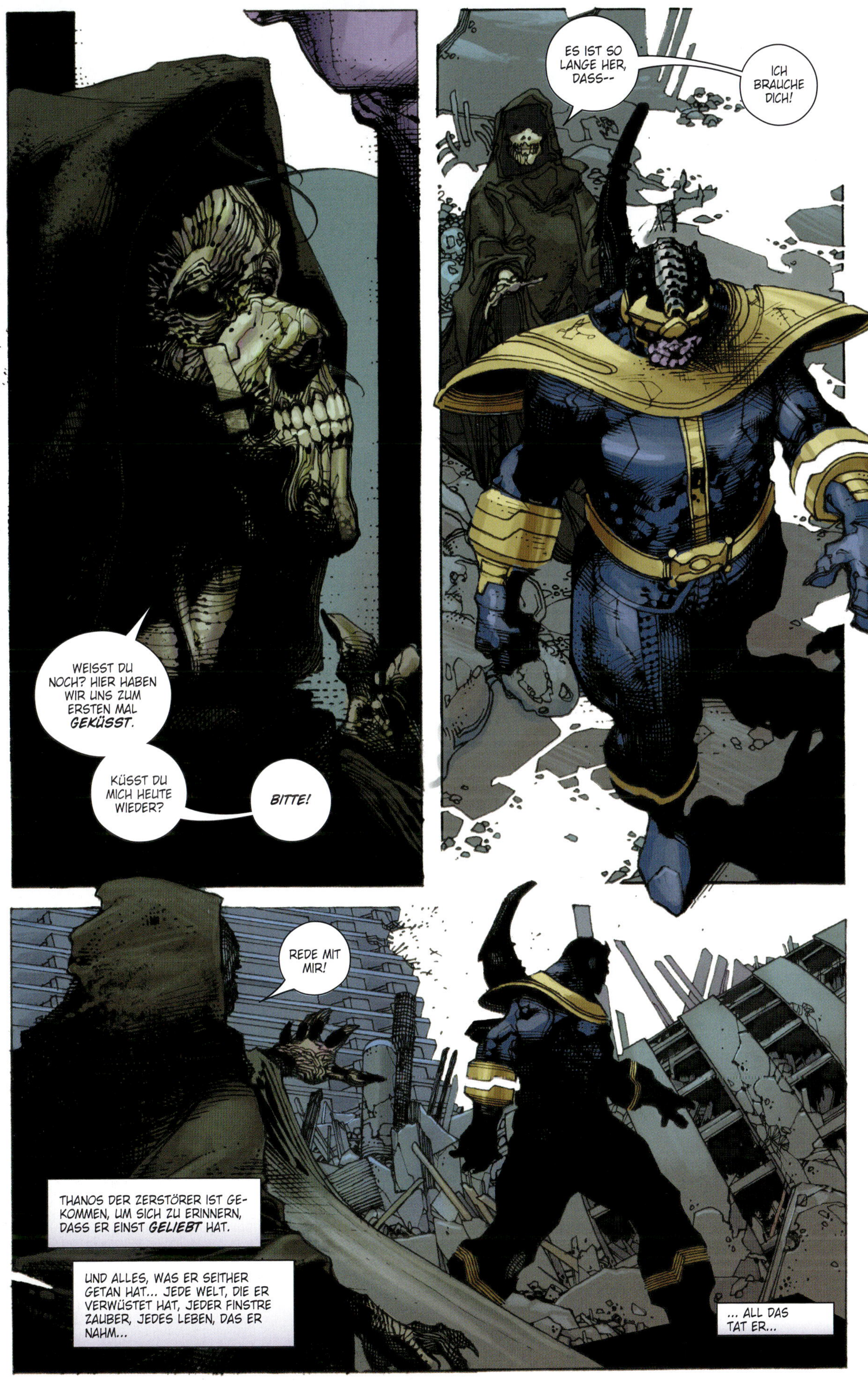
WEISST DU NOCH? HIER HABEN WIR UNS ZUM ERSTEN MAL GEKÜSST.
KÜSST DU MICH HEUTE WIEDER?
BITTE!
ES IST SO LANGE HER, DASS--
ICH BRAUCHE DICH!
REDE MIT MIR!
THANOS DER ZERSTÖRER IST GEKOMMEN, UM SICH ZU ERINNERN, DASS ER EINST GELIEBT HAT.
UND ALLES, WAS ER SEITHER GETAN HAT... JEDE WELT, DIE ER VERWÜSTET HAT, JEDER FINSTRE ZAUBER, JEDES LEBEN, DAS ER NAHM...
... ALL DAS TAT ER...

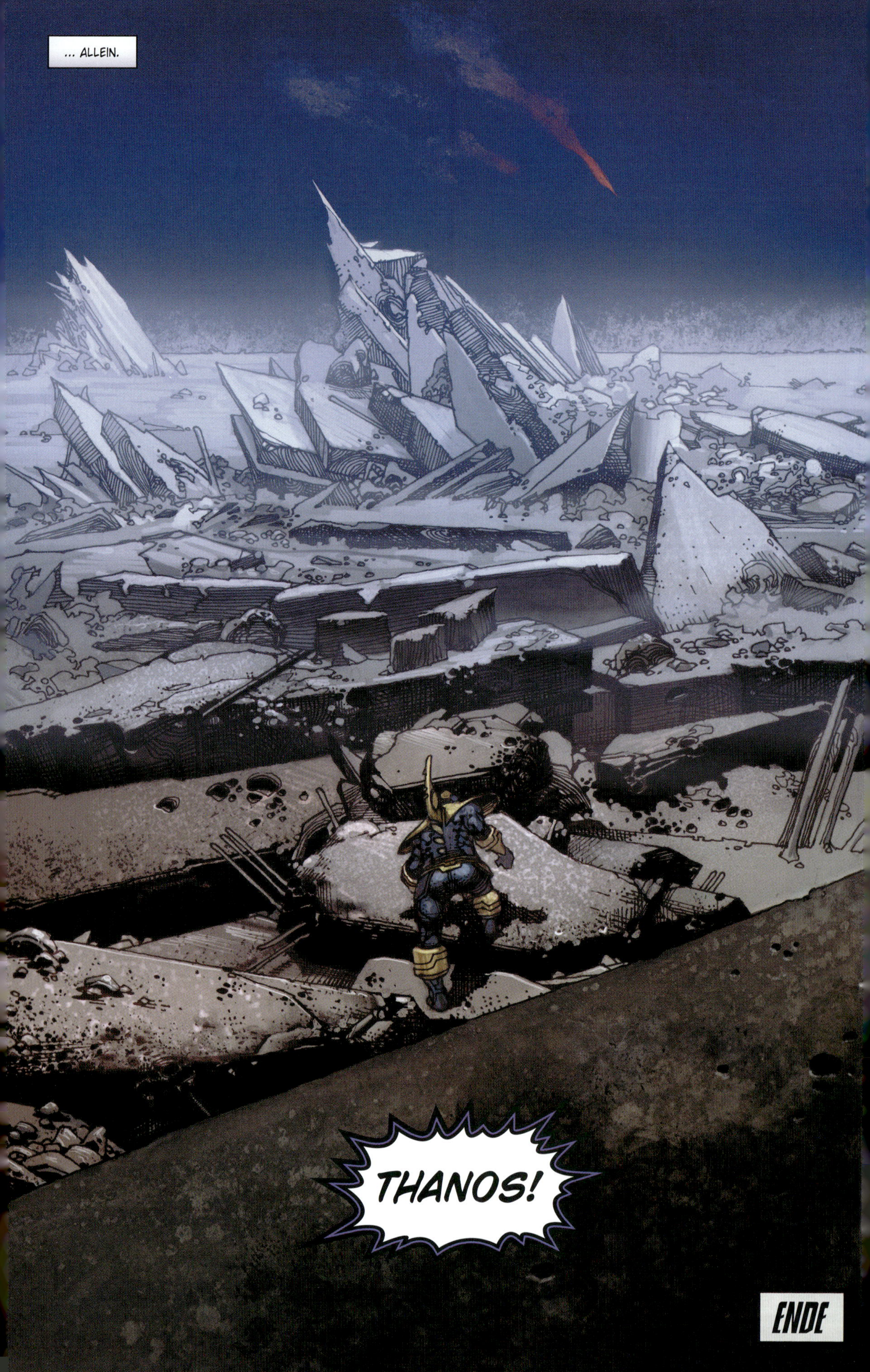
... ALLEIN.
THANOS!
ENDE

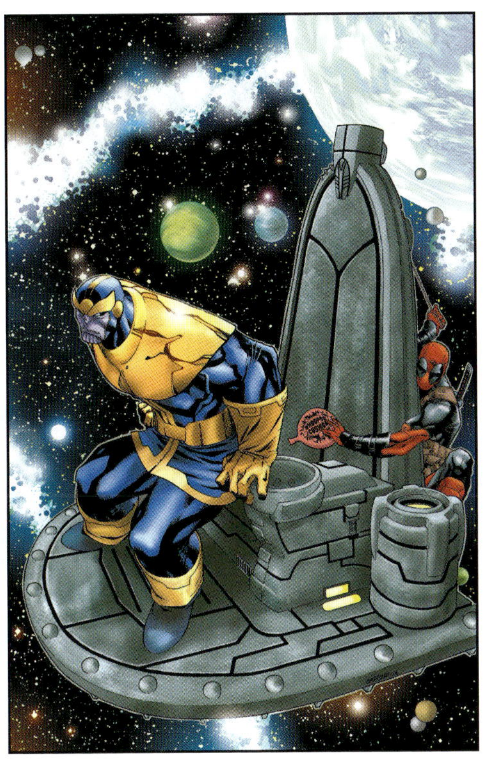

Thanos Rising (2013) 1
Variant-Cover von **CARLO BARBERI**

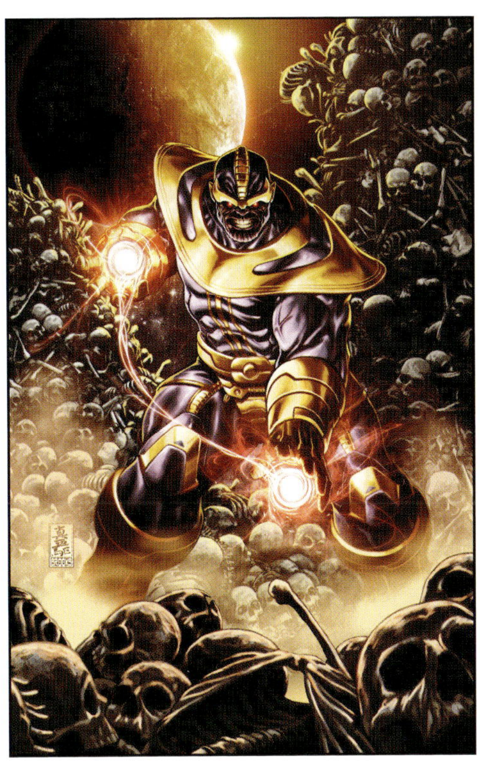

Thanos Rising (2013) 1
Variant-Cover von **MARK BROOKS**

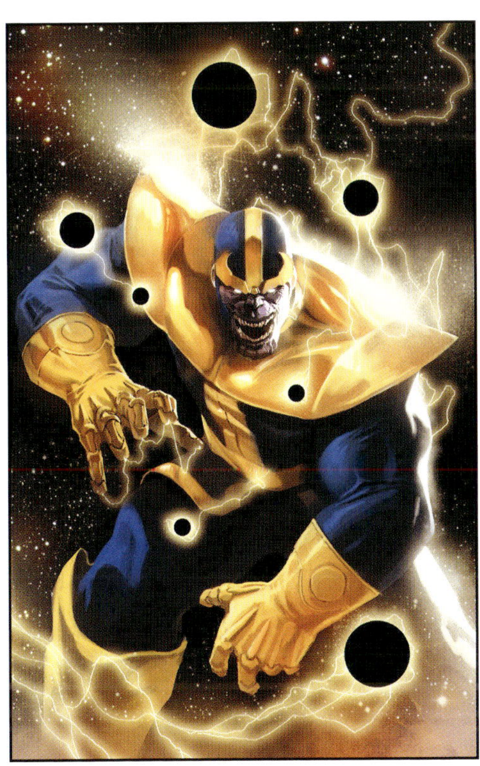

Thanos Rising (2013) 1
Variant-Cover von **MARKO DJURDJEVIĆ**

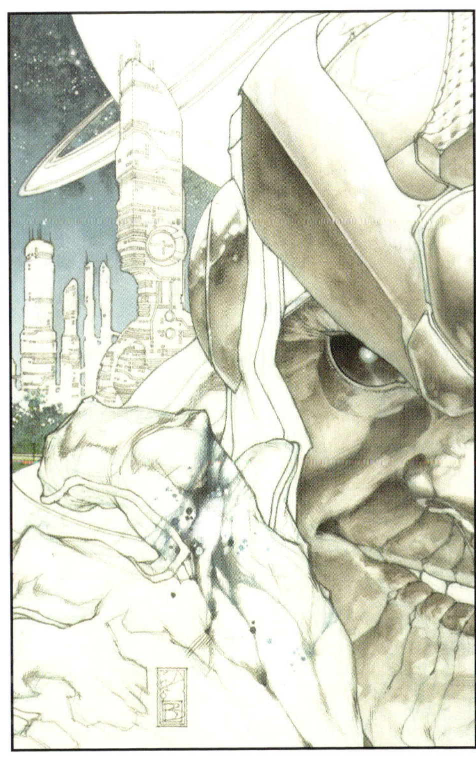

Thanos Rising (2013) 1
Variant-Cover von **SIMONE BIANCHI**

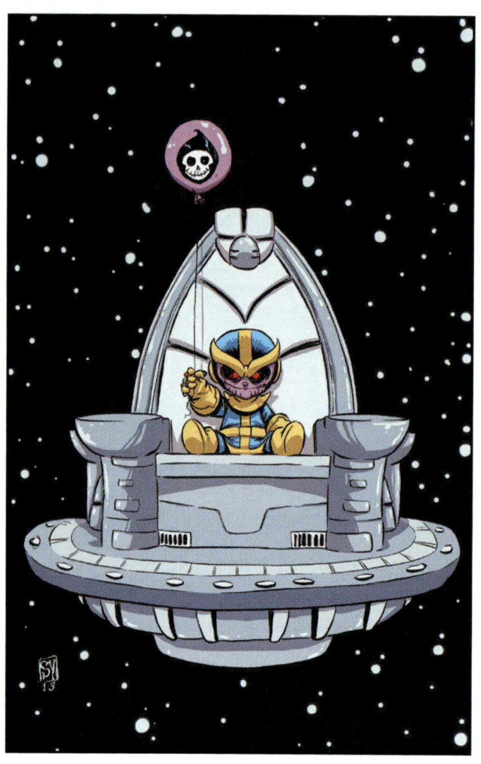

Thanos Rising (2013) 1
Variant-Cover von **SKOTTIE YOUNG**

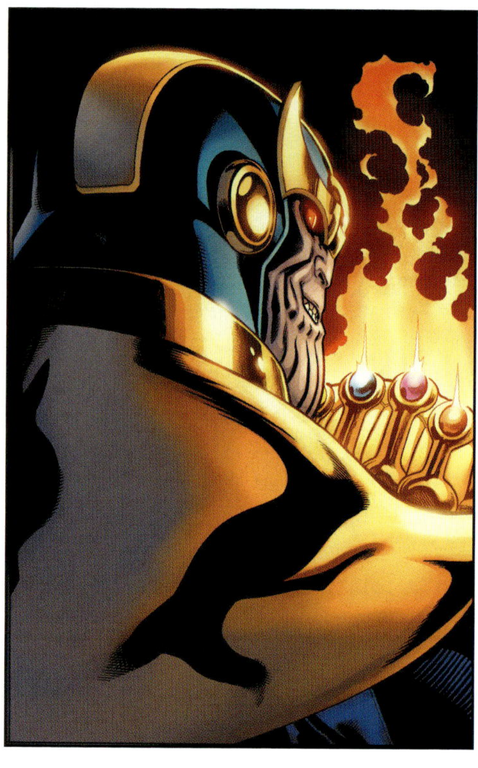

Thanos Rising (2013) 2
Variant-Cover von **ED McGUINNESS**

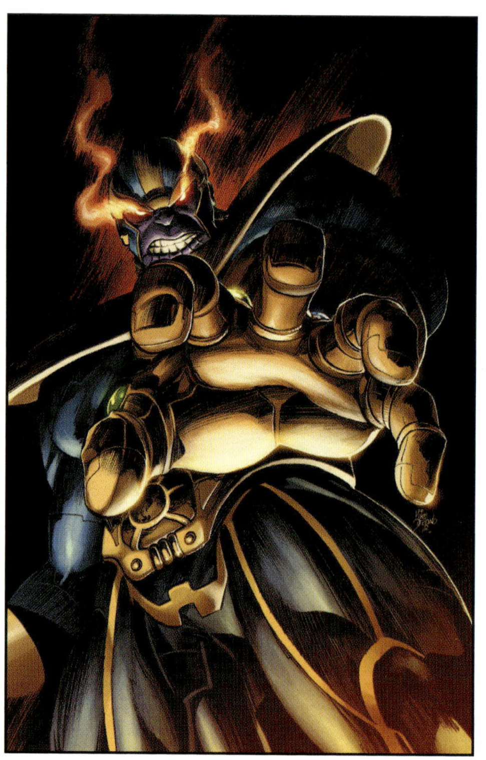

Thanos Rising (2013) 4
Variant-Cover von **MIKE DEODATO JR.**

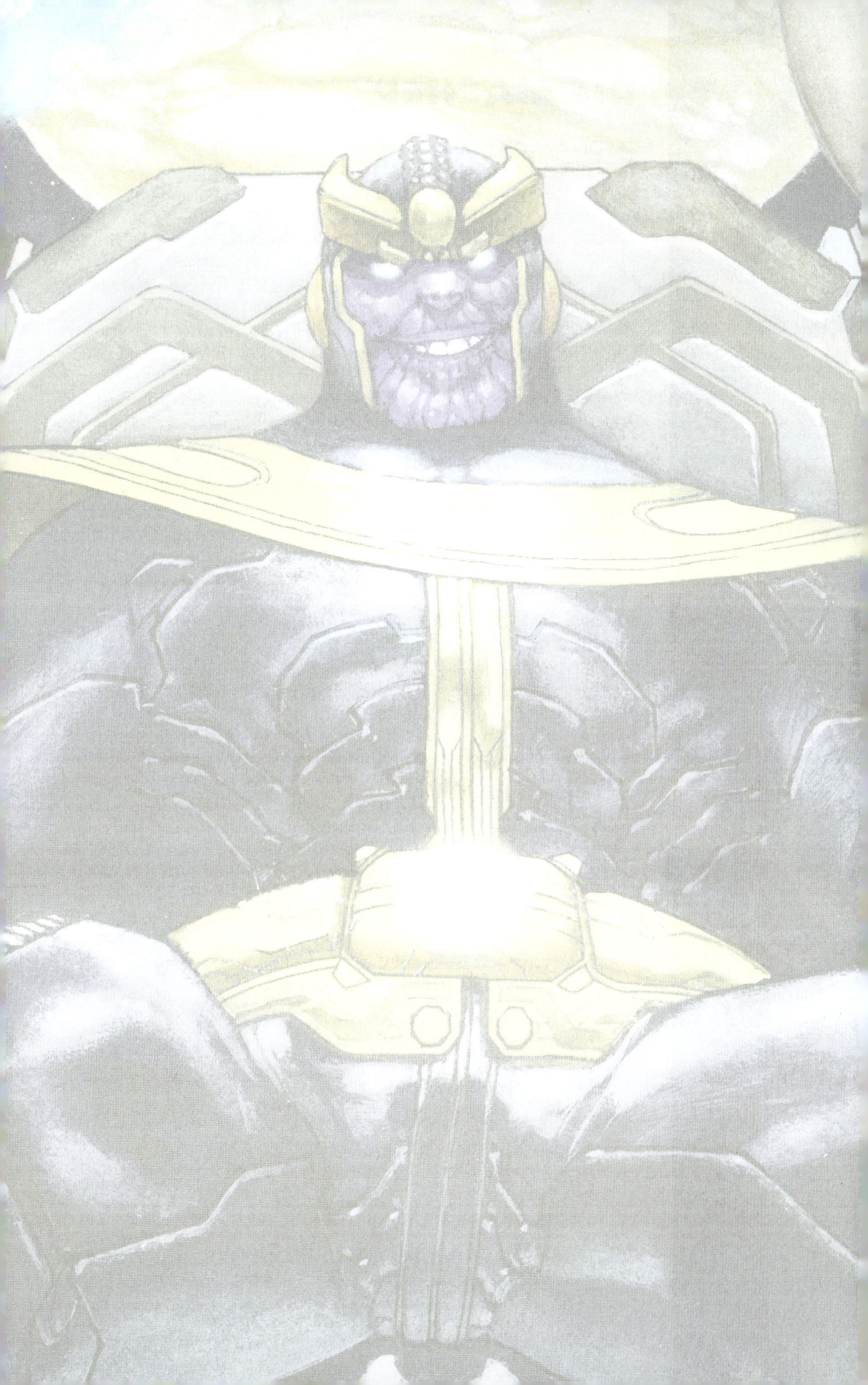

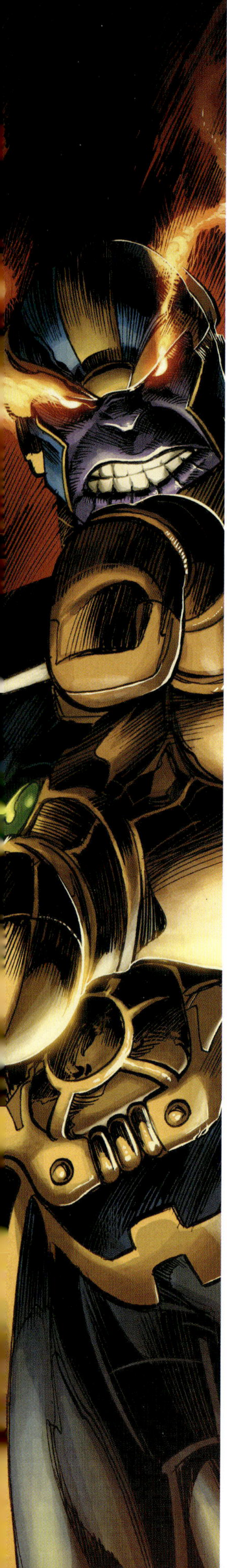

DIE MACHER

JASON AARON begann seinen Weg zum Top-Autor 2001 mit einer Wolverine-Story, die ihm den Sieg bei einem Marvel-Talentwettbewerb einbrachte. Seitdem schrieb der 1973 in Jasper, Alabama geborene Amerikaner für das Haus der Ideen u. a. AVENGERS, WOLVERINE, WOLVERINE – WAFFE X, WOLVERINE & DIE X-MEN, X-MEN, GHOST RIDER, HULK, PUNISHER MAX, ULTIMATE CAPTAIN AMERICA, DOCTOR STRANGE und VALKYRIE: JANE FOSTER. Als prägender Marvel-Autor gehörte er zum Team hinter dem Mega-Crossover AVENGERS VS. X-MEN, des Weiteren verfasste er alleine die Hauptserie zum Event ORIGINAL SIN – SÜNDENFALL und die Wegmarke MARVEL LEGACY. Dank seiner Geschichten in THOR, THOR – GOTT DES DONNERS und WAR OF THE REALMS wurde Aaron zudem einer der größten Thor-Autoren aller Zeiten, der u. a. Jane Foster vorübergehend zur Hammerschwingerin machte. Abseits der Superhelden läutete Aaron bei Marvel in STAR WARS und CONAN DER BARBAR jeweils eine neue Epoche für die Multimedia-Ikonen ein. Im Bereich unabhängiger Comics ersann der Eisner Award-Gewinner den Indianerreservat-Krimi *Scalped*, das Südstaaten-Drama *Southern Bastards,* die Vietnamkriegs-Geschichte *The Other Side*, den Noir-Krimi *Men of Wrath*, die biblische Fantasy-Saga *The Goddamned* und die Science-Fiction-Serie *Sea of Stars*.

SIMONE BIANCHI stammt aus dem italienischen Lucca. Für die Panel-Geschichten, die Bianchi in seiner Heimat veröffentlichte, wurde der Schüler von Claudio Castellini 2005 als bester Künstler mit dem Yellow Kid Award ausgezeichnet. Außerdem arbeitete der 1972 geborene Bianchi als Illustrator, Charakter-Designer, 3-D-Künstler, Storyboard-Zeichner und Comic-Lehrer. Nach der Jahrtausendwende wohnte er zeitweise in New York, wo er Kontakte zu US-Verlagen knüpfte. Für diese realisierte er *Seven Soldiers: Shining Knight* von Grant Morrison, WOLVERINE und WOLVERINE VS. SABRETOOTH von Jeph Loeb, THOR: FÜR ASGARD von Robert Rodi, ASTONISHING X-MEN von Warren Ellis, DIE NEUE X-FORCE von Rob Williams, diesen Band über die Jugend von Thanos sowie STAR WARS und ORIGINAL SIN: THOR & LOKI von Jason Aaron, SPIDER-MAN: GÖTTLICHE GNADE von Jose Molina, AVENGERS von Jonathan Hickman und SHARKEY THE BOUNTY HUNTER: KRAWALL IM ALL von Mark Millar. Darüber hinaus gestaltete Bianchi viele Comic-Cover und stolze 135 Bilder für Marvels Masterpieces-Sammelkartenset, die 2019 sogar in New York ausgestellt wurden.

THANOS

DIE GEBURT EINES MONSTERS

HINTER DEN KULISSEN

TIMELINE

WEITERE LEKTÜRE

ANMERKUNGEN

WEITERE MUST-HAVE-TITEL

Obwohl **Thanos** da bereits 40 Jahre sein Unwesen trieb, kam das Publikum erst 2013 in den Genuss einer detaillierten Herkunftsgeschichte dieses berüchtigten Sohns des Mondes Titan, mit dem Erscheinen der fünfteiligen Miniserie *Thanos Rising* von **Jason Aaron** und **Simone Bianchi**. Auf den folgenden Seiten werden wir uns mit Thanos' Entwicklung befassen und damit, wie er zum möglicherweise furchtbarsten Wesen im ganzen Marvel-Pantheon geworden ist.

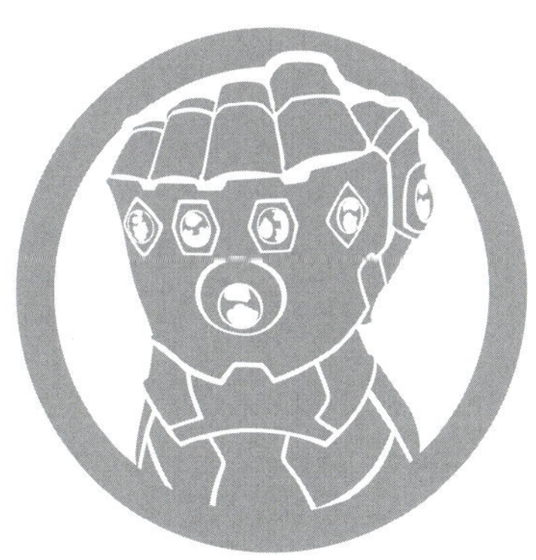

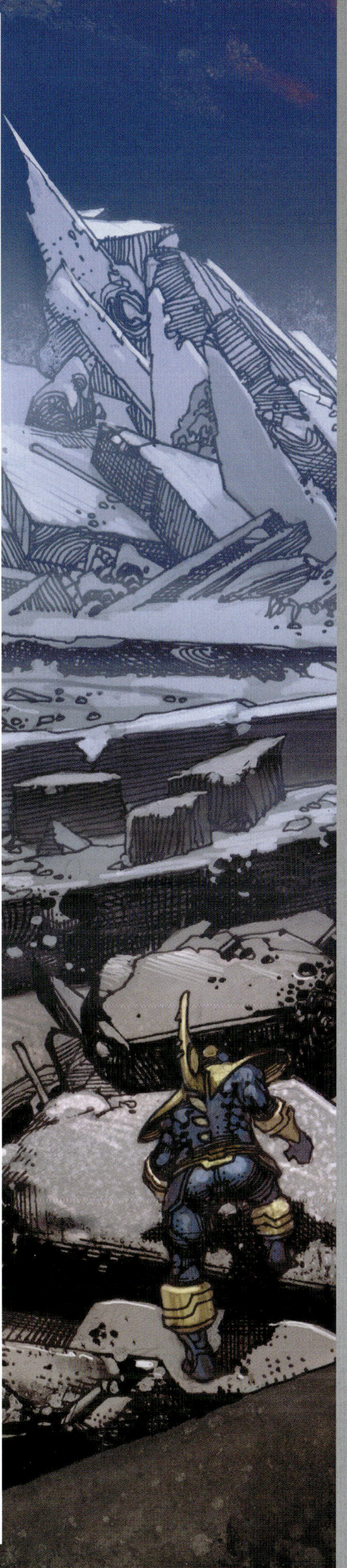

Die Geburt eines Monsters

Jim Starlin, der wahre Vater des wahnsinnigen Titanen, erfand **Thanos**, während er studierte. „Zwischen meinem Dienst beim US-Militär und meiner Zeit in der Comic-Branche ging ich aufs College", erklärt der Zeichner und Szenarist. „In einem Psychologie-Seminar dachte ich mir Thanos aus ... und **Drax den Zerstörer**, aber ich bin nicht sicher, welche Rolle der spielte – wahrscheinlich wollte ich mit Drax meine Aggressionen ausleben. Dann kam ich zu Marvel und Redakteur **Roy Thomas** bot mir eine Ausgabe von *Iron Man* an. Ich dachte, das könnte meine einzige Chance sein, meine Figuren unter die Leute zu bringen, und war nicht sehr zuversichtlich, dass meine Karriere länger als ein paar Wochen dauern würde. Also quetschte ich die beiden in das Heft. Thanos war ursprünglich sehr viel schlanker, aber auf Roys Vorschlag hin packte ich ihm mehr Fleisch auf die Rippen, weshalb er letztlich viel stämmiger aussah als auf meinen ersten Skizzen. Und später fand ich solchen Gefallen daran, Thanos aufzumotzen, dass er immer weiter an Umfang zunahm."

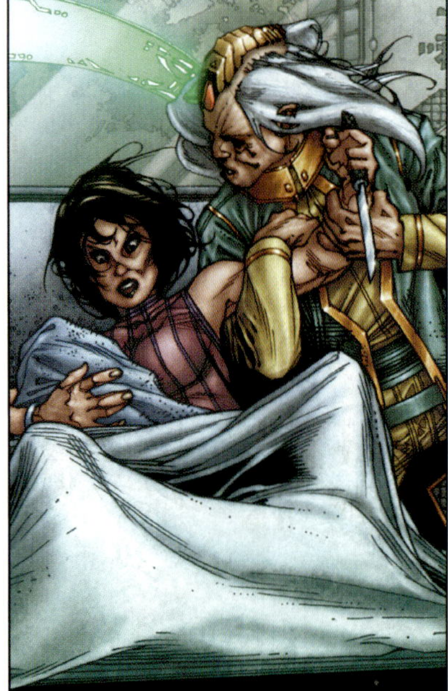

Thanos hatte von Beginn an eine dysfunktionale Beziehung zu seiner Mutter. Zeichnung von Simone Bianchi.

Nach Thanos' erstem Auftritt in *Iron Man* 55 im Jahr 1973 ging die Geschichte in *Captain Marvel* 25 bis 33 weiter, aber Starlin war auch danach noch lange nicht fertig mit dem psychotischen Schurken. Er nahm ihn mit in die Serie *Warlock*, wo er ihn schließlich zurückließ, als er sich von Marvel verabschiedete.

Thanos kam 1982 zu einem Kurzauftritt in Starlins wegweisender Marvel Graphic Novel über den Tod des ersten **Captain Marvel** und durfte sich dann bis 1989 ausruhen, als Starlin ihn in der Reihe *Silver Surfer* auferstehen ließ. Schon bald darauf begann Starlin, eins der größten kosmischen Abenteuer der Marvel-Geschichte zu erzählen: *Infinity Gauntlet*. „Thanos zurückzubringen schien mir einfach perfekt", erinnert sich Starlin. „Ich konnte mir keine passendere Figur dafür vorstellen. Meine Zeit bei Marvel wird mit **Warlock**, Captain Marvel und **Silver Surfer** verknüpft, aber im Grunde habe ich immer wieder Thanos-Geschichten erzählt, denn er kommt immer vor."

Dieses Comeback etablierte Thanos endgültig als einen der ganz Großen im Marvel-Universum. Als wären seine Taten bis dahin

▶ Simone Bianchi war perfekt für *Thanos Rising*, davon war Jason Aaron überzeugt. „Simone liebt Sci-Fi-Stoffe", so Aaron, „und er bewahrt sich dabei das Grobe, Hässliche und Unheimliche, das seinen Stil oft auszeichnet. Simone schafft prachtvolle Sci-Fi-Umgebungen, aber in den Ecken hängen die Spinnweben. Sein Thanos ist umwerfend beängstigend. Das ist im Grunde eine Horror-Geschichte, die in exotischen Sci-Fi-Welten spielt."

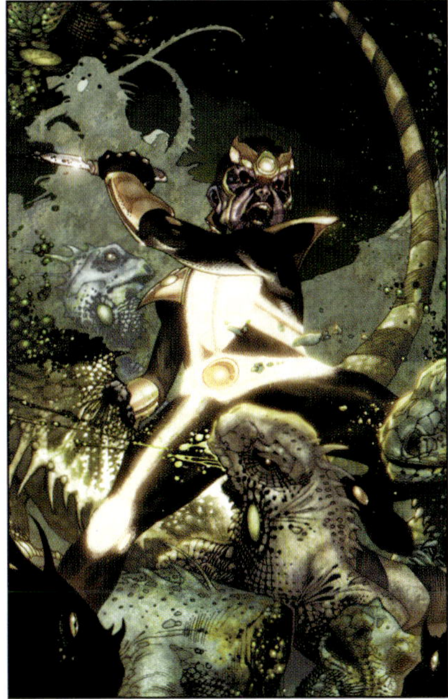
Thanos Rising zeigt, wie sich die Figur langsam zu dem Monster wandelt, das wir heute kennen. Zeichnung von Simone Bianchi.

nicht furchterregend genug gewesen, ließen ihn seine Machtgier und seine Vernarrtheit in **Mistress Death**, den personifizierten Tod, in den folgenden Jahren immer neue Pläne aushecken. Thanos war der Oberschurke in den Event-Miniserien *Infinity War* und *Infinity Crusade*, beide Ausgangspunkte ausufernder Crossover, und 2003 trat der nihilistische Titan erstmals in seiner eigenen fortlaufenden Solo-Serie auf, von der Starlin die ersten sechs Hefte schrieb und zeichnete.

Im Zuge seines kurzen Auftritts am Ende des ersten *Avengers*-Films von 2012 nahm das Interesse an Thanos schließlich ein nie da gewesenes Ausmaß an. Für **Jason Aaron** und **Simone Bianchi** war dies wiederum der perfekte Anlass, tief in Thanos' Hintergrund einzutauchen und eine ausführliche Herkunftsgeschichte vorzulegen. Das Resultat war die Miniserie *Thanos Rising* von 2013.

„Ich will schon eine ganze Weile mehr kosmisches Zeug machen", sagte Aaron damals, „schon seit meinen *Secret Invasion*-Ausgaben von *Black Panther*. Das war aber eigentlich keine echte kosmische Geschichte, denn sie spielte ja in Wakanda. Aber immerhin konnte ich im großen Stil Außerirdische schreiben – ein Heft sogar aus der Perspektive eines Skrull-Generals. Tja, und *Thanos Rising* ist jetzt mein Sprung ins kalte Wasser des kosmischen Beckens."
Über die Handlung verriet Aaron auch mehr: „Jim Starlin hat im Lauf der Jahre natürlich viele verschiedene Storys mit der Figur erzählt, aber es gab nie eine vollständige Erzählung darüber, wo Thanos herkam und wie oder warum er zu so einem Monster wurde. Das ist nun also eine komplette fünfteilige Herkunftsgeschichte, die Thanos vom ersten Tag an begleitet. Wir wissen, was aus dem Burschen wird, nämlich ein furchterregender kosmischer Massenmörder. Aber auf dem Weg dahin wird es ein paar Überraschungen geben."
„In mancherlei Hinsicht fühlt sich die Serie nicht wie ein typischer Marvel-Comic an", so erklärte Aaron weiter. „Es ist vielmehr eine Geschichte über den Ursprung eines Serienkillers und Massenmörders – bloß, dass sie sich eben der Mittel der Science-Fiction bedient."

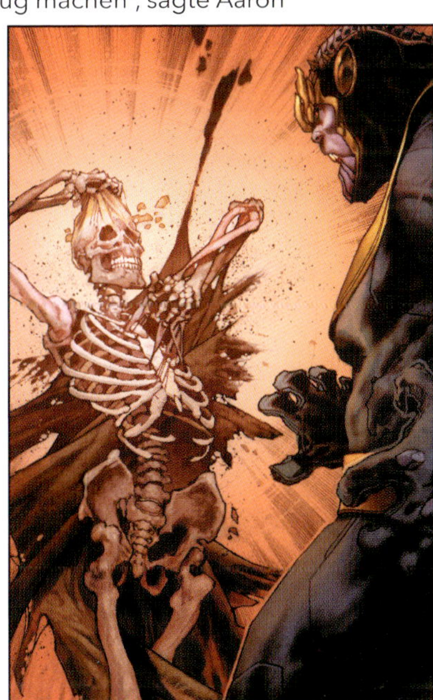
Thema der Geschichte ist auch die Liebesaffäre mit der Personifizierung des Todes, die Thanos anstrebt. Zeichnung von Simone Bianchi.

Aarons Respekt für die Figur, für Jim Starlin und die ganze Thanos-Mythologie ist hundert Prozent echt und jederzeit spürbar. *Thanos Rising* gewährt Einblicke in die Psyche eines wahren Marvel-Titanen.

TIMELINE

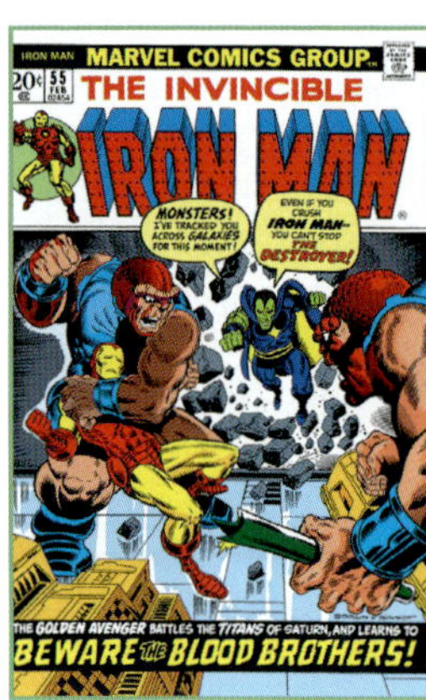

***Iron Man* 55 (1973)**
JIM STARLIN
MIKE FRIEDRICH
__Thanos__ tritt zum ersten Mal auf, ebenso wie sein langjähriger Feind, __Drax der Zerstörer__. Die Saga beginnt.

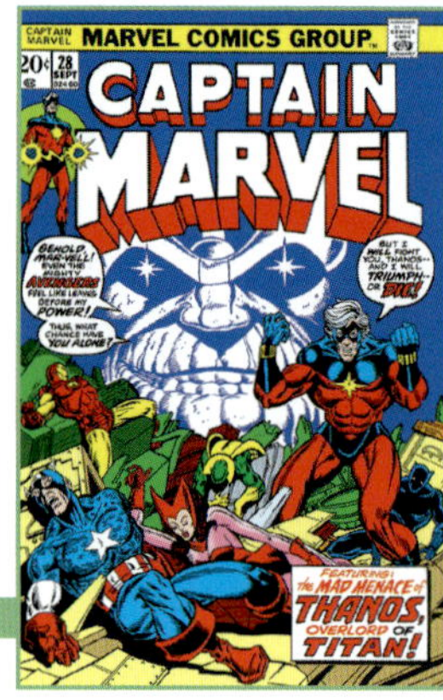

***Captain Marvel* 28 (1973)**
JIM STARLIN
MIKE FRIEDRICH
Thanos spielt eine Hauptrolle in __Starlins__ Captain Marvel *25 bis 33.*

THANOS
DIE GEBURT EINES MONSTERS

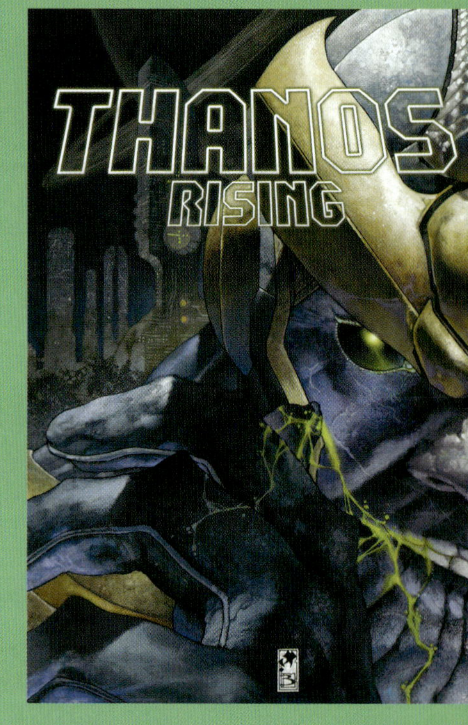

***Infinity* 1 (2013)**
JONATHAN HICKMAN
JIM CHEUNG
In diesem unfassbaren Crossover nutzt Thanos die Abwesenheit der __Avengers__, um eine Invasion der Erde zu planen.

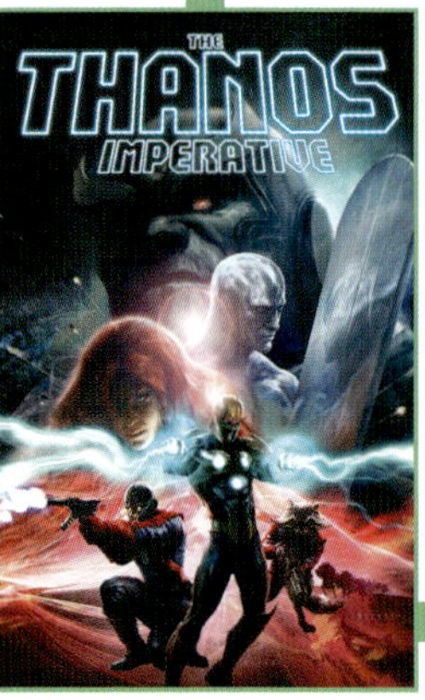

***The Thanos Imperative* 1 (2010)**
DAN ABNETT
ANDY LANNING
MIGUEL SEPULVEDA
Thanos wird erneut von den Toten erweckt. Mit ein wenig Unterstützung von __Mistress Death__ gelingt es ihm, das Universum vor __Mar-Vell__ zu retten, dem Herrscher des Cancerverse.

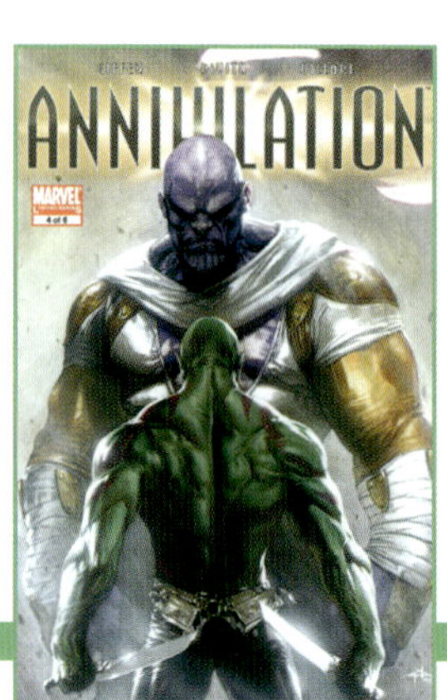

***Annihilation* 4 (2007)**
KEITH GIFFEN
ANDREA DI VITO
Wieder einmal soll Thanos das Universum vor dem sicheren Untergang bewahren, doch dann besinnt sich Drax auf die Aufgabe, für die er geschaffen wurde – und bringt ihn um.

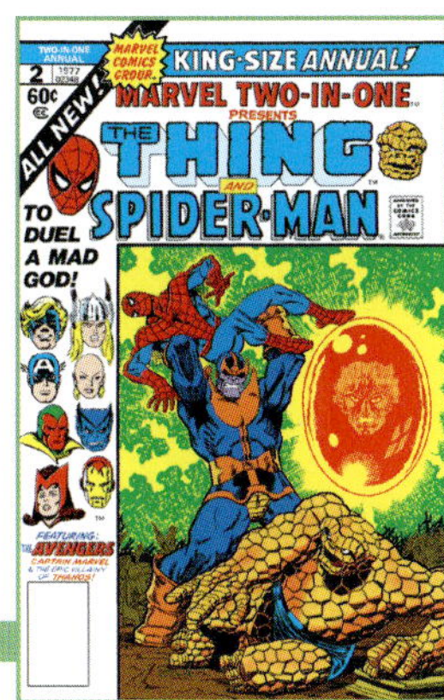

***Marvel Two-in-One* Annual 2 (1977)**
JIM STARLIN
In der Fortsetzung von Avengers *Annual 7 erlebt das Publikum Thanos' vermeintlichen Tod durch* ***Warlocks*** *Hand.*

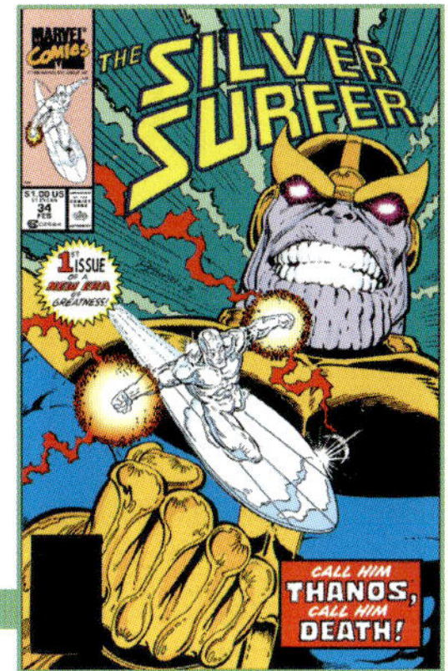

***Silver Surfer* 34 (1990)**
JIM STARLIN
RON LIM
Es dauerte eine Weile, aber 1990 wurde Thanos endlich wiederbelebt! Und das Marvel-Universum wird nie wieder das alte sein.

Thanos Rising erschien erst 2013, es dauerte nach **Thanos'** erstem Auftritt also über vierzig Jahre, bis sein Hintergrund und seine ganze Herkunftsgeschichte offenbart wurden. Jetzt, wo wir wissen, wie Thanos zu dem Monster wurde, das wir alle zum Fürchten gernhaben, ist der perfekte Zeitpunkt, die früheren Eskapaden des wahnsinnigen Titanen neu zu entdecken.

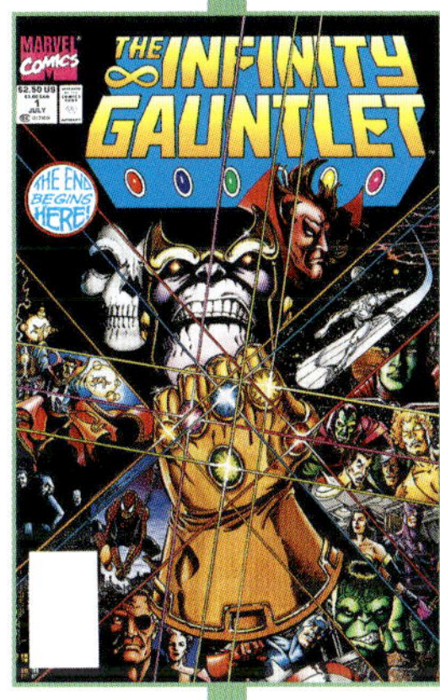

***The Infinity Gauntlet* 1 (1991)**
JIM STARLIN
GEORGE PÉREZ
Ein Muss für alle Fans kosmischer Marvel-Abenteuer. Infinity Gauntlet *sollte zu einem der einflussreichsten und größten Marvel-Events aller Zeiten werden.*

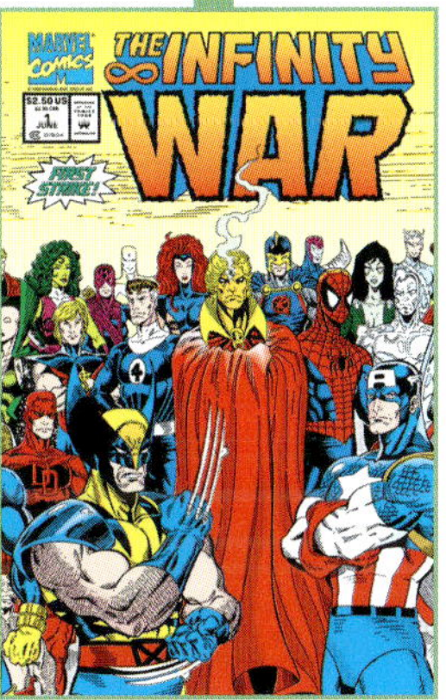

***The Infinity War* 1 (1992)**
JIM STARLIN
RON LIM
In dieser Fortsetzung von Infinity Gauntlet *wird Thanos zum Antihelden – und zur letzten Hoffnung des Universums.*

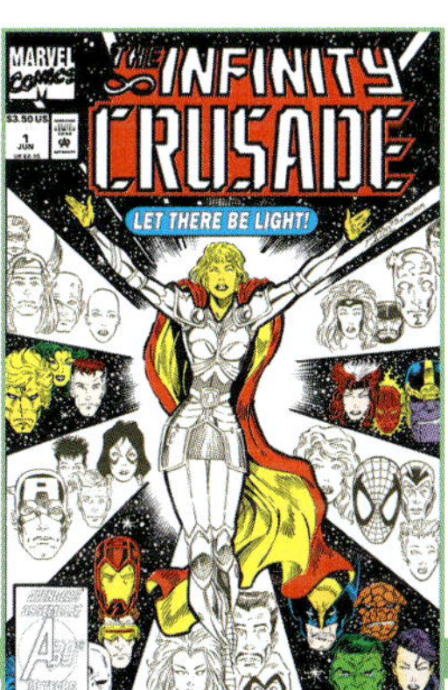

***The Infinity Crusade* 1 (1993)**
JIM STARLIN
RON LIM
Im dritten Teil der „Infinity"-Trilogie rettet Thanos einmal mehr die Welt und bringt es sogar fertig, den teuflischen ***Mephisto*** *auszutricksen.*

Unendlicher Todeshunger

Jim Starlin ist verantwortlich für eine der größten Event-Serien in der Geschichte des Marvel-Universums, und **Thanos**, seine berühmteste Schöpfung, steht dabei im Mittelpunkt. Natürlich gibt es viele großartige Geschichten mit dem wahnsinnigen Titanen, aber *Infinity Gauntlet* ist für jeden Marvel-Fan eine essenzielle Lektüre.

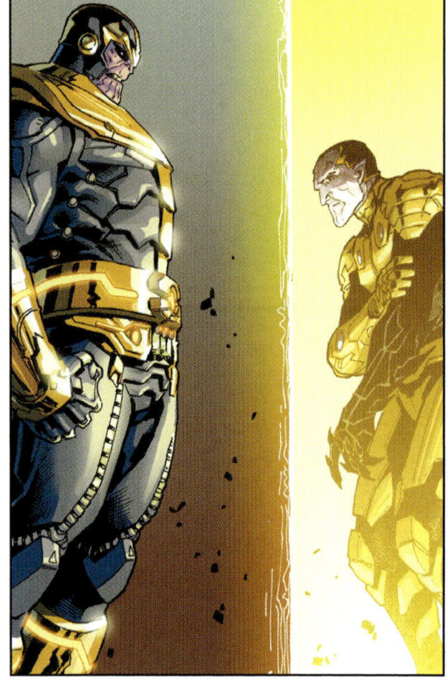

In *Infinity* 5 von 2013 tritt Thanos seinem Sohn Thane gegenüber. Zeichnung von **Jerome Opeña**.

In diesem intergalaktischen Epos von 1991 versucht Thanos, mit den sechs Infinity-Steinen bewaffnet, das Herz seiner großen Liebe **Mistress Death** zu gewinnen, indem er die Hälfte aller lebenden Kreaturen im Universum umbringt. Es ist seine alte Nemesis **Adam Warlock**, der die mächtigsten Helden der Erde gegen ihn zu Felde führt. Auch **Nebula** spielt in *Infinity Gauntlet* eine Hauptrolle – und wird schließlich zu einer noch größeren Gefahr als Thanos.

Der Erfolg von *Infinity Gauntlet* zeitigte zwei unmittelbare Fortsetzungen, *Infinity War* und *Infinity Crusade* – beides fantastische Comics, aber wir springen weiter ins Jahr 2013, als das Publikum unmittelbar nach *Thanos Rising* Zeuge von **Jonathan Hickmans** Serie *Infinity* wurde, dem Mittelpunkt eines gleichnamigen Crossovers. Darin reisen die **Avengers** ins Weltall, um sich der kosmischen Bedrohung der **Builders** anzunehmen, einer außerirdischen Spezies. Thanos ergreift die Gelegenheit, um die Erde zu überfallen.

Infinity ist vor allem aufgrund der Rolle erwähnenswert, die **Thane**, der Sohn von Thanos, darin spielt. Wie ihr euch denken könnt, verbindet die beiden eine alles andere als traditionelle Vater-Sohn-Beziehung. In der Tat besteht der Hauptgrund für Thanos' Invasion der Erde darin, seinen Sohn zu finden und ihn zu ermorden. Dabei hat er jedoch nicht mit der schieren Macht seines Sprösslings gerechnet. Zum Glück für die Zivilisation gelingt es Thane, seinen Vater in einem Gefängnis aus Bernstein einzuschließen. Thanos bleibt in einem todesähnlichen Zustand der Erstarrung zurück. Doch keine Bange: Es sollte nicht lange dauern, bis der wilde Titan wieder in Freiheit und bereit war, das Universum ins Chaos zu stürzen.

▶ Obwohl das Marvel-Event *Civil War II* von 2016 kaum als Thanos-Geschichte zählt, spielen die Taten des Titanen darin eine zerstörerische Rolle. Als sein Versuch, einen kosmischen Würfel bei Projekt Pegasus zu stehlen, von den Avengers vereitelt wird, tötet er **War Machine** und verletzt **She-Hulk** schwer. Nach seiner Gefangennahme bringt Thanos **Ant-Man** dazu, ihm zur Flucht zu verhelfen, und begibt sich auf einen weiteren Amoklauf.

Ewiger Familienstreit

Thanos Rising dreht sich um die Herkunft eines der am meisten gefürchteten Wesen im Marvel-Universum – höchste Zeit also, uns seine Familie genauer anzusehen. Sein Vater **A'Lars** ist bekannt unter dem Namen **Mentor**. Er war, wie wir gesehen haben, das Oberhaupt der Kolonie auf Titan, dem größten Mond des Saturn. Mentor wurde von **Jim Starlin** und **Mike Friedrich** erschaffen und später mit dem Rest seiner Familie nachträglich einer Spezies namens **Eternals** zugeordnet, die wiederum der große **Jack Kirby** erfand. Mentor war der Sohn von **Kronos**, den er einst anflehte, ihn gegen den monströsen Sohn und Enkel zu unterstützen. Dies führte zur Entstehung von **Drax dem Zerstörer**, der später eins der wichtigsten Mitglieder der **Guardians of the Galaxy** werden sollte.

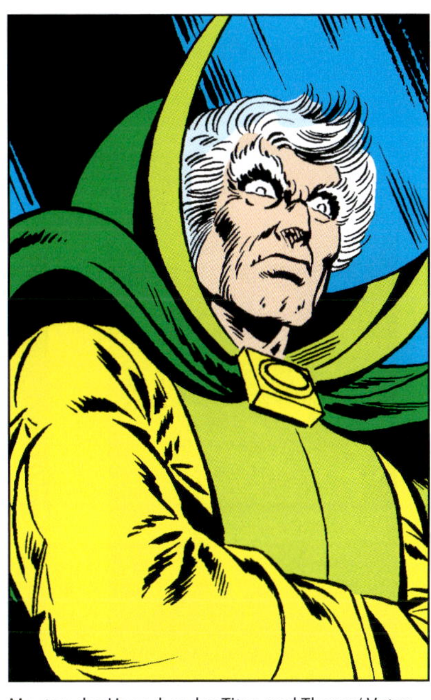

Mentor, der Herrscher des Titan und Thanos' Vater, in *Captain Marvel* 34 von 1974. Zeichnung von Jim Starlin.

Die Eternals selbst wurden von uralten außerirdischen Wesen, den **Celestials**, erschaffen und waren von diesen ursprünglich als Beschützer des Planeten Erde gedacht. Doch die Celestials erschufen auch die **Deviants**, die zu erbitterten Widersachern der Eternals wurden.

Mentor war mit **Sui-San** verheiratet, der Mutter von **Thanos**. Wer *Thanos Rising* bereits gelesen hat, weiß natürlich, was aus ihr wurde. Aber schauen wir uns ihre Vergangenheit an. Sui-San, ebenfalls eine Schöpfung Jim Starlins, trat erstmals 1973 in *Captain Marvel* 29 auf. Zusammen mit ihrem Ehemann bevölkerte sie den Mond Titan mittels gentechnischer Klon-Technologie. Sui-San ist auch die Mutter von **Eros**.

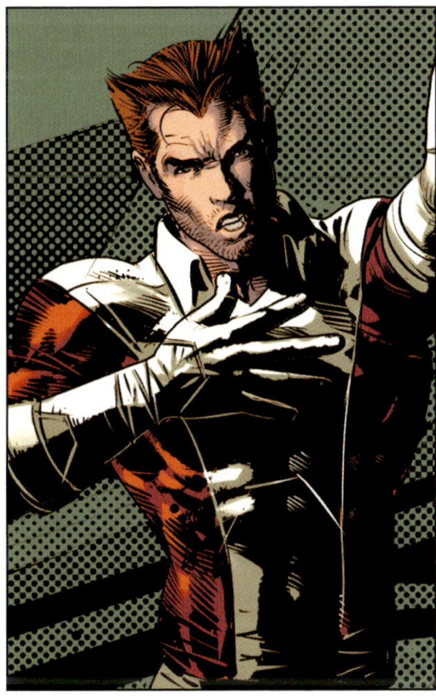

Eros, Thanos' Bruder und ehemaliger Avenger, in *Thanos* 1 von 2016. Zeichnung von **Mike Deodato**.

In *Thanos Rising* tritt Eros zwar eigentlich nicht auf, aber seine Gegenwart ist dennoch spürbar. Auch er ist eine Erfindung Starlins, und er ist das komplette Gegenteil seines Bruders Thanos. Der lebensfrohe Hedonist Eros sollte ein wichtiger Verbündeter des ersten **Captain Marvel** werden, was ihn schließlich zu den **Avengers** führte. Als die mächtigsten Helden der Erde ihn in ihre Ränge aufnahmen, gaben sie ihm den Namen **Starfox**, denn sie waren der Meinung, dass Eros kein angemessener Name für einen Avenger sei. Eros wurde dem Anschein nach von **Gamora** ermordet, die verhindern wollte, dass Thanos im Körper seines Bruders ins Leben zurückfand.

WEITERE MUST-HAVE-TITEL

BEREITS ERHÄLTLICH

CIVIL WAR

AVENGERS: HELDENFALL

SPIDER-MAN: SPIDER-VERSE

WOLVERINE: OLD MAN LOGAN

JETZT ERHÄLTLICH

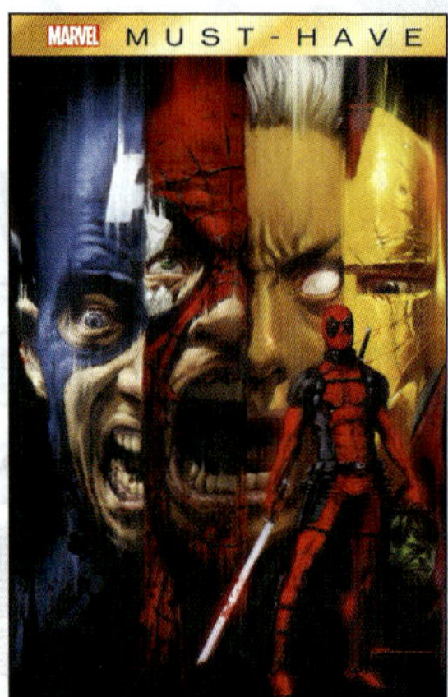

DEADPOOL KILLT DAS MARVEL-UNIVERSUM

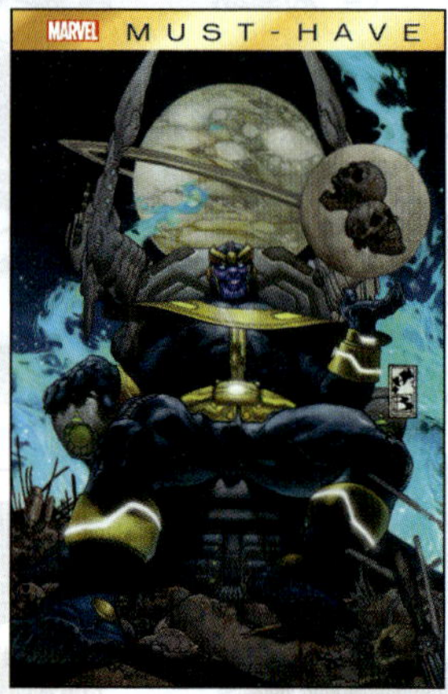

THANOS: DIE GEBURT EINES MONSTERS

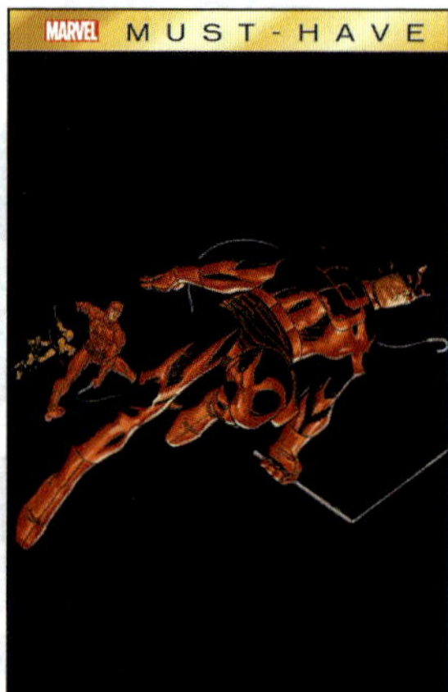

DAREDEVIL: DER MANN OHNE FURCHT

DEMNÄCHST

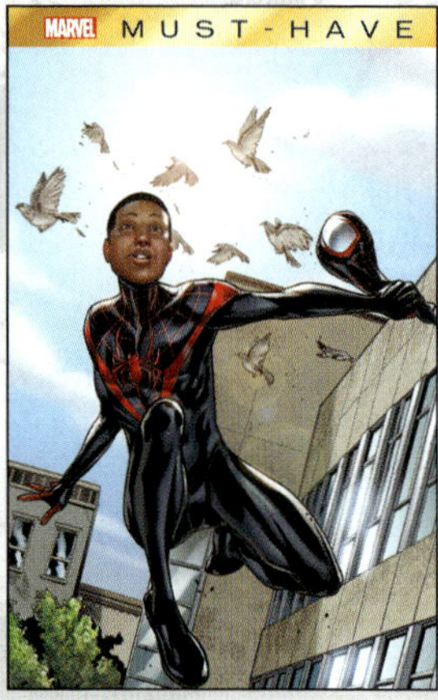

MILES MORALES: ULTIMATE SPIDER-MAN

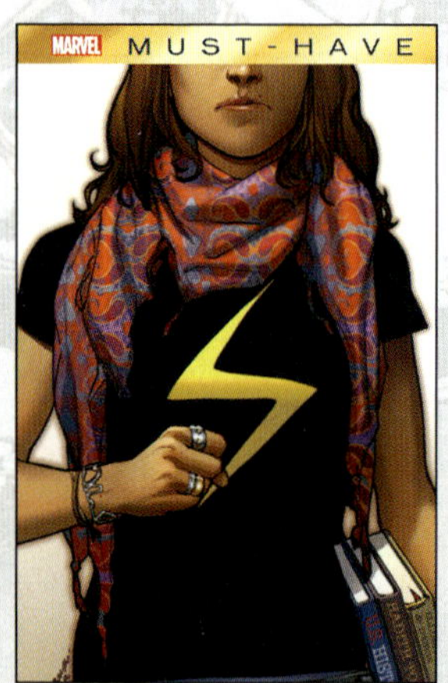

MS. MARVEL: META-MORPHOSE

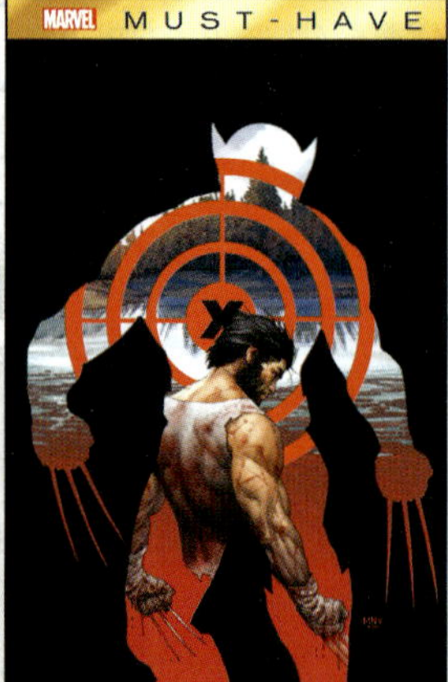

DER TOD VON WOLVERINE